教育行政学における民主主義の再定位

日本教育行政学会年報・50

日本教育行政学会編

教育開発研究所刊

『日本教育行政学会年報』第50号　目次

I　年報フォーラム

●教育行政学における民主主義の再定位

テーマの趣旨……………………………………　年報編集委員会…　2

教育行政学と「民主主義」―戦後初期の宗像誠也を素材として―
　………………………………………………………　荻原　克男…　4

現代学校制度における多様性・公正性・包摂性の位相
　―学びの場を「分けること」の是非をめぐって―
　………………………………………………………　後藤　武俊…　26

教職における専門性の民主主義的再検討
　―「リスク」への応答をめぐる試論―
　………………………………………………………　三浦　智子…　46

アメリカにおける民主主義的な学校を実現する地方学区事務局の役割―校長指導職の職務変容と専門職基準に着目して―
　………………………………………………………　照屋　翔大…　66

熟議デモクラシーにおける教育政策の正統性―相互性を中心に―
　………………………………………………………　鵜海未祐子…　85

II　研究報告

戦後日本の教育行政における「通級による指導」概念の変容
　―1990年代以前の統合教育をめぐる文部省、中教審、臨教審の議論を手掛かりに―
　………………………………………………………　浜　えりか…106

公立不登校特例校の設置過程における教育委員会の主導性
　―住民との合意形成を中心に―
　………………………………………………………　俵　龍太朗…126

米国シカゴの学校協議会にみる生徒参加の影響力と課題
　―校内警察官配置の存廃をめぐる意思決定の事例から―

.... 古田　雄一 …145

公立学校教員の懲戒処分に関する厳罰化傾向の検証
　──59自治体の処分件数と処分量定の変化に着目して──
.... 村上　　慧 …164

「広域分散型」自治体における公立通信制高校の機能と限界
　──高校教育機会保障の視点から──
.... 川本吉太郎 …185

Ⅲ　大会報告

●シンポジウム　公教育保障の外延を見極める

《趣旨》................................... 貞広　斎子 …206
《報告》
千葉市初の夜間中学校　真砂中学校かがやき分校
.... 山﨑　二朗 …208

不登校政策は設置・配置主義からインパクト志向への転換を
　──カタリバの現場から見えること──
.... 今村　久美 …212

公教育の外延拡張が意味するもの
　──形式的平等・公正・ケイパビリティの観点から──
.... 後藤　武俊 …216

《総括》................................... 貞広　斎子 …220

●課題研究Ⅰ　教育行政の専門性・固有性の解体と変容(1)
　　　　　　──官邸主導改革と教育行政

《趣旨》................... 石井　拓児／谷口　　聡 …224
《報告》
教育政策と中央教育行政の変容をどう捉えるか
.... 谷口　　聡 …226

権力の集中とその空洞化の中で進む既成事実への屈伏

.... 磯田　文雄…230
科学・学術研究と政府の関係はどう規律されるべきか
　―「日本学術会議の在り方問題」を中心に―
　　　　... 勝野　正章…234
《統括》................................. 宮澤　孝子／石井　拓児…238

●課題研究Ⅱ　令和の日本型学校教育下における教師の職務の変
　　　　　　　容と教師をめぐる専門性の再定位
《趣旨》.................................. 吉田　武大／柏木　智子…242
《報告》
空洞化する教師の「専門家としての学び（professional learning）」
　―「令和の日本型学校教育」を担う教師の養成・採用・研修等の在り方について
　　～「新たな教師の学びの姿」の実現と、多様な専門性を有する質の高い教職員
　　集団の形成～（答申）（中教審第240号）において―
　　　　... 鈴木　悠太…244
「学習化」する教育における教師の役割―教育方法学の視座から―
　　　　... 熊井　将太…249
「令和の日本型学校教育」下の教員業務を展望する
　　　　... 神林　寿幸…253
《総括》.................................. 吉田　武大／柏木　智子…257

●若手ネットワーク企画
若手ニーズ調査からみる日本教育行政学会のゆくえ
　　　　... 前田　麦穂…261

Ⅳ　書評

葛西耕介〔著〕『学校運営と父母参加
　―対抗する《公共性》と学説の展開―』
　　　　... 杉浦由香里…264

髙野貴大〔著〕『現代アメリカ教員養成改革における社会正義と省察—教員レジデンシープログラムの展開に学ぶ—』
　　　　　　　　　　　　　　　　　　　　佐藤　　仁 …268

前田麦穂〔著〕『戦後日本の教員採用
—試験はなぜ始まり普及したのか—』
　　　　　　　　　　　　　　　　　　　　大谷　　奨 …272

大島隆太郎〔著〕『日本型学校システムの政治経済学
—教員不足と教科書依存の制度補完性—』
　　　　　　　　　　　　　　　　　　　　木岡　一明 …276

滝沢潤〔著〕『カリフォルニア州における言語マイノリティ教育政策に関する研究
—多言語社会における教育統治とオールタナティブな教育理念の保障—』
　　　　　　　　　　　　　　　　　　　　長嶺　宏作 …280

前原健二〔著〕『現代ドイツの教育改革
—学校制度改革と「教育の理念」の社会的正統性—』
　　　　　　　　　　　　　　　　　　　　井本　佳宏 …284

青井拓司〔著〕『教育委員会事務局の組織・人事と教育行政プロパー人事システム
—地方教育行政における専門化と総合化の融合に向けて—』
　　　　　　　　　　　　　　　　　　　　佐々木幸寿 …288

日本教育行政学会会則・291
第20期役員等・295
日本教育行政学会年報編集委員会規程・296
日本教育行政学会著作権規程・298
日本教育行政学会年報論文執筆要綱・299
英文目次・302
編集委員・304
編集後記・305

I　年報フォーラム

● 教育行政学における民主主義の再定位

テーマの趣旨　　　　　　　　　　　　　　　年報編集委員会

教育行政学と「民主主義」
　　―戦後初期の宗像誠也を素材として―

　　　　　　　　　　　　　　　　　　　　　　　荻原　克男

現代学校制度における多様性・公正性・包摂性の位相
　　―学びの場を「分けること」の是非をめぐって―

　　　　　　　　　　　　　　　　　　　　　　　後藤　武俊

教職における専門性の民主主義的再検討
　　―「リスク」への応答をめぐる試論―

　　　　　　　　　　　　　　　　　　　　　　　三浦　智子

アメリカにおける民主主義的な学校を実現する地方学区事務局の役割
　　―校長指導職の職務変容と専門職基準に着目して―

　　　　　　　　　　　　　　　　　　　　　　　照屋　翔大

熟議デモクラシーにおける教育政策の正統性
　　―相互性を中心に―

　　　　　　　　　　　　　　　　　　　　　　　鵜海未祐子

テーマの趣旨

年報編集委員会

　今回の「年報フォーラム」のテーマは「教育行政学における民主主義の再定位」と設定した。

　今号は第50号という節目ではあるが、周年記念事業として別途出版企画も予定されているため、年報全体の構成としては、特別企画等を組むことなく例年と同様のものとしている。その代わり、この「年報フォーラム」において、多少なりとも本年報の50年を振り返ると同時に、これからを展望することのできるテーマを設定できればと考えた。そこで浮かび上がってきたのが「民主主義」というキーワードである。

　とはいえ、民主主義という概念をアプリオリに「善きもの」と見なすわけではない。たしかに民主主義概念自体、最良の普遍的価値としても位置づけられうる。他方、たとえば歴史的には、独裁主義などの政治形態に比べれば幾分「まし」なものとして登場し、認知されているにすぎない面もある。こう考えれば、社会再生産のために私たちが否応なく運用せざるを得ない、永遠に不安定で未完の社会構成原理であるとも位置づけられる。

　それでなくても不安定なこの原理が今、あらためて強くその存在意義や有効性を問い直されている。とりわけこれまで十分に顕在化してこなかった、人々の多様性・複数性の発現と錯綜、あるいはそれに由来する諸価値の登場によって挑戦を受け、厳しい試練にさらされている。それは、民という言葉自体に潜む本質的問題の顕在化でもあり、避けることができない。

　現代教育もまた、この民主主義を基盤とすると同時に、この原理の将来的

な維持・発展を担うことを期待される。そのため、民主主義概念が問い直される状況から強く影響を受け、対応を余儀なくされている。

　はたして学問としての教育行政学は、こうした現代的変容、しかも社会構成原理が根本から挑戦を受けているという変容をいかに反映しているのか。十分に反映できているといえるのか。あらためて50号という節目の年に、教育行政学の自己認識の一環として、これらを検証したいと考えた。

　戦後教育学における教育行政学の出自、もしくは教育学全体における教育行政学の立場や役割を考えたとき、本来、教育を規範的および事実的に認識するさいに、教育内容や教育方法等への焦点化とは異なり、それらを広く教育行財政的な背景や基底に投げ返しつつ、社会のあり方と相互に密接に関連づけながら教育にかんする諸問題を把握するという点、換言すれば、社会の再生産（拡大・発展か縮小・衰退かを問わず）の相において教育を捉えるという点にこそ、教育行政学独自の特徴と利点があったようにも思われる。

　しかしながら、教育や学校自体の運営過程における民主的性質の確保や吟味が論題化されることはあっても、こうしたマクロな関心自体は、かなり後景へと退いた印象がある。それは、政治なるものへの日本全体の一般の関心が、たとえば選挙結果のみに向けられ、その都度、定期的に失望と無関心が広がり、シニカルな現状肯定への開き直りや別体制への誘惑、権威への従属・受容等が強まってきたという現象とも無関係ではないであろう（山本圭『現代民主主義』中央公論新社）。だが、社会的実践やその手応えとは別に、民主主義についての深い思索は、学問的な発想や認識を豊かにしてきた面もある。

　こうした問題意識の下、今回のフォーラムは、民主主義概念を論述の規範とする態度はひとまず措くとして、かつて教育行政学では「民主主義」概念が認識や思惟を発展させる「ばね」としての役割を、良かれ悪しかれ果たしていたのでは、という仮説的希望の観測に基づき、その役割を現代的に復権させることを企図してもいる。会員諸氏の、そして本学会全体のますますの研究発展に貢献することを期待し、また確信している。

（文責　年報編集委員会委員長　山下晃一）

教育行政学と「民主主義」
―戦後初期の宗像誠也を素材として―

荻原　克男

はじめに

　小論に与えられた課題は、教育行政と民主主義の関係について学説史的な検討を行うことである。
　とはいえ正直いえば、筆者はこれまで民主主義という言葉を意識的に使って何か議論したことはない。使ったことがあるとしても、憲法・教育基本法云々といった一種の"定番"文脈か、他者の文章を引き写したものだったように思う。その程度には筆者にも民主主義は馴染みある言葉になっていたわけである。民主主義という言葉がない言説空間の中で、はたして日本の教育行政学を語ることができるか。それほど、教育行政学を含む戦後教育学にとって民主主義は"自明"なものとなっている。
　だがそれは逆にいえば、民主主義が何を意味するのか必ずしも判然としないまま議論がなされてきた（かのようにみえる）ことを示唆する。語り手が善いと考えること何にでも「民主的」や「民主主義」という言葉を宛てがってきた傾向はないか。こうした、焦点を欠いたままの言葉の汎用は、民主主義への「思考停止とも言える支持」状態を意味する（スウィフト2011：248）。それは民主主義にとって決して良い兆候とはいえないはずである[1]。
　さらに近年、世界規模で民主主義への挑戦が顕在化するなか、はたして民主主義は維持可能なのか、他の体制に対していかなる優位性があるのかといっ

た根本問題についての再考が求められるようになっている（吉田2022）。

　こうしてみると、教育行政学にとって民主主義とは何かという（ある意味ベタな）問いに関して、共通の議論基盤があるのかどうかも定かではない。そこで本稿は、教育行政学と「民主主義」概念の関連について掘り下げて考察したい。検討素材としては宗像誠也による戦後初期の議論を取りあげる。学説史というには到底及ばないが、主題への足がかりにはなるだろう。なお、従来も初期宗像への言及はあったが、総じて「教育行政の社会学」構想を評価する視点からであった（荒井1994、黒崎1992、村上2011：290）。本稿はそれとは異なる視点から同時期の宗像理論について再吟味したい。

1．教育行政研究の2つの系譜
　　―教育行政における／による民主主義―

　最初に、戦後の教育行政学が民主主義をどのように論じてきたのか大まかに整理しておきたい。それは次の2つの系譜に大別できると思われる。

　第1は、教育はいかに統治されるべきかという問いを民主主義との関連において探究するものである。教育行政における望ましい統治とはいかなる論理と形態をとるか。この望ましさの公準の一つとして民主主義を位置づける。これを「教育行政における民主主義」論の系譜と呼んでおこう。

　第2は、教育行政が民主主義的な社会の創造・発展にいかに寄与できるかという問いを立て、それとの関連で教育行政の理論と現実を探究するものである。こちらは「教育行政による民主主義」論の系譜といえる。

　この観点からみると、教育行政学の議論の多くは第1の系譜に属するものといってよい。自治体における公選職部門と教育委員会の関係（民主性と専門性の関係）や、学校参加をめぐる議論などがその代表例である。他方第2の系譜については、シティズンシップ教育などの分野を別として、近年の教育行政学ではほとんど議論の対象になることはない。

　こうした研究動向からすると意外にみえるだろうが、じつは宗像が戦後直後に構想した教育行政学とは、むしろ第2系譜に属するものだった。もちろ

ん、彼が教育委員会論を中心とした第1系譜に属する議論を盛んに展開したことは事実である。だが、それらはあくまで第2系譜と密接不離なものとして意義づけられていた。宗像にとっては、教育（行政）による民主主義の実現こそが最大関心事であって、第1の系譜はそれとの関連ないし派生として議論されたのである。

　つまり、次のようにいえる。戦後初期の教育行政学は第2の系譜、すなわち「教育行政による民主主義」論を主軸として出発した。しかしその後、この問題関心は失われていき、教育行政学ではもっぱら「教育行政における民主主義」という第1系譜が残り、それが主流になっていったということである。では、宗像が構想した教育行政学、とりわけそこで民主主義はどのように把握されていたのだろうか。

2．日本社会の民主化と教育「強行」論

2‐1　教育の2つの機能─社会への同化と社会の変革─

　宗像は教育と社会との関係を2つの側面から捉えていた。既存の「秩序の維持」作用としての教育と、「人間と社会とを更新する作用」としての教育である（1953=Ⅲ49[(2)]）。しかし、これらは等価の2側面として捉えられていたのではない。戦後の日本において、教育が社会変革を担うべきものであることは宗像にとっては自明のことがらであった。

　教育は「若い世代を社会化する作用」「社会の同化作用」という面をもつが、それは社会の「根本原理が安定している時の話」である。対して、その「根本原理」が変化する時、それを「促進し成就しようとするための教育」は「社会の自己変革作用」となる。「社会の現実と社会の理想との間の距離が大きい時…理想の社会の実現のために教育が、多少の無理を犯しても、あえて強行されねばならぬ」（1948a=Ⅱ11、「…」は原文の省略部分。以下同じ）。

　ここで述べられていることを現代風にいい直せば、教育による社会の再生産という問題である。社会の再生産には秩序維持の側面と、その更新・作り

替えの側面がある（両者を理論的に区別することはできるが、実際には常に双方の側面が重層的に働いていると見るべきだろう）。だが戦後の宗像にとって、教育はあくまで社会の更新作用でなければならなかった。それは、まだ存在していない「理想の社会」を実現することが彼にとっての重要課題だったからであり、「多少の無理を犯しても」「強行」されるべきものだった。

それにしても「強行」とはいかにも物騒な（非教育的な）言い方ではないか。しかし宗像は教育の「強行」ということを随所で繰り返し主張した。それは彼が戦後社会の作り替えをどう展望していたかという点に関わる。

2‐2　民主主義化への展望と教育「強行」論

宗像にとって民主化とは、「封建主義─個人主義─社会主義の道程」（1948a=Ⅱ52）をできるだけ素早く移行していくことを意味していた。「いまだ封建的なものの残っている段階から、近代個人主義社会を飛び越しまたは駆け抜けて、社会主義社会へ突入せねばならない。ゆっくりといわゆる世界史の段階を順序正しく踏んでいては間にあわないのである」（1946=Ⅲ8-9）。「強行」テーゼは、こうした民主化構想と密接に関連していた。

第1に、めざす理想を実現する鍵を握るものとして教育が重視されたことである。封建遺制が残存する戦後社会の現実からは、民主化が自然発生的に立ち上がってくることは期待できず、「計画と意図とに従って強力に促進」する必要がある（Ⅲ9）。そこで教育に大きな期待が寄せられる。

第2に、世界史発展の段階論的な把握を前提として、民主化の到達点として社会主義が想定されていたことである。そこには政治と教育についての独自の理解が関わっている。宗像によれば、「政治は制度の改革を任務とし、教育は人間の改造を任務とする」（1950b=Ⅰ110）。社会主義化を含んだ民主化展望において、このような「政治」と「教育」が互いに「即応」すべき関係として捉えられていた（Ⅰ112）。

第3に、これらすべてを陰に陽に枠づけていたものとして、占領改革の問題がある。宗像にとって戦後教育改革の原点はアメリカ教育使節団報告書であったが、それは日本の中から自生的に出てきたものではなく、いわば外か

ら"押しつけられた"ものであった。しかもそれが「超絶的な」「占領軍という権力によって強行」されるという形をとった（宗像1951：11）。このような「与えられた民主革命」（1948a＝Ⅱ51）であっても、それを成し遂げることが歴史的必然性をもつ道程と考えられたのである[3]。

　以上の諸点のうち、現実的要因として最も大きかったのが占領改革という枠組みであったことはいうまでもない。一方、理論的観点からみて注目すべきは、政治的思惟と教育的思惟との「不離」「類似」という理解である。宗像によれば、「政治と教育とは、人間とその社会とについての一つの理念の二つのあらわれ」であり、一方の「政治はその理念の制度的な面における実現」を、他方の「教育はその人間的な面における実現」を任務とする（1950b＝Ⅰ99）。これは、政治と教育の関係把握についての理想主義的といっていい観点である。他方これとは異なり、政治を権力闘争として捉え、両者を対立的に捉える観点もありえる。だが少なくとも戦後初期の宗像は、政治と教育を調和的関係において捉えようとしていた[4]。

　教育の「強行」というと、「強制力を持って独断専行することが思い浮かべられるかもしれない」が（1948a＝Ⅱ29）、それでは駄目である。「急いでやるのだから無理と強行は不可避」だが「一体誰がやるのか」。明治時代は「官僚が押し切った」が、今度は「国民自身がやるのでなければ」また明治の二の舞となる（Ⅱ52）。「国民全部の自主性に基づき、国民全部の水準の高まりを根柢とするのでない強行は、無理に終る外ない」（1946＝Ⅲ9）。

　だが、国民の「自主性」「水準の高まり」が不可欠だとはいっても、「その頼みにする『民』自体が封建的であっては。ここに確かに矛盾がある」（1948a＝Ⅱ51）。宗像は、この矛盾が最大の難問であることをよく自覚していた。そしてそのことを次のように表現する。

　「民主主義に内在する一種の二律背反に我々は当面せざるを得なくなった。国民の教育は強行されなければならない、しかもそれは国民の力によってなされなければならない。」（1946＝Ⅲ9）。「教育によって改造されなければならない国民自身が教育を改造する主体になるという論理的矛盾」（1948a＝Ⅱ54）。

改革の「主体」たることを要請されている当の国民（民衆）が「いつでも賢明であるとは限らず」「ただちに自己に対する教育を強行する意志を起すことは期待出来にくい」（1946＝Ⅲ10）。この矛盾を乗り越える可能性を、宗像はどこに見出そうとしたか。一つは教育委員会制度論であり、もう一つは民衆「啓蒙」論である。そして両者は、民主主義を担う「主体」をいかに形成するかという共通の問題関心で密接に結びつけられていた。

3．教育改革の「主体」問題

3‐1　教育の意思決定「主体」論としての教育委員会制度論

　宗像は戦後教育改革の全体を、①教育組織、②教育内容、③教育行政の3方面からなるものとして捉えていた（1955＝Ⅲ59）。①②を代表するのが六・三制であり、社会科の新設であった。こうした一見して分かりやすい改革に対して、「氷山の水面下」にあるが「ある意味ではもっと大きい問題」が③の改革だという。というのも、それが「教育に関する意志決定の主体の問題」（1948a＝Ⅱ46）だからである。

　「どんな教育をすればよいかを決める権能と責任とを持っているのは誰なのか、ということであり、また言い直せば、一体教育は結局において誰が誰のためにするのか、ということにもなる。教育は先生が生徒のためにするのだ、といえばそれに違いはないが、しかしそれならば…先生をして先生たらしめる意志は何か、先生をしてどんな教育をさせるかを決定するのは誰か」（1948a＝Ⅱ46）。「教育を国民自身の判断で決定しなければならないということは実に最も根本的な教育改革だと言うべきなのである」（Ⅱ51）。

　このように、宗像にとって教育行政改革とは「教育に関する意志決定の主体」の問題として、しかも「国民自身」がその「主体」となるべきものとして、戦略的に重要な位置を占めるものであった。しかし、実際に改革を推し進めている「主体」は「文部省であり、しかも文部省のみである、と言ったら言い過ぎであろうか」（1948a＝Ⅱ55）といわしめるような実態があった。①②の教育組織・教育内容の改革は、③に支えられることで初めて「本当の

教育の民主化というに値する」ものとなる（Ⅱ56）。教育委員会制度に大きな期待が寄せられた理由もここにあった[5]。

だが、制度の導入それ自体は出発点でしかない。宗像にとっての最大関心事は、それが民主主義の実現にどれだけ寄与するかにあった。

「教育委員会制度が最も民主的な教育行政制度であることは確かだとしても、それが全く違う地盤に移された場合、はたしてよく民主的に運営され得るだろうか。出来上がった制度をそのまま取り入れて、しかる後、人民の考え方を変えようというのは、活動写真のフィルムを逆に廻すようなものではないだろうか」（1948b=Ⅲ13-14）。しかし、民主化の実現とはこの「フィルムの逆廻し」を実行することであり、その意味では教育「強行」テーゼの別様な表現に他ならない。かくして、民主主義の二律背反として提起された矛盾が、今度は教育委員会論において再現されることになる。

「素人市民を代表する教育委員会は出来上がった、しかしそれが教育について識見が低く、あるいは熱意がなく、のみならず……私的な恣意によって左右」される「危険ははなはだしく濃厚である」。「教育民主化の本当の問題はここらへんにある」のであって、「現実問題に対しては現実的方策を講ずる外ない」。「教育を民主化するには民衆の教育的識見を高める外ない」（1946=Ⅲ10）。「一般国民の教育的識見を高めるべく啓蒙する」こと（1950b=Ⅰ255）、これが宗像の出した「現実的」解答であった。

3-2　意思決定「主体」形成論としての民衆「啓蒙」

では、その民衆を「啓蒙」するのは一体誰なのか。そこで登場してくるのが「先覚者」「専門家」という概念である。ここでいう「先覚者」とは、歴史の方向性を「一般人よりも早く、より正しく把握している者」のことである[6]。だがそれは「全体主義における『指導者』」とは異なり、「彼の認識を民衆に分ち、民衆を納得せしめ、民衆を彼とともに歩ましめる」ような者でなければならない。これが「高度な意味の、単に教育を職業とする者という意味のではない、教育者」だとされる（1946=Ⅲ10）。

注目すべきは、ここで「先覚者」と「民衆」という2つのカテゴリーが区

別され、前者から後者への働きかけという一種の〈指導─被指導〉関係が導入されている点である。これは、平等であるべき成員間に質的差異を持ち込むことを意味し、民主主義ということにそぐわないのではないか。

　第1に、「事態の改善」に向けてのリアリティある探究という側面である（1950b＝Ⅰ247-8、255）。民主主義の二律背反といった論理的矛盾を指摘しているだけでは、議論は循環論に陥り、出口を見出すことができなかった。直面する現実の中でいかに問題を克服するかという問いの中から、〈指導─被指導〉関係への着目が出てきた点に留意すべきであろう[7]。

　第2は「啓蒙」の担い手とそれが行われる場・規模の問題である。これに関する宗像の議論は必ずしも明快とはいえないのだが、少なくとも当初は非常に広汎なものが想定されていた。教育界に関しては、社会科の授業から社会教育機関まで、それこそ「文部大臣から一教師に至るまで」の「汎ゆる教育専門家」と述べられていた（1948a＝Ⅱ31）。さらに、教育界以外の「交通、通信、経済、生産、治安、医療等の機関が教育に協力する」という「教育協同体ともいうべき態勢」を通じた啓蒙活動ということが考えられていた（Ⅱ32）。教育機関にとどまらず、広汎な社会組織・団体が射程に含まれていたのである。そして、こうした啓蒙によって「教育された者の動向は、一つの社会的、政治的な力になる」がゆえに、必然的に「広い意味での政治性」をもつことが強調されていた（1948b＝Ⅲ14-15）。宗像が「単に教育を職業とする者という意味」ではない、「高度な意味の」「教育者」ということを強調したのは、こうした背景があってのことだったろう[8]。

　しかし第3に、知的に優れた者の指導によって識見の低い者を引き上げるというのは、愚民観に立った「啓蒙主義的発想」ではないかとの疑問が提起されうる（市川1975：362）。これは微妙な問題だが、肯定的と否定的の両面から考えることができる。

　上の疑問を退けうる理由として、宗像の民主主義観の基底には「理性と価値とがすべての人に内在しているという理念」があった点があげられる（1946＝Ⅲ10）。すべての民衆が「理性を持ち得るという信念」である（1948a＝Ⅱ31）。すなわち、民衆は学ぶことによって変わり得る存在であり、

しかも理性的に変わり得るとの信念に立った「啓蒙」論だったといえる。

　もっとも、こうした発想そのものが"上から目線"で古びた考え方だと忌避されるかもしれない(9)。だが、直感や感情に訴えかける政治がかつてない規模で広がり、かつそれを学問的に正当化するような議論も行われている中で、理性復権の試みは必ずしも時代錯誤とはいえない。近年、「啓蒙」を現代的に再評価しようとする議論が出てきているのも、それがまさに今日的な重要課題であることを示している（ヒース 2014、ピンカー 2019）(10)。

　第4に、宗像の民主主義論にはある種の能力水準というか参入基準のようなものが想定されていた点である。「フィルムの逆廻し」ということが言われたのも、民衆の側にあらかじめ一定の「見識」が備わっていることが、民主主義実現の本来の順序だといった理解が前提されているからであろう。そうした前提としての参入基準が満たされていないからこそ、民衆「啓蒙」が唱えられたわけである。

　第5に、こうした考え方のいわば延長線上において、教育改革の「主体」が結果的に限定されていったことである。先にみた通り、当初は非常に広汎な改革主体が想定されており、それを宗像は「単に教育を職業とする者」ではない「高度な意味」での教育者と呼んでいた。だが後になると、その主体はもっぱら教師（教員組織）へとズレて収束していくことになる。その大きな要因となったのが、みずからが取り組んだ教育委員選挙の実態調査であった。彼がそこから引きだした結論は、「日本社会の教育による民主化」において「地方教育委員会に大きな望みをかけることは到底でき」ず、その「主体的勢力としては」「教師の組織に期待をかけるほかあるまい」というものであった（宗像・持田 1953：33-4）。

　一方、内在する理性を期待された民衆はどうかというと、啓蒙不足での参加には否定的な見解が述べられるようになる。たとえば、「民衆統制」に関して次のようにいう。「民衆はまず啓蒙されねばなら」ず、「ただちに教育についての権力を与えられるべきではなく、P・T・Aのような形での『参加』からはじめるべきではないか。このような考慮の上に立って、教育行政機構は構成され……なければならなかったと私は思う」（1955＝Ⅲ61-62）。

ここには、主体が有する能力水準に応じて、その参加権限が不平等に配分されてしかるべき、との考え方が示されている。

4．民主主義の概念分析の試み

4-1　宗像による区別論の提起——形式と実質

　教育委員会制度の改廃が争点になっていた頃、宗像は「戦後の教育行政改革におけるいわゆる民主化の意味」とは何だったのか改めて問い直す文章を書いている（1955=Ⅲ）。ここで注目したいのは、彼が「民主化」を「形式」と「実質」に区別して議論している点である。

　教育委員会が「民主化」の体現物とされたのは、その制度原則である「地方分権・民衆統制・教育行政の独立性」の「三原則」に求められる。だが宗像は「この三原則は、教育行政機構を構成するに当っての形式に関するもの」だと述べる。その趣意は「形式」とは別に「実質」を考えねばならないということであり、それは「実質的な教育観」即ち「民主主義的な教育観」のことだという（1955=Ⅲ58）。「もし三原則が完全に実施されたとしても」、そこからどんな「実質をもった教育観が支配的になるかは、一義的には決定されない」。「住民の意識のちがい」によって、「それは封建的教育観でもありうるし近代的教育観でもありうるし、ファッショ的な教育観でもありうるし、共産主義的教育観でもありうる」（Ⅲ58）。

　ここには民主化の意味を2つに区別して捉える視点がある。もしそれを形式として捉えるなら、「三原則の実現」がとりもなおさず「教育行政の民主化」を意味する。他方、実質としてみるなら、「三原則」はあくまで「特定の（民主的な）教育観に立つ教育を実現するための手段」に止まり、それ自体が「民主化」を意味することにはならない（Ⅲ58、傍点筆者）。そして、ここでの議論の核心は、「三原則が実現されれば、特定の教育観が支持されるだろうと考えるのは飛躍であるといわねばならず、その間の関係は必然性のあるものではないといわねばならない」との理解にある（Ⅲ59）。そして結論的に、「教育行政の民主化」とは「形式」ではなく「実質において民主

主義的な教育観」に立つことだと述べられる（Ⅲ61）[11]。

　以上の経緯には宗像の理論的反省の跡が伺える。かつては形式としての民主化が実質としての民主化と連動すると期待されていたのだが、ここではその関連性が疑われている。というよりも、そうした懐疑を通じて形式と実質の区別論が立てられることになったというべきだろう。一方、こうした「形式と実質」との「分離」論的な「教育行政把握」は、宗像の方法論にとって「深刻な問題であった」とする評価がある（黒崎1975：310）。それは、彼の当初の教育委員会論への「自己否定」を意味するとの趣旨からである。
　だがここでは、それとは異なる視点から「分離」的把握を再評価したい。ポイントは、民主主義の意味内容を明確にして議論すること、そのために必要な概念的区別を行うことにある。

4-2　新たな概念再構成の試み

　日本語では「民主主義」という訳語になっているが、元来「デモクラシー」とは demos＋kratia、すなわちデーモスによる支配という語義に由来する。しかも、その中核的意味は、「支配の実質的内容は何か」という次元とは区別された「政治形態に関する概念」という点にある（丸山1959＝1996：88、傍点原文）。現代政治学においても、デモクラシーを政治の「一つの型」ないし集合的な意志決定を行う際の「決め方」の一つのタイプとして定義する議論がみられる（空井2019、田村他2017）。こうした定義づけを、決定「手続きとしての民主主義」と呼んでおく。ここで「手続き」とは、決め方をルール化した仕組み（制度）や実際の決定方法を意味するものとする。
　この定義づけから出てくるのは、民主主義的に決めたことが必ずしも望ましい結果に至るとは限らないという理解である。この点をより明確にするため、民主主義の非道具（主義）的な理解と道具（主義）的なそれとを区別しよう[12]。これは、「手続きとしての民主主義」がいかなる価値によって正当化されるかに対する二つの観点を示すものである。前者では、民主主義は「手続きそれ自体に体現されている」「内在的な価値」において評価される。例えば全市民の意見に等しい地位を与えるという平等の価値などである。対

して後者では、民主主義はそれが望ましい決定を産み出す点において評価される。つまり民主主義を「その産出物に照らして」「目的のための手段として、道具的な観点」から評価するものである（スウィフト2011：268-69）。

　この区別に依拠すれば、宗像の先の議論は次のように再構成できる。当初彼は、公選制教育委員会という制度（手続き）を通じて、「民主主義的な教育観」という望ましい目的が達成されると期待していた。だが後に、その連関には必然性がないことを認めた。ここから、教育委員会評価について二つの判断が引き出しうる。一つは非道具的な観点から公選制を肯定的に捉えるものであり、二つは道具的な観点から、望ましい結果を産み出さないなら否定的に評価するものである。宗像が到達したのは、「民主主義的な教育観」を「実現するための手段」として制度を捉える立場であった。すなわち道具主義的な観点を優先させることで、手続き内在的側面を等閑視したわけである。しかし、こうした議論の構成は、民主主義概念に訴えて現実を評価しようとする際に有効ではないばかりか、混乱のもとですらある。

　実際、宗像の教育委員会評価は時期によって「めまぐるしい変化」を示した（市川1975：360）。例えば、教育委員への教員の被選挙権資格について、当初は素人市民が意思決定の主体であるべきとの理由から原則反対の立場をとっていた（1948a=Ⅱ49）。いわば非道具的な観点からの民主主義擁護論である。ところが後になると、「日本の民主化の現状」を考慮して、反対論から賛成論へと態度を転換させた（1950a=Ⅲ98）。ここでいう「現状」とは、民衆の「識見」の低さであり、教員組織の「進歩」性であった。この判断転換をもたらしたものと、民主化の「実質」を重視する思考とは、道具主義的という点で明らかな共通性がある。ところが、公選制が廃止された地教行法後では、「民衆統制」原理は「本筋において正しかった」と言われるようになる（宗像1958：34）。

　こうした見解の遷移には「一貫した変化の筋道がない」ようにも見える。だが、そのことをもって単なる「時務論・情勢論」だったというのは言いすぎであろう（市川1975：360）。それは、直面する状況において民主化に寄与するものは何かという現実的判断から生じたのであり、民主主義の実現を

最重要課題とした点で宗像は最後まで一貫していたからである[13]。ただし、民主化・民主主義が文脈によって異なった意味で用いられたため、結果として矛盾したような主張が展開されてしまったのである。

第1に、概念区分を行うことで、教育委員会評価の転変についてもより整合的な把握が可能となる。民主主義の正当化論から捉え直すなら、〈非道具的・道具的理解の一体論〉→〈道具的理解の優位〉→〈非道具的理解の再評価〉として整理することができる。すなわち、当初は民衆統制という手続きが民主的な教育観という望ましい結果をもたらすと期待されていた（非道具・道具一体論）。しかし、一向に望ましい結果が産み出されない現実を前に、民衆統制への見方は批判的なものとなる（道具主義）。そして公選制が廃止された以後では、また民衆統制が再評価される（非道具主義）。

第2に、宗像の民主主義観には、手続き内在的（非道具的）な価値よりも、それが産み出す望ましい目的・結果という道具的な価値づけを重視する傾向が一貫して伺える。概念区分へと一歩を進めたものの、結局は手続き内在的価値を放棄ないし明確に位置づけることなく終わった。もし、手続き内在的側面も、道具的なそれと共に民主主義概念のもとに包含する形で理論化が行われていたなら、議論はそれほど混乱することはなかったと思われる。

第3は、宗像理論におけるエピストクラシー（epistocracy）的な性格の問題である。ここでエピストクラシー（知者による支配）とは、「より有能ないし知識がある市民」に、そうでない市民よりも幾らか多くの決定権を付与するあり方をさす（ブレナン2022：v）。宗像も「啓蒙」不足の民衆の参加権制限について述べていた。さらに、「教員組合」を重視する制度設計について次のような発言がある。労働者・農民など「不平等の犠牲者は不平等を意識しないことが多い」が、それは彼等が「真」の「利益」は何であるかを自覚しないゆえである。他方「犠牲者の声なき声を代弁したのは教員組合」であった。それゆえ「教育の実質的な民主化をもたらすためには、それらの発言が強く反映するような教育行政機構」を構想すべきだ、と（1955=Ⅲ62）。つまり、「真」の利益が何かを判断できない者よりも、その判断能力を持つ者に対してより多くの決定権を付与すべきとの考え方である。

構成員すべての平等な意見反映ではなく、能力にまさる者の意見をより大きく（不平等に）反映させるという論理は、まさに産出結果を重視する道具主義的観点に基づく。この観点からすれば、望ましい結果を産み出すと期待される別の（民主的ではない）決定手続きがある場合、それを支持することは理に適っている。その意味で、宗像が「実質的な民主化」という目的のために、手続きとしての民主主義を幾らか犠牲にしてよいと考えたとしても、何ら不思議ではない。だがそのことは、宗像教育行政学説と民主主義論との不協和ないし対抗的性格という問題を提起せざるをえないだろう[14]。

むすび

　第二次世界戦争後、宗像は日本社会の民主主義化を最大の歴史的課題と捉え、それに応えることをみずからの学問的任務とした。最初に区分した系譜でいえば、「教育行政による民主主義」（第2系譜）を実現するための方途を求めて、「教育行政における民主主義」（第1系譜）の問題に取り組んだ。この2つを結びつける結節環が教育委員会論であった。公選制教育委員会という制度「における」民主主義「によって」、民主主義を担う「主体」を作りだすという構想である。そしてそこには絶えず、理想と現実との隔たり対する認識と、にもかかわらず（だからこそ）その乖離をいかに乗り越えるかという強烈な問題関心が働いていた。

　しかし1950年代の半ば頃から、こうした2つの系譜の結びつきは次第に失われていった。主体形成の環としての教育委員会という意義づけが後退、消失していったからである[15]。現在の学会（界）が引き継いでいるのも、こうした変容後の研究枠組みである。宗像にとってより重要だった第2系譜とは切り離されて、第1系譜が残されている形である。初期宗像の理論的営為を発展的に捉えることからどのような課題が引き出せるだろうか。

　第1は民衆「啓蒙」論をどう考えるかである。彼の初期構想においては、教育による民主主義という第2系譜は、教育委員会論だけでなく「啓蒙」論という道筋でも追究されていた。しかし、その後の教育行政学はこの試みを

ほとんど評価せず、学問伝統として継承することもなかった（黒崎1975、市川1975）。それは、現在でいえばシティズンシップ教育論や主権者教育論と重なるところが多いが、そこに共通するのは、理想とする社会秩序とそれを可能にする主体形成への問題関心である。教育が社会の再生産（既存秩序の維持と更新）に関わるものである以上、そこには未来社会の秩序構想とそれを担う主体への期待が存在する。主体への期待は、それらに課題や要求を課すことと表裏の関係にある。

「啓蒙」論が立ち向かおうとした現実は、戦後初期に限られたものではなく、現在も形を変えて存在している。ポピュリズムの議論が盛んになった21世紀では、その問題状況はより一層先鋭化しているともいえる。シティズンシップ教育論、主権者教育論はこの問題に対して、主に教育内容・方法の側面から取り組むものである。他方で、ジョセフ・ヒースが合理的判断を促進／阻害する制度環境の重要性に着目したように（注10）、啓蒙（主体形成）を個人の教育・学習レベルだけでなく、広い意味での制度論の文脈へと拡張して捉え直すことも必要である。制度についての豊富な知識と研究伝統をもつ教育行政学の強みを活かしながら、隣接領域や他の学問分野と共同して、こうした探求への拡張が試みられてよいのではないか[16]。宗像の初発の問題関心に照らせば、それは拡張というよりはむしろ2つの系譜の現代的な再接続・主題化というべきであろう。

第2は、宗像における道具的な民主主義観をどう考えるかである。宗像自身は、民主主義の実現を常に善きものとして考えていたはずである。だが、彼においては産出物としての望ましい状態をも民主主義概念で語ったため、錯綜した議論展開となっていた。目的を優先させる観点から、しばしば民主主義の手続き内在的価値が後回しにされたからである。しかし、そうした錯綜のなかで彼が取り組もうとしていた本質的問いとは、手続きとしての民主主義と望ましい結果を産み出すこととは果たして両立可能か、可能だとすればそれはいかにしてか、という論点だったといえる。

この問いに対する宗像の態度は理想と現実の間でたえず揺れ動いた。理想としては、この2つは両立すべきであり、かつ両立可能となることが期待さ

れていた。しかし現実には懐疑的であった。「民意」の実態からみて、そこから望ましい結果が出てくるとは想定できなかったからである。

　ただし、ここで問題になっているのは、手続きとしての民主主義のうち、選挙を通じた「民意」の反映という集約的概念としての民主主義である[17]。そこでは、あらかじめ定まっている（と仮定された）個人の選好を、多数意思として集約する手続きとして、民主主義が理解されている。その点では、宗像がめざしたのは、啓蒙を通じた民衆の選好変更だったといってよい。だがそうした試みにもかかわらず、望ましい結果は産み出されなかった。かくして、道具主義的な観点から、集約的な民主主義と望ましさの達成との両立可能性には懐疑的な判断が下されたといえよう。

　しかしその後、集約的な民主主義概念への批判的議論の中から、熟議的概念としての民主主義が注目を集めるようになった。そこでは、話し合いを通じて各人の意見の妥当性が相互に検討されることで、あらかじめもっていた意見（選好）や態度が変化することが想定されている。じつは、宗像にもこれに類似した発想がなかったわけではない（参照1949=Ⅱ78-79）。だが、それを理論化することはなかった。望ましい結果との両立可能性という問いに、はたして熟議的な民主主義が肯定的な答を与えることができるのかどうか。もし、そこに展望が見出せるとするなら、一度は見失われた2つの系譜のつながりを、宗像とは異なる形で結び直す端緒となるかもしれない。とはいえ、それは今後の検討課題ということになるだろう。

（北海学園大学）

〈註〉

(1) 神代2021は、その表題にあるとおり、戦後教育学を「民主主義的」な人間と社会を育てようとした教育学として簡明に規定し、再評価する試みとして注目に値する。とはいえ、同書に出てくる民主主義という言葉も、ごく一部を除いて、概念的な吟味がなされた跡を窺うことはできない。

(2) 以下、著作集に収録されている宗像論文からの引用については、初出年のあとに著作集の巻数をローマ数字で示し、その後に頁数を記す。

(3) 戦後初期の宗像の研究・言論活動は、使節団報告書の理想を日本社会でいかに

現実化するかに捧げられたといって過言ではない。持田栄一は、彼ほどそれを「クソ真面目に」「日本の教育現実のなかで前向きに実現しようと努力した研究者は空前絶後」と評している（持田1972：66）。

(4) だが後に教育権論への移行に伴い、両者はむしろ対立関係で捉えられるようになる。政治と教育の関係把握に関して、蠟山政道と丸山眞男を対比した論稿がある。蠟山が政治を「倫理的過程」「教育的過程」でもあると捉えたのに対して、丸山は政治を一貫して「『パワー』の体系」と把握していた。この差異は、蠟山が「公民教育」「政治教育」を積極的に論じたのに対し、丸山は教育についてあまり論じなかったという違いに表れていた（河野2016：70-71）。この対比論に擬えるなら、教育と政治の関係について、戦後初期の宗像は蠟山的な観点に立っていたのが、後に丸山的なそれに転換したと解釈できる。

(5) 宗像における教育委員会論の重要性については、すでに先行研究による指摘があるので繰り返さない（黒崎1975：304-05、大田2007：209-11）。また最近あらためて、宗像から黒崎勲への理論的継承とその現代的再評価が試みられている（山下2023）。以下の本文では、それと密接な関係にありながら、従来ほとんど注目されてこなかった「啓蒙」問題を中心に取りあげる。

(6) なお、「専門家」とは「ある一領域に関して一般民衆よりも正しい知識と能力とを有する者」とされる（1946＝Ⅲ10）。いずれも、ある知的能力において「一般民衆」よりも「正しく」優れた存在をさす点で共通している。そしてはっきりそうとは述べていないが、宗像自身がこうした意味での「先覚者」「専門家」である（べき）との強い自負を抱いていたはずである。

(7) 従来の民主主義論においては「指導者」問題が「ほとんど忘却されてきた」という。それに対して「指導者の問いをデモクラシーの議論に連れ戻す」試みがなされている（山本2020）。この議論に照らすなら、民主主義を現実的に考える上で避けては通れない問題を、宗像は萌芽的ながら提起していたことになる。

(8) これほどのスケールで「啓蒙」が構想されていたとすれば、A.グラムシのヘゲモニー（知的・道徳的指導）論を思い起こさせるところがある。それは宗像の議論が民主化の主体形成論であると同時に、民主的変革に向けた組織論・動員論でもあったことと関連するだろう。彼にあっては指導を行う主体は必ずしも前衛党とその知識人ではなかったが、発想としては類似性がある。例えば、「大衆を動かす中心となる進歩的勢力が、強く結集されるか否か」といった発言。これは「教育委員会はうまく行くか」という問いをめぐってのものであり、その意味では教育委員会も大衆動員のヘゲモニー装置として「うまく」機能するかという観点から評価されていた面があるわけである（1948b＝Ⅲ18）。

(9) ある種の大衆蔑視の感覚は、宗像だけでなく当時の知識人に広く見られた傾向

だった（小熊2002：97）。むしろ、本論との関係で問題とすべきは、「啓蒙」を個人的能力に帰属して捉える点にあると思われる（次注参照）。

⑽　ただし、現代啓蒙論は単純な理性復権論ではなく、人間がいかにバイアスに陥りやすく、理性の働きが限定的であるかをふまえたものである。この点ジョセフ・ヒースが、理性が機能しやすい外部環境、社会制度の重要性を指摘しているのは注目に値する（ヒース2014：12章）。これは、個人的属性としての「識見」を高めようとする啓蒙論とは一線を画するものである。

⑾　では彼のいう「民主主義的な教育観」とはいかなるものか。「消極的には封建性を打破する教育、ファシズムに反対する教育、積極的には大多数の国民の幸福をもたらす教育、人権の確立のための教育、そういう教育を支える教育観」、「もっと端的には、…憲法や教育基本法の掲げる教育理念を支持する教育観、といってもいい」（Ⅲ61）。「消極的」「積極的」「端的」という順で説明されているが、かなり抽象的であることは否めない。

⑿　以下はアダム・スウィフトの議論から示唆を得ている。この区別論の要点は、「手続きとしての民主主義」の正当化根拠は何かという点にある（なお参照、小林2019：265注10）。ただし、スウィフトの用語では「内在的な価値」（intrinsic value）と「道具的な価値」（instrumental value）である。本文でいう「非道具（主義）的」は、スウィフトの「内在的」に対応する。以下の論述でも文脈に応じて「非道具的」と手続き「内在的」を互換に用いる。

⒀　正確には、民主主義実現のための教育行政（学）という志（こころざし）において一貫していたというべきか。学説史にはこころざしの継承という側面があるし、あるべきとも思うが、本稿は概念的な継承・批判に主眼を置いている。

⒁　これは宗像学説の理解に関わるだけでなく、現代教育行政学における重要論点でもある。例えば大桃敏行は、教育にとって、民主主義の実現それ自体は目的とはならないと述べている。その前提にあるのも、手続きとしての民主主義と、それがもたらす結果とを区別して評価する視点である。すなわち「大人たちの間での参加民主主義の実現と、参加能力を備えた次世代の育成とは同義ではない」と（大桃2000：299-300）。もっとも、大桃がそこから手続きとしての民主主義は制約されてもよいと述べているわけではないが、手続き内在的な価値と道具的な価値との対立、緊張関係への注目があることは明瞭である。ここで問われているのも、２つの正当化論の両立（不）可能性をめぐる問題であり、それは宗像が考えようとしていた問いにも通底する。

⒂　黒崎はこの経緯を「教育の民主化の主体の形成過程を教育行政の組織原理とかかわらせること」の「断念」と表現している（黒崎1975：310）。実際、その後の宗像は教育行政を媒介とした理論化ではなく、それに抵抗する教育運動論とし

⒃　教育学においては例えば、小玉重夫による教育政治学の創成という提起がある（小玉2015）。また、最近の『年報政治学2023-Ⅱ』の特集「政治リテラシー」などは、学問分野を越えた共同探究のテーマ例であろう。

⒄　以下の「集約的概念」「熟議的概念」についてはイアン・シャピロの用語を借用した（シャピロ2010第1章）。ただし、その定義には必ずしも従っていない。

〈引用文献〉
荒井文昭1994「『教育行政の社会学』に対する検討」『人文学報』250
市川昭午1975「宗像教育行政学批判」同『教育行政の理論と構造』教育開発研究所
大田直子2007「黒崎勲教育行政＝制度論の意義」田原・大田編『教育のために』世織書房
大桃敏行2000「地方分権の推進と公教育概念の変容」『教育学研究』67-3
小熊英二2002『〈民主〉と〈愛国〉』新曜社
神代健彦編2021『民主主義の育てかた』かもがわ出版
黒崎勲1975「解説」『宗像誠也教育学著作集・第3巻』青木書店
黒崎勲1992「教育権の論理から教育制度の理論へ」『教育学年報1』世織書房
河野有理2016「『公民政治』の残影」『年報政治学』Ⅰ
小玉重夫2015『教育政治学を拓く』勁草書房
小林卓人2019「政治的決定手続きの価値」『政治思想研究』19
シャピロ、イアン2010『民主主義理論の現在』（中道寿一訳）慶應義塾大学出版会
スウィフト、アダム2011『政治哲学への招待』（有賀誠他訳）風行社
空井護2020『デモクラシーの整理法』岩波書店
田村哲樹他編2017『ここから始める政治理論』有斐閣
ヒース、ジョセフ2014『啓蒙思想2.0』（栗原百代訳）NTT出版（＝2022ハヤカワ文庫版）
ピンカー，スティーブン2019『21世紀の啓蒙（上・下）』（橘明美他訳）草思社（＝2023文庫版）
ブレナン、ジェイソン2022『アゲインスト・デモクラシー（上・下）』（井上彰他訳）勁草書房
丸山眞男1959=1996「民主主義の歴史的背景」『丸山眞男集・第8巻』岩波書店
宗像誠也1946「誰が教育者か──「教育委員会」の意味するもの」＝Ⅲ『宗像誠也教育学著作集・第3巻』青木書店、1975（以下同様）
宗像誠也1948a『教育の再建』＝Ⅱ『宗像誠也教育学著作集・第2巻』青木書店、

1974（以下同様）
宗像誠也1948b「教育委員会法はうまく行くか」＝Ⅲ
宗像誠也1949「みんなが立法者であるという自覚」＝Ⅱ
宗像誠也1950a「教育行財政の基本構造」＝Ⅲ
宗像誠也1950b『教育研究法』＝Ⅰ『宗像誠也教育学著作集・第1巻』青木書店、1974
宗像誠也1951「教育行政改革の状況判断」『思想』322
宗像誠也1953「教育委員会の実態」＝Ⅲ
宗像誠也1955「教育行政の『民主化』と『独立性』」＝Ⅲ
宗像誠也1958『私の教育宣言』岩波新書
宗像誠也1969「反権力教育行政学と教育裁判」＝Ⅳ『宗像誠也教育学著作・第4巻』青木書店、1975
宗像誠也・持田栄一1953「占領教育政策と民主化のよじれ」『思想』349
村上祐介2011『教育行政の政治学』木鐸社
持田栄一1972「教育行政学科開設のこと」『国民の教育権を求めて』百合出版
山下晃一2023「教育委員会論と教育行政＝制度論」『教育制度学研究』30
山本圭2020「指導と民主主義」『年報政治学』Ⅱ
吉田徹2022「民主主義『後退』の実相」『歴史地理教育』944

Educational Administration and "Democracy"
: A Conceptual Analysis of Seiya Munakata's Argument

Yoshio OGIWARA, *Hokkai-Gakuen University*

　The term "democracy" has been widely used in postwar Japanese educational administration literature, yet its precise meaning has remained ambiguous. There is even a tendency to use "democratic" and "democracy" to describe whatever the writers deem favorable. Such widespread and rather unthinking endorsement is problematic for the study of educational administration as a scholarly discipline. Given that democracy is a broad and often controversial concept, it requires thorough academic analysis. To address this, the paper examines the relationship between educational administration and democracy, focusing on the early postwar theories of Seiya Munakata, a pioneering figure in the field's development in Japan. Through a critical reconstruction of his theories, this study discusses how the concept of democracy can be redefined within contemporary educational administration research.

　First, the paper distinguishes two distinct research interests in the relationship between educational administration and democracy: democracy *in* educational administration and democracy *by* educational administration. The former investigates how education should be governed in relation to democracy, such as the relationship between elected officials and education boards in municipalities——a relationship that reflects the tension between democracy and expertise. Conversely, the latter has been largely neglected in the recent literature, though there are studies on sovereignty education and citizenship education. However, Munakata's initial theory predominantly aligned with the latter interest and pursued the former only in connection with it, emphasizing the realization of democracy *by* educational administration. Although the two interests have since diverged, the paper explores the possibility of reconnecting them.

Next, an analysis of Munakata's usage of "democracy" reveals temporal changes and conceptual ambiguities. The primary cause of these ambiguities stems from his failure to clearly distinguish between democracy as a decision-making procedure and democracy as the quality of outcomes produced by such procedures. Munakata's scholarship was deeply concerned with the democratization of Japanese society. However, after witnessing that procedural democracy did not produce the expected outcomes ("democratic view of education" in his words), he began to prioritize the instrumental view of democracy instead. This raises the question of whether Munakata was, in fact, an advocate of "epistocracy" ――rule by experts or the knowledgeable―rather than "democracy," rule by the people. It is argued that his theory had an epistocratic inclination, rooted in his instrumental view of democracy. Despite this conceptual tension, he sought to determine whether and how the procedural democracy could be reconciled with the quality of outcomes. This unresolved tension remains a significant question for contemporary research in educational administration.

Key Words

Educational administration, Democracy, Instrumentalism, Enlightenment, Seiya Munakata

現代学校制度における
多様性・公正性・包摂性の位相
―学びの場を「分けること」の是非をめぐって―

後藤　武俊

1．はじめに

　近年、多様性（Diversity）、公正性（Equity）、包摂性（Inclusion）の3つを並べた「DE&I」を企業や大学の経営理念として掲げる風潮が広がっている。例えば、「DE&I」をweb上で検索してみれば、実に多種多様な企業が微妙なニュアンスの違いを含みながら、その理念を説明していることがわかる。それらによると、多様性とは個人の属性（人種・性別・国籍）や障害、価値観や思想信条などであり、ここに能力やキャリア、ライフスタイルの違いまで含む場合もある。包摂性とは、これらの多様性が組織において認められ、尊重されることで、一人ひとりが能力を発揮できる状態とされる。そして、従来はこの二つで構成される「D&I」が目標化されてきたが、その実現をより強く推進するために、多様性ゆえに不利益を被ってきた構成員への積極的な支援（資源の傾斜的配分や無意識の偏見の除去など）を指す公正性を加えて「DE&I」として推進する、という説明がなされている[1]。

　こうした多様性・公正性・包摂性の捉え方は、近年の学校制度をめぐる議論の中にもすでに色濃く反映されている。2021年の中央教育審議会答申「令和の日本型学校教育を目指して」（以下、「令和答申」とする）では、「今日の学校教育が直面している課題」の一つとして子どもたちの多様化（特別支援学級在籍者等の増加、日本語指導が必要な児童生徒の増加、貧困状況にあ

る子どもの存在など）が挙げられ、その対応として「インクルーシブ教育システムの理念の構築」による多様な教育ニーズに応える柔軟な仕組の整備、「一人一人の内的なニーズや自発性に応じた多様性を軸にした学校文化」の創出、「性同一性障害や性的指向・性自認（性同一性）」の正しい理解の促進などが今後の方向性として位置付けられている（「令和答申」24頁）。

　また、同審議会の初等中等教育分科会の下に置かれた「義務教育の在り方ワーキンググループ」の中間まとめ（2023年12月公表、以下「まとめ」とする）でも、「公教育としての共通性の担保と多様性の包摂」とする項目のなかで、不登校の子や学びに困難を抱える子、学校に居づらい思いをしている子については「困難の背景にある障壁を取り除いていくという視点から、全ての子供がそれぞれの得意分野や特性等に応じて活躍できる機会や出番を意図的に作り出すことが重要」（「まとめ」13頁）とされ、学びの多様化学校（不登校特例校）や夜間中学、校内教育支援センターなどの拡充、NPO・フリースクール等との連携などが求められている。

　このように、個々の企業や大学の運営だけでなく、学校制度全般において多様性・公正性・包摂性が喫緊の課題となっていることは間違いない。ただし、学校制度研究の文脈では、これらの概念をめぐってすでに長い議論の蓄積があったことを我々は無視する訳にはいかない。「DE&I」のように表記を変えたからといって、「教育理念による多様化」や「多様性の承認（包摂）」「公正な資源配分」といったトピックの下で議論され、争点となってきたことが容易に克服される訳ではない。

　そこで本稿では、1990年代以降の学校制度研究のなかで多様性・公正性・包摂性の概念がどのように議論され、相互に関係してきたのかを捉え直すことにする。初めに、学校制度における多様性をめぐる議論を振り返り、主な争点を抽出する。次に、これらの争点が包摂性と公正性をめぐる議論のなかでどう扱われてきたかを検討する。この作業を通じて、近年の学校や企業における「DE&I」が留意すべき視点を得ることにする。

2．学校制度における多様性への応答をめぐる論点

(1)「教育理念による多様化」が求めたもの

　先に見たように、近年、学校制度のなかで応答すべき多様性として想定されているのは、おもに障害や言語能力、貧困、性的指向・性自認などであり、これらを背景として学校生活に困難を感じている子どもや、その他さまざまな理由で不登校になっている子どもの存在である。こうした多様性に対して「学びの場」の多様化で応答すべきなのか否かについては、90年代から2000年代初頭にかけてなされた学校選択制の是非をめぐる議論のなかで、すでに議論の基本的な論点は示されていた。

　黒崎勲が「教育をうける者の多様性に基づく教育制度の多様化」（黒崎1995：186頁）の手段として学校選択制を提唱したとき、おもな検討の対象となっていたのは1960年代以降に進められた「（高校）教育の多様化政策」（多様な職業学科の設置、普通科内の学科・コースの細分化）である。黒崎は、この「教育の多様化政策」が生徒の「能力・適性の多様性」に応じるという建前で社会の職業的専門分化に合わせようとしてきた結果、実際の進学要求との間に乖離が生じたこと、また、「能力の多様性」に応じる進路決定メカニズムが一元的能力主義（偏差値による序列化）に即してなされる状況では、どのような学科編成を取ったとしても進路の「多元化」ではなく「多層化」になることを批判する一方で（同上：186頁）、教育の多様化政策に「共通教育」を対置して批判することもまた現実から乖離していると批判した。

　そのうえで、「学校は独自の教育機関として、個人の多様な発達の要求と社会的要請を統合する、自ら独自の教育理念にしたがって、教育活動を行う自由を保障されるべきである」（同上：190頁）という立場から、「共通教育」とは別の学びの場を創る自由を教育者に保障することを重視し、その結果生じる学校選択機会の提供・拡大を「教育理念による多様化」と呼んだのであった。言い換えれば、資本主義的分業体制としての社会の職業的要請か

ら隔絶するのでも、また即応するのでもなく、それを一定程度考慮しながら個々の子どもの発達の要求に即した学びの場を創ろうとする試みを公立学校の範囲内で認め、促進すること（＝改革の「触媒」になること）が「教育理念の多様化」の意味内容であったのである。

このような黒崎の議論に対しては様々な批判がなされたが、ここではA）独自の教育理念に基づく学校であっても一元的能力主義による序列化から逃れることはできない、B）個々の子どもの多様性に対して学校制度の多様化で応答することには限界があり、それよりはむしろ「共通教育」の場で多様性に応答すべきである、という2点に絞って検討を加える。

(2) 多様な「別の学びの場」の序列化問題

A）は藤田英典によるおもな批判の一つであり（例えば、藤田1995：72頁、81頁）、その後加藤（2011）や志水（2015）でも確認されてきた点である。この批判の妥当性は、各国におけるその後の学校選択制研究のなかでほぼ実証されたものといえよう。ただし、黒崎自身も「もとよりどのようなものであれ、教育の多様化は序列化につながるという危惧については、われわれもまた免れることはできない」（黒崎1995：191頁）と述べており、ある程度は想定していたようである。この点も考慮して黒崎の議論を再構成するなら、①教育委員会の主導性のもとで、②共通教育の場では十分に自らの発達要求に適う教育機会を得られない子どもたちに対して、③教育者が独自のカリキュラムにもとづく学校づくりを行っていくのであれば、④そうした個性的な学校は漸次的に作られていくのであり、⑤その場合には能力主義的序列化は起こらない、というものになる。藤田らの批判は③→④→⑤の部分への批判であり、それは妥当なものであった。だが、問題は②である。②に関して、黒崎は自らが参照したイーストハーレムの学校改革がドロップアウトしがちな生徒のための実験的教育活動から始まったことを「教訓的」であるとまで述べていたが（同上：191頁、黒崎1994：105-6頁）、彼自身の学校選択論は、そうした子どもたちを対象として提唱したものではなかった。むしろ、教職員の自発的な改善・改革の努力を促し、それが他の学校づくりに波及してい

くことを促す「触媒」とされていたのである。しかし、黒崎の議論が「共通教育」の場での学びに困難を抱える子どもたちに基本的に限定するものであったとしたら、この序列化をめぐる議論も幾分異なる展開がありえた。なぜなら、②にあたる子どもたちへの「別の学びの場」としては当時から各地にフリースクールが存在していたが、これに関して藤田は次のように述べているからである。

　様々な理由・原因で、学校に適応できない子ども、学校に通うことのできない子どもが少なからずいることも事実である。その理由・原因が正当なものである限り、その正当性の判断は必ずしも容易ではないにしても、そうした子どもたちの教育・学習の機会を保障する公共の責任がある。それは、自由権的な要求ではなく、社会権的な要求と考えるべきものだからである。したがって、そうした子どもたちに教育・学習の場を提供している〈フリー・スクール〉には、公費補助を含めて、公的に支援する必要があるといえる（藤田2005：170頁）。

　この議論を踏まえるなら、藤田の立場は「共通教育」の場での学びに困難を抱える子どもたちのために作られた「別の学びの場」は、たとえそれが社会的視線のなかで劣位に置かれる（＝序列化される）ことがあったとしても、その子たちへの教育機会保障の場として公的に認められるべきだ、ということになる。これはそのまま、今日実際に拡がりつつあるフリースクールへの公的支援（公費補助やその他の運営支援）だけでなく、「学びの多様化学校」や不登校経験者を主対象とする高等学校などの正当化論としても読めるだろう。したがって、黒崎がその学校選択論を、困難を抱える子どもたちへの教育機会保障に焦点化していたならば、両者の間に違いは生じなかった可能性も考えられるのであり、むしろ論点はどのような困難に応じる「別の学びの場」であれば公的な支援が正当化されるのか、という公正性をめぐる議論になっていたとも言える。

(3) 「共通教育」の場における異質性・多様性の承認

　次にB）について、これも多くの論者が学校選択制批判の理由として挙げてきたものである。藤田は、義務教育には「ある種の〈強制性・画一性〉」があり、それが子どもの精神的自由や個性と抵触する可能性はあるとする（藤田2005：167頁）。しかし、このレベルの多様性はどのような学校であっても直面するものであり、むしろそうした個性＝多様性が「好ましい」あるいは「公共の福祉に反しない」限り、学校は公立・私立を問わずそれらを「許容・尊重する空間」あるいは「豊かな交流と展開を育む空間」とならなければならない（同上：169頁）。したがって、「この意味での精神的自由や個性の表出・伸長は、学校選択制といった制度改革によって保障しようとするのでなく、個々の学校における日常的な教育活動・教育実践において保障し促進することが望ましい」（同上）とするのである。子どもの個性・多様性に学校制度の多様化で応じることの限界を指摘するとともに、「共通教育」の場での多様性の承認、さらには多様性からの学びを重視する立場といえる。

　同様の認識は、広田照幸にも見られる。広田は、個人の多様性に対して「制度は多様さを欠き定型的」（広田2004：60頁）であり、本来的に「学校は、制度が個人を抑圧する性格が、明確になりやすい場」（同上：31頁）であるとしたうえで、「学校の選択肢の増加は、他者性を排除する社会空間を作り上げる、という意味で、これまでまがりなりにも存在してきた『異質な他者との出会い』を失わせるものである」（同上：51頁）と述べている。このように、学校制度の多様化（＝学校選択制）は「共通教育」が保障してきた多様性の承認と多様性からの学びの機会を縮減し、社会の分断を促進するという批判がなされてきたのである。これらが興味深いのは、通うべき学校を選べないという、制度としての〈強制性・画一性〉や非柔軟性にポジティブな側面、すなわち「異質な他者との出会い」や「豊かな交流と展開」の可能性を見出し、可能な限り「共通教育」の場での学びを推奨するところである。

　では、「共通教育」とは異なる学びの場の必要性と可能性を説いた黒崎に、

このような異質性・多様性からの学びの重要性という観点はなかったのか。実は、黒崎もまた、価値多元化社会における社会形成機能の確保という点で、選択制を通じて多様な学校が生まれる状況でこそ、学校が多様な価値観の共存（「相互尊重の精神」）の重要性を学ぶ場となるべきことを強調していた（黒崎2002：219頁）。これは、選択制を通じて多様な学校が存立する状況であっても、価値多元化社会における共生の作法は共通に学ぶべきであるという、上記とは異なる「共通教育」重視論と言える。すると、価値多元化社会における共生の作法の学びにとって、多様で異質な子どもたちが実際に共通の場で学ぶことを必須と考えるか、教育理念の面で学びの場を異にしていてもカリキュラムや教育実践の工夫で共生の作法を学ぶことは可能と考えるか、という対立点がここに浮かび上がってくる。これは、多様性の包摂をどのような意味で捉え、どのような状態として描くのかとも関わってくる。

　以上のように、学校制度における多様性をめぐっては様々な論点が提起されてきたが、そのなかにはすでに公正性や包摂性の概念との接点があったことが確認できた。そこで次章以降では、これらの論点が公正性や包摂性をめぐる議論のなかでどう位置づけられ、展開されてきたのかを検討していく。

3．学校制度における包摂性の問題化
　　〜「分けること」をめぐる葛藤

(1) 障害のある子の学校制度への包摂

　学校制度における包摂性が論点となってきたのはおもに障害のある子への教育機会保障の文脈においてであり、そこでは「分けないこと」を原則だけでなく実践としても求めていくのか、理念や原則としては同意しつつも障害や発達特性に応じて「分けること」を必要と考えるのか、微妙な力点の違いを伴いながら議論が展開されてきた。

　雪丸武彦によれば、障害のある子への教育機会保障は戦後「未知とゼロ」から出発したのであり、まずは障害のある子の把握と特殊学級および養護学校の増設が目指された。その後は急速に設置が進んだ半面、これらの学校へ

の就学が奨励されたことで「障害種別・程度に応じて特殊学級、養護学校でしか就学機会を得られな」い状況となった（雪丸2016：22-25頁）。このような、特殊学級と養護学校の量的・質的拡充を中心とする「特別な場」での教育機会保障のあり方は2007年の特別支援教育体制への転換後も引き継がれたとされる（同上：29頁）。しかし、2006年の「障害者の権利に関する条約」の採択や、2011年の障害者基本法改正、2013年の「障害を理由とする差別の解消の推進に関する法律」（以下、「差別解消法」とする）の制定などにより、現在では「合理的配慮」の理念が普及・定着するとともに、「行政による不当な差別的扱いの禁止」や行政が「必要かつ合理的な配慮をなす義務」が規定され（差別解消法第7条）、さらには「可能な限り障害者である児童及び生徒が障害者でない児童及び生徒と共に教育を受けられるよう配慮」（障害者基本法第16条）することも求められるようになっている。ただし、実際の就学制度の部分では、教育委員会と学校との間でなされる「教育的ニーズと必要な支援」についての「合意」の曖昧さや、障害とは認められないが何かしらのニーズを有する子との扱いの不均衡にどう対応するかという問題が残るとされる（同上：33-34頁）。いわば、①包摂の実行可能性（実際に教委・学校が必要な支援を提供できるのか）と②包摂の範囲（どのような障害・困難まで支援の対象とすべきか）が依然として問われているのである。

一方、武井哲郎は、「日本型インクルーシブ教育」として展開してきた通級指導学級の新設、巡回指導の拡大、特別支援学級の各校設置などの「多様な学びの場」の整備は、「合理的配慮を提供するのに必要な教員の数を確保するための戦略」（武井2020：66頁）として理解できるとしても、それは同じ場で共に学ぶ機会の拡大に直結するものではないとし、「それ（多様な学びの場の整備—引用者注）とは位相の異なる問題として、通常の学級における合理的配慮の提供の在り方について考えていかねばならない」（同上：67頁）と指摘する。なぜなら、同じ場で共に学ぶ実践はそれ固有の難しさを伴うものであり、同じ場で過ごすという環境を作り出しただけでそうした課題が克服される訳ではないからである。これは上記②の拡大に伴って生じる、

③通常の学校・学級の在り方自体の変革の必要性を指摘するものである。

　③に関わって近年注目されてきたのが大阪市立大空小学校の実践である。周知のように、特別支援学級を一切設置せずにすべての子どもが障害の有無にかかわらず普通学級で学ぶことを試みるものであるが、そこには特定の手法があるのではなく、常に一人ひとりの子どもの困難に向き合い、子ども同士のトラブルも成長の機会として捉えていく、そして教師自身も自らの障害観や教育観を転換していくこと（「括り」をなくすこと）を求めていくものであった（小国他2015）。小国らはこれを「個々の子どもの必要にあわせてその時々に境界線を入れ直す、いわば『分ける』作業を不断に繰り返す中において、差別を無効化し『みんなの学校』としての『共にある』『共に学ぶ』ことが可能になるのではないかという戦略」（小国他2015：26頁）と称する。そして、このような実践を通じて「学校を学力を保障する教育の場とみなすだけでなく、人々がいかに生きるかを学ぶ生活の場として定義し直す必要が大空小学校の実践では改めて提起されている」と評価するのである（同上）。

　このように、障害のある子の学校制度への包摂は、制度そのものへの包摂（その実は「別の学びの場」への就学）の段階から、徐々に「共通の学びの場」への包摂を求める段階へと変容してきた。しかし、現在では「共通の学びの場」への包摂を理念とする点では一致しつつも、受け入れ体制の制約や専門的支援の観点から多様な「別の学びの場」を障害の程度・内容に応じた連続的な場として許容・活用していく立場と、「共通の学びの場」での包摂を実際に追求する立場に依然分かれる状況にある。また、後者においては、通常の学校・学級の在り方自体の変革が重要であり、その一つの在り方として、「分ける」「分けない」という視点そのものを相対化すること、個々の活動のなかで「分ける」ことがあったとしても、その境界は共生社会の実現の視点から常に見直され、引き直されるべきとする立場があることが確認された。

(2) 「別様性」の要求と動的な包摂性理解への収斂

　これに対して、「共通の学びの場」での困難からフリースクール等を求める子どもや保護者の動きは、真逆のベクトルを示すものである。吉田敦彦は、積極的にフリースクールや家庭での学びを選択する人々にとって、教育機会確保法制定前の段階で浮上した個別学習計画による学習の質保証という構想は「包摂のための最低限の規制であっても、十分に怖れるべき深刻な問題」であったとし、「包摂される側の観点からは、『多様性の包摂』よりも、『別様性の容認』の方を求める場合がある」（吉田2023：33頁）と指摘する。ここで言う「別様性」とは、「多くに共通するのと拮抗する別の性質」（同上）とされる。そして、「次世代の公教育は、別様性を持つ親のニーズに開かれた応答性・交差性を持った境界画定のあり方・包摂のあり方を構想することが必要となる」（同上：42頁）と述べ、多様な「別の学びの場」の承認を含むかたちでの包摂を提唱する。

　ここで言う「別様性を持つ親のニーズ」は、「共通の学びの場」自体の変革によっても一部解消されるであろうが、「別様性」の定義を踏まえれば、「別の学びの場」を求める子どもや保護者は常に一定数存在することになる。しかし、そのような「別様性」の要求は時に教育者や保護者の独善的な教育理念や教育実践につながる可能性も含む以上、無条件に公教育の一部として包摂することは不可能であろう。吉田もまた、「別の学びの場」が「他者との開かれた交流から閉ざされること」がないよう、「公共領域とオルタナティブな領域（私的領域）は相互に対話し、開かれた関係を保持する必要がある」（同上）としている。

　ここで吉田が提唱するのが、「応答的生成的包摂モデル」である。そのアイデアの詳細についてはここでは省略するが、制度上の提案としては、公的認証（質保証）と公的支援（公費補助や人的支援）のあり方に段階＝グラデーションを設けつつ、不断にその境界を見直していくこととされる（同上：46頁）。これが興味深いのは、どのような条件で制度的に「分ける」ことが認められるか、という論点に対して、先の小国らの議論と同様、「分ける」ことそのものを問題化するのではなく、当事者の声を反映しながら境界線を

不断に引き直していくべきとする点で一致していることである。言い換えれば、必要に応じて「分ける」ことがあったとしても、その境界画定の論理や目的が修正に開かれていることが重要だということである。

ここには、令和答申で掲げられた、多様性に対して連続的な「多様な学びの場」で応答するとともに、「多様性を軸にした学校文化」を実現していくという方向性と同様の認識を見てとることができる。ただし、大きく異なるのは、多様な「別の学びの場」の連続性や学校・学級内の「多様性」の承認に伴って生じる境界線が常に見直しに開かれていることが、学校制度の包摂性をめぐる議論において重要な条件とされていることである。目の前の子どもの困難に応じるために多様な「別の学びの場」を提供していくこと、あるいは学校・学級内の実践において一時的な「取り出し」や通級指導を活用することは、共生社会の実現という視点からの問い直しという動的な過程を伴って初めて正当化されるということであり、当然ながら現行の特別支援学校や特別支援学級の存在や運用も見直されていくことが含まれるのである。

では、こうした動的な包摂性の理解と、近年の学校制度における公正性に関する議論がどのように関連してくるのだろうか。

4．学校制度における公正性の要請
　〜優先的資源配分の内実をめぐって

(1) 〈不断の見直し〉を可能とする資源配分としての公正性

学校制度における公正性に関する議論といえば、かつて堀尾輝久が「教育における公正の原則」を提唱したことが想起される。それは、「能力と適性に応じた教育がすべての国民に与えられる」（堀尾1971：235頁）ことを求めるものであり、「ひとりひとりの人間的ゆたかさを、その能力と適性にふさわしく最大限に開花させるという、人類の理想に導かれた、多様な学校と、多様なカリキュラムからなる教育体系」（同上）を要求するものであった。個々人の多様性が「能力と適性」という点で捉えられていた点を除けば、すべての人々のウェルビーイングの実現のために多様な学校・多様なカリキュ

ラムを内包する教育制度を提唱しているようにも読めるのは興味深い。ただし、この「教育における公正の原則」に対応する具体的な制度構想が堀尾自身によって展開されることはなく[2]、この課題を引き取って黒崎自身が展開したのが第１章でみた「教育理念による多様化」としての学校選択論であった。これに対する批判論の検討を通じて浮かび上がってきたのは、「共通教育」の場での学びに困難を抱える子どもの要求に応じるための「別の学びの場」の保障であれば、たとえ序列化の問題が生じたとしても公的な支援が正当化される可能性であった。ただし、第２章の包摂性に関する検討を踏まえると、多様な「別の学びの場」は、通常の学校・学級＝「共通の学びの場」自体の不断の見直しを伴わなければならず、その見直しがなされてもなお残存する、独善的ではない「別様性」の要求への応答である限りにおいて正当化されるものであることが確認された。

　すると、ここまでの検討で残された課題は、「別の学びの場」と「共通の学びの場」の境界、あるいは「共通の学びの場」の中での「分ける／分けない」の境界に対する〈不断の見直し〉が、具体的にどのような活動・行為を指すのかということになる。

　この点に関わって重要な議論を展開しているのが武井哲郎である。武井は、不登校や障害・貧困・虐待等の困難＝「切実な要求」に応答している「多様な学びの場」に公的支援を行っていくことは重要であるが、それが「公教育の複線化」にならないためには、「共通の学びの場」でも「切実な要求」への応答が可能となるような取組（カリキュラムの柔軟化等）を行っていくことが不可欠であるとする（武井2021：23頁）。ここで「切実な要求」に応答する取組・活動の例として挙げるのが、あるフリースクールにおけるスタッフの実践である。そのフリースクールには他の施設では受け入れが困難とされた子を含む多様な特性や背景を持った子が集ってくるため、その対応をめぐってスタッフは葛藤を抱えることになる。しかし、その葛藤を「専門的対応」で解消しようとするのではなく、ミーティングを通じて「分からなさを共有」しながら対応していくことが重視されているという。武井は「この『わからなさ』を確認しあうプロセスが存在するということは、スタッフと

して何が正しい振る舞いで何が誤った振る舞いなのかを線引きするような議論が起こりにくいことを意味する」（同上：21頁）と評価する。さらに、他機関への接続に関しても「つないで終わり」ではなく「関わり続ける」ために何ができるか、という視点で行うことが重視され、あくまでも「状況に応じた暫定的な解決策」としての接続であることが強調されている（同上：22頁）。

　ここには、多様な「別の学びの場」（他機関）と「共通の学びの場」の間で、あるいは「共通の学びの場」の内部で生じる境界の〈不断の見直し〉に相当する活動が、より具体的に描かれている。それは「わからなさを引き受けながら暫定的な解決策を積み上げていくこと」（同上：23頁）であり、このようなスタッフの活動・あり方はかれらに不安をもたらすが、「不安は相互にわからなさを確認しあうきっかけにもなる」し、「子どもの特性や背景を理解したつもりになることや個に応じた最適な支援を先回りして提供することに対しても慎重になれる」（同上、傍点原著）とされる。以上を踏まえて、「子どもへの対応にかかわる『わからなさ』を大人の側が共有しあえる環境を手に入れることが、通常の学校を真に多様性のある空間とするために必要だろう」（同上：23-24頁）と強調するのである。

　武井の議論を踏まえれば、困難を抱える子どもへの優先的資源配分としての公正性とは、常に多様な視点から子どもの困難に向き合えるような人員体制や他機関との連携体制を整えることであり、さらにはそれらの人員・連携をもって安易に「専門的対応」を行うのではなく、場のあり方や教育者自身の関わり方の見直しを可能とする対話の時間や余裕を作り出すことだと言えるだろう。子どもの困難に対する「専門的対応」や「多様な学びの場」の重要性・必要性は認めつつ、その困難が「共通の学び場」の性質（カリキュラムや学校文化、人間関係など）から生じている可能性を常に念頭において教育活動を展開し、あるいは見直しができるよう資源配分を行っていくことが要請されているのである。

　この点を明確に公正性の概念で捉えているのが柏木智子である。柏木は、困難を抱える子どもに重点的に分配されるべき資源として、「金銭的・物的

なハードな資源以外に（中略）寄り添う時間や愛情、そのための労力といったソフトな資源が想定される」（柏木2023：192頁）とし、具体的には「教員や子どもの時間、指導エネルギー、労力、愛情等」（同上）を位置づける。そして、こうした資源の再分配・分配を通じて社会経済的不平等の縮小がなされつつある状態を公正と捉え、この公正を実現するための個々人による具体的行為が「ケア」であるとする。

　ここで重要なのが、ソフトな資源の分配＝「ケア」の主体として、教員だけでなく子どもも想定されていることである。前提として、教員がまず困難を抱える子のニーズを汲み取り、その「声が現れる」場づくりが必要となるが、そのうえで周囲にいる子どもが困難を抱える子の「内なる声」に耳を傾けるなかで、「異なる他者の声を聞く対話と資源分配としてのケア」（柏木2023：198頁）が開始されるという。そして、「その過程では、資源を分配する側の子どもが、仲間の内なる声との出会いによって顕在化した自身の脆弱性に遭遇して相互依存関係を認識するようになるにつれ、子ども間でお互いに聞き合うという対話が促進されると考えられる」（同上）とする。なお、ここでいう「自身の脆弱性」への気づきが社会の分断を防ぎ、公正な社会の実現に向けた学びや思考を促すことについて、柏木は別稿で「ケアする者がケアされる者に揺り動かされ、その未消化感や未達成感の中で応答を繰り返すことで他者性を取り込み、自身も脆弱な他者としての当事者性を認識する過程が思考である」（柏木2021、44頁）と述べている。この「思考」の過程は、そのまま武井が述べる、教育者・支援者の側の「分からなさ」の確認・共有や、他機関との連携のなかで「関わり続けること」にも通じるものである。

　したがって、学校制度における公正性をめぐる議論では、困難・ニーズを抱える子どもへの優先的資源配分の、その内実が問われてきたのであり、明白な困難・ニーズに対して応答するだけでなく、周囲の大人や子どもが表出されにくい声まで聞き取ろうとすること、その行為のなかで浮かび上がる自身の脆弱性や「分からなさ」に向き合うことまでを含む、幅広い意味での資源の分配・再分配が公正性のなかに見出されているのである。このように、

誰もが弱さを抱える存在であり、ケアの受け手となりうることへの認識は、論理的・説得的に声を上げられる人々の関係ではなく、それ以前に声を聞き合おうとする者同士の関係で社会を構想することにつながる[3]。このことは、近年の熟議民主主義論が重視してきた多面的な参加＝声の表出を個々の学校の内部で実現していく際の一つの視座となるだろう。具体的には、子どもの困難・ニーズへの対応を一部の管理職や教員の責任とするのではなく、すべての教職員がそれぞれの立場で当該の子に関心を持ち、そこでの気づきや困惑、「分からなさ」を共有しながら対応を進めていく体制が想定される。もちろん学校制度としては、こうした体制を可能にする人的・時間的資源の一次的配分が求められることは言うまでもない。

(2) 構造的不正義の是正としての公正性

　さらに、上記のような個人間の関係性以上のことにも目を向ける必要がある。マーサ・ミノウ（Martha Minow）は、公正概念が個人のニーズに応じて対応することの重要性に光を当てることに加えて、周縁化されてきた人々の自己決定や、そうした人々への権力の転換、参加などを強調することができると評価する（Minow2021：p.174）。しかし、個別的対応自体は支配的な規範や実践に潜む構造的バイアスを克服することにならない可能性があるとし、正義や個人の尊厳などの上位の規範によって正当性がその都度判断される必要があるとする（Ibid.：p.189）。これは、福島賢二がアファーマティブ・アクション（以下、「AA」とする）の解釈をめぐって、支配的文化と親和関係にある「平等（矯正）原理」としてのAAは否定するが、特定の文化が支配的な状態を是正する「平等（分配）原理」としてのAAは肯定するという立場を示したことと重なる（福島2010）。また、末冨芳が、「教育における公正の実現のためには、子ども・学習者個人への働きかけのみでは不足であり、個人の努力では乗り越えられない〈集合水準の格差〉が存在するからこそ、貧困・移民・女性や地方や厳しい学校区等の社会集団に対する着眼が必須のものとなるのである」（末冨2021：58頁）と述べたこととも重なる。公正概念のもとでは、個別の困難・ニーズへの優先的資源配分＝応

答として教育者と子どもの関係、あるいは子ども同士の関係の転換を図っていくことと同時に、集団レベルでの構造的不正義やそれを生み出している支配的文化の〈不断の見直し〉もまた要請されるのである。

5．おわりに

　本稿では、はじめに学校制度における多様性の承認に関する議論の検討を行った。そこで論点となっていたのはA）多様な学びの場の序列化をどう捉えるか、また、B）多様性に対して制度の多様化で応答するか、「共通教育」の場で応答するのか、の二つであった。A）については、序列化の恐れがあったとしても、困難を抱える子どもへの「別の学びの場」であれば正当化される可能性が高いこと、B）については、共生の作法の学びにとって「共通教育」の場を必須と見るか否かで立場が分かれることを確認した。

　次に、学校制度における包摂性に関する議論を検討し、上記の論点がどう扱われてきたかを検討してきた。その結果、多様性に対して連続的な「別の学びの場」で応答することと通常の学校・学級のあり方を見直していくことが同時に求められるだけでなく、この両者の（あるいは、それぞれの内部の）境界が〈不断の見直し〉に開かれていることが要請されることを確認した。

　最後に、公正性をめぐる議論を検討し、〈不断の見直し〉に相当する活動・行為の内実を検討した。それは、周囲の大人や子どもが子どもの明白な困難やニーズだけでなく表出されにくい声までも聞き取ろうとすることであり、それを通じて場のあり方や教育者自身の関わり方の見直しが可能となるよう、広い意味での資源配分を行っていくことであった。また、合わせて集団レベルでの構造的不正義や支配的文化の見直しも要請されていたことを確認した。

　ここまでの検討が近年の「DE&I」の要請に対して示唆することがあるとすれば、まずは個々の学校や組織のなかで、異質性・多様性ゆえに不利益を被ってきた人々の声にマジョリティや権力を持つ側の人びとが耳を傾けるこ

との必要性だろう。また、その声への応答を組織的・制度的に行う場合には常に分断や序列化の恐れがあること、ゆえに意識的に共生の作法を学ぶ機会を設けることや、一度決定した包摂のスキームを絶対視せず不断に見直しを図っていくことが必要であることも、本稿の検討から導くことができる。多様性の承認や包摂の重要性が広く認知されてきた状況だからこそ、こうした視点から「DE&I」の実質を検証していくことが今後の課題となるだろう。

(東北大学)

【謝辞】 本稿は、JSPS科研費22K02302、23K02129、23K25616による研究成果の一部である。

〈註〉
(1) 例えば、ジョンソン・エンド・ジョンソン社のHPでは、このような説明が端的になされている（https://www.jnj.co.jp/sustainability/de-and-i、2024年7月5日確認）。このほか、インターネット上では多くの企業や大学が経営理念のなかで「DE&I」に言及していることが確認できる。
(2) 黒崎は堀尾の議論を分析したうえで「教育の公正原則が要請するとされる新しい社会原理の内実も、具体的には検討されていなかった」（黒崎1995：128頁）と結論づけている。
(3) 同様の指摘として、塩原良和は「『聴くこと』から始まる対話」という議論を展開している（塩原2017：190-193頁）。

〈引用文献〉
福島賢二（2009）「『参加民主主義』による教育機会の平等論の構築―I.M.ヤングとK.ハウの『正義』・『平等』概念を中心にして―」『日本教育行政学会年報』第35号、96-112頁。
藤田英典（1996）「教育の市場性／非市場性」『教育学年報5　教育と市場』世織書房、55-95頁。
藤田英典（2005）『義務教育を問い直す』筑摩書房。
広田照幸（2004）『思考のフロンティア　教育』岩波書店。
堀尾輝久（1971）『現代教育の思想と構造』岩波書店。
柏木智子（2021）「子どもの生と学びを保障する学校づくり―「ケア」に着目し

て」『日本教育経営学会紀要』第63号、35-51頁。

柏木智子（2023）「公正な社会の形成に資する学校と教員の役割―社会の分断を防ぐケア論に着目して」佐久間亜紀他編『教育学年報14　公教育を問い直す』世織書房、183-204頁。

加藤潤（2011）「教育における市場性と公共性に関する考察」『名古屋外国語大学外国語学部紀要』第40号、45-66頁。

黒崎勲（1994）『学校選択と学校参加』東京大学出版会。

黒崎勲（1995）『現代日本の教育と能力主義』岩波書店。

小国喜弘・木村泰子・江口怜・高橋沙希・二見総一郎（2015）「インクルーシブ教育における実践的思想とその技法―大阪市立大空小学校の教育実践を手がかりとして―」『東京大学大学院教育学研究科紀要』第55号、1-27頁。

Minow, Martha (2021) "Equality vs Equity." *American Journal of Law and Equality*, 1, pp. 167-193.

塩原良和（2017）『分断と対話の社会学』慶応義塾大学出版会。

志水宏吉（2015）「教育は誰のものか」『教育学研究』第82巻第4号、40-52頁。

末冨芳（2021）「教育における公正はいかにして実現可能か？」『日本教育経営学会紀要』第63号、52-68頁。

武井哲郎（2020）「障害の有無による分離に抗する教育委員会の役割」『日本教育行政学会年報』第46号、55-71頁。

武井哲郎（2021）「新しい日常における学習機会の多様化とその影響」『教育学研究』第88巻第4号、15-27頁。

吉田敦彦（2023）「別様な市民が創るオルタナティブな学び場の公共性―〈縁側〉をもつ応答的包摂型公教育の生成へ」佐久間亜紀他編『教育学年報14　公教育を問い直す』世織書房、29-56頁。

雪丸武彦（2016）「共生時代における障害のある者と障害のない者の『教育機会の均等』―就学制度の変更と課題―」『教育制度学研究』第23号、20-38頁。

Analysis of Aspects of Diversity, Equity, and Inclusion in School System Studies
: Focusing on the Pros and Cons of "Differentiating" Places of Learning

Taketoshi GOTO, *Tohoku University*

This study aims to organize and reconstruct how the concepts of diversity, equity, and inclusion have been discussed and interrelated in school system studies since the 1990s.

First, we examined the discussion regarding the recognition of diversity in the Japanese school system. The first issue was how to interpret the stratification of diverse learning places. The second issue was whether to respond to individual diversity through institutional diversification or in the "common education" setting. Regarding the first issue, the study clarified that even if there was a possibility of stratification, it was likely to be justified if it was "another place of learning" for children with difficulties. Regarding the second issue, evidently, there are divergent positions on whether a "common education" setting is essential for learning the ethics of symbiosis.

Second, we examined how these issues have been addressed in the debate on inclusion in the school system. In those discussions, responding to individual diversity with a continuous "another place of learning" and rethinking the nature of the regular school/classroom had to be pursued simultaneously. The study clarified that the boundary between "another place of learning," and the regular school/classroom had to be constantly reviewed.

Finally, in the discussion on equity in the school system, we examined what activities and actions "constant review" implies. This means that the adults and children around them not only respond to the obvious needs of the child with difficulties but also try to hear the voices that are difficult to express. It also intended to allocate resources to enable a review of learning places and the educators' own involvement based on their needs and the voices they heard. It also reviews structural injustices and dominant cultures at the group level.

The first implication of the above discussion is the need for the majority and those in power to listen to the voices of those who have been disadvantaged because of their heterogeneity and diversity within individual schools and organizations. Second, there is a need to consciously create opportunities to learn about the ethics of symbiosis and constantly review the system of inclusion once it has been decided, rather than regarding it as absolute as there is always the possibility of stratification when the response to their voices is institutionalized.

Key Words
Diversity, Equity, Inclusion, School Choice

教職における専門性の民主主義的再検討
―「リスク」への応答をめぐる試論―

三浦　智子

1．はじめに

　昨今の「教員不足」を背景として、学校現場における新任教員や若手教員の割合は急増しており、大学等での教員養成には、これまで以上に、高い実践力を培うことが求められる傾向が強まりつつある。また、教育職員免許法の改正による免許状更新講習の発展的解消や、研修受講履歴の管理等、教員の育成や人事管理にかかる改革も進められ、教員の職能開発をめぐる環境は転換期にあると言えるかもしれない。しかし、このような動向下にあって、教職の「専門性」についてはいかなる変容が求められ、想定されているのか、そう深くは追究されてこなかったように思われる。

　「地方自治は民主主義の学校」と言われるが、戦後教育行政は地方自治の本旨に基づいて地方公共団体が担う。ただ、権限と責任をより「現場」近くに移譲させることを意図する構造改革や分権改革下にあっては、例えば、地方教育行政の組織及び運営に関する法律（以下「地教行法」と表記する。）の改正による、学校運営協議会の制度化（2004年）やその全公立学校における設置の努力義務化（2017年）といった動向に見られるように、教員や児童生徒、保護者を含めた市民が学校運営に参画する活動を重視する政策が進められてきた。こうした学校ガバナンスの変容を期した政策を背景として、教員の「閉じられた専門性」を開かれたものにする、あるいは、異質な他者

同士の「討議」や「熟議」といった民主的な手続きを経ることによって、学校経営や教育行政の正当性を担保するという考え方も存在してきたところである。以上のような点を踏まえ、教職に求められる専門性について考えるとき、それは、児童生徒を含めた人々に対し、A．ガットマンのいう「『意識的社会再生産』に関わることができる能力、すなわち協議能力を〈教育〉を通じて獲得させるための専門性として定義」（福島2008：58）することができよう。

　他方で、近年、「個別最適な学び」と「協働的な学び」の両立といった政策動向の下で、個々の児童生徒に対する「ケア」の視点の重視や多機関連携の充実に向けた取り組みが一層重視されている。これらは、教職に対し、高度で多様な教育ニーズへの応答を可能とするような幅広い専門性を求めるものと言えるが、教職においてはどのようにしてその応答性や答責性を果たすのか。また、その正当性は、これまでにも注目されてきたところの「討議」や「熟議」といった民主的な手続きによって担保され得るのだろうか。

　個々の児童生徒の有する教育ニーズの「多様性」への応答の必要性・妥当性については、（成長発達に伴う個々の課題に対する「ケア」としてではなく）複雑な社会を生きるための力を育てる「教育」という視点に立つとき、教職によっていかに判断され得るか。例えば、集団の中で児童生徒が直面する問題状況について、学校・教員は、これを社会が包摂する多様性に起因するものであるとして、発育の途上にある児童生徒が乗り越えるべき「困難」や「試練」と捉えて対応するのか。それとも、個々の児童生徒の「安全・安心」を揺るがす「危機・リスク」と捉えて排除・回避を含めた対応を考えるのか[1]。先に指摘した「ケア」の視点や「個別最適な学び」を重視する考え方は、おそらく後者の判断を志向するものと理解されるが、前者であれ、後者であれ、いずれの判断も高い「不確実性」を伴い、科学的根拠に基づいてなされ得る判断ばかりではないとなれば、「熟議」への期待は高まる。しかしながら、学校教育に関わる「熟議」を介した民主的な意思決定が、教育活動の如何や児童生徒の成長発達に実質的な影響や効果をもたらし得るものではなく、あるいは、多機関連携等を伴うような「個別最適な学び」を重視す

る取り組みに対し、統制の手段として十分に機能し得ないのだとしたら、高度で多様な教育ニーズへの応答を可能とするような幅広い専門性の強化を求める動向は、民主的な社会を支えるべく学校・教員に期待される「教育」の本質を却って看過させてしまう面をも孕んでいると考えられるのではないだろうか。

　本稿では、まず、学校の意思決定にかかる若干の論点整理を行う。学校運営協議会の設置の努力義務化にかかる学校現場の動向を手がかりとして、多様なステークホルダーの価値観や利害の調整のための協議よりも、学校支援として外部者の活用を重視する傾向があるとすれば、教育行政・学校経営における民主的な意思決定の軽視、ひいては、教職における専門性の軽視につながる可能性を指摘する。その上で、「熟議」との関係性において論じられることの多い「リスク」への対応をめぐる教育学内外の議論に注目し、「個別最適」が求められる中でのリスク認知やリスク評価における「公正性」の確保という視点に立ち、教職と多様なステークホルダー間において展開される「熟議」のもたらす意義と問題点について検討する。これらの議論を受け、教職に求められる専門性に関わって、教育行政学が向き合うべき今日的課題について考察を行う。

2．学校教育における「熟議」再考

(1) 学校ガバナンスと教職の専門性

　周知のとおり、学校運営協議会とは、2000年12月の教育改革国民会議報告における提案を契機として法制度化が図られたものである。教育改革国民会議報告においては、地域独自のニーズに基づき、地域が運営に参画する新しいタイプの公立学校を市町村が設置することの可能性を検討するよう提言がなされたが、これを受け、2004年3月に発出された中央教育審議会答申「今後の学校の管理運営の在り方について」において、学校運営協議会が置かれる地域運営学校（「コミュニティ・スクール」、以下「CS」と表記する。）は、学校運営の在り方の選択肢を拡大する一つの手段であり、学校設

置者である地方公共団体の教育委員会の判断により設置するものとして提案された。その後、同年9月に地教行法が改正され、制度化に至ったという経緯がある。

　構造改革・分権改革により、権限と責任を「現場」に近づけるべく移譲する流れが急速に進む中で、学校運営協議会の制度化は、学校の自主性・自律性の確立を目指し、公立学校の特色化を睨んだものとも評価されようが、教育資源の配分等をめぐっても非常に限られた学校裁量の下で、個々の公立学校による「特色」の発揮には限界があったようにも思われる。そもそも、学校の自主性・自律性の確立とは、保護者・地域住民による学校づくりへの参加を目指すものでありながら、実質的には、校長のリーダーシップ発揮のための仕組みの整備や、学校・校長による経営責任の重視を意味するものとなっており、授業者としての教職員は、学校組織の経営から分断されていた（石井2021）という指摘もある。そうした中で、「自律的な学校経営がいかに公教育を担っていくか、個々の学校における保護者や地域住民がいかに教育主権者としてその学校の『公共性』を保障する実体たりうるのかを軸に、多様な保護者や地域住民の教育意思を個々の学校の個別性においてだけではなく、国民社会の共通基盤に立って個々の学校でいかに実現していくか」（堀内2009：10）といったことを議論する土壌は、制度設計上、教職においては十分に存在し得なかったと言えるのかもしれない。

(2) 学校運営協議会をめぐる法改正の影響

　2017年の地教行法改正により、学校運営協議会の在り方は大きく改められた。佐藤（2021）はその要点を次の4点に整理している。第一に、学校運営協議会について、教育委員会が所管校のうちから「指定」する仕組みを廃止し、所管校全てにおいて導入が努力義務化された点、第二に、地域学校協働活動との連携関係の強化が図られた点、第三に、学校運営協議会において、学校支援に関する協議を行い、その結果について、地域住民や保護者、児童生徒等に対し、積極的に情報提供するよう努めることが要請された点、第四に、対象学校の職員の採用その他の任用にかかる意見申出に関して、教育委

員会規則で定めることを可能とするなどの弾力化が図られた点、である。

　こうした法改正は、全国における学校運営協議会の設置率を飛躍的に向上させることとなった。すべての公立学校において本来的なガバナンスの仕組みを取り戻すための改革ともとれる一方で、学校運営協議会の設置数の増加は、CSの役割を「協議に止めず、学校支援活動等のツールとしても受け止める教委が増えたこと」によるものであるとする分析もなされる（佐藤2021：56）。これには、「『学校支援』が加わることによってCSが学校支援活動の仕組として過度に認識されかねないという問題もあ」り、「CSの本質的機能である協議と学校支援等とのバランスを学校や地域の実情に応じてどう図るかが課題になる」（佐藤2021：57）という。

　学校がその教育活動の遂行上、地域に対していかなる「学校支援」を必要とするのか等といった点についての「協議」はそこそこに、学校支援活動等のツールとして学校運営協議会を活用する傾向が強く窺えるのだとすれば、この状況は何を意味するのか。保護者・地域住民の学校教育・学校運営への参画の促進を目指しつつ、多様なステークホルダーの学校教育にかかる価値観や利害の調整が図られるどころか、その関与を学校に対する支援という形で活用するに留まることを看過し続けるならば、結果として、教育行政・学校経営における民主主義の軽視に拍車をかけるだけでなく、教職が有する専門性の軽視・低下といった顛末に陥らざるを得ないだろう。

　また、これほどまでに「協議」が軽視されるのは、学校や教育委員会が「協議」や「熟議」の必要性を感じていないということの表れとも言えよう。これは、学校の教育活動をめぐる「不確実性」への無関心がもたらす脅威に対して無頓着であることが、いかなるステークホルダーによっても許容されてしまっている状況であるとも理解できる。例えば、学校による何らかの危機対応の失敗が生じた際に、その責任の一端を自らに問うステークホルダーは確かに少ないだろう。しかし、児童生徒の生命が脅かされるような危機に直面して、無関心でいられるステークホルダーも、本来的にはおそらく少ないのではないだろうか。

3．「リスク」にかかる諸議論

(1) 「危機」と「リスク」

　日常的にはほぼ同義で用いられる「危機」と「リスク」の語であるが、これらは一定の区別をもって扱われるべきものと考えられる。N．ルーマンによれば、「リスク（Risiko）と危険（Gefahr）」、これらは「いずれも将来の損害について不確実性が存在していることを前提にしているのであるが、起こりうる損害を意思決定の結果として捉え、意思決定の責任にするときに、われわれはリスクについて語っている」一方で、「起こりうる損害を外部に原因があるものとして捉え、環境に責任があると考える時、われわれは危険について語っている」という。つまり、「リスクは実体としてある何かやその性質を示すのではなく、意思決定を観察するある種の様式を指す」ということである（水本2013：29）。本稿における「リスク」と「危機」の定義は、こうしたルーマンによる「リスク」と「危険」の区別に基づく。

　飯田（2019）によると、危機管理論やリスク管理論など、教育分野に限らず「危機」や「リスク」を考察する学術領域がある。そこでは、「危機」の概念をどう捉えるか、また、「対応」が何を意味するのかを説明し、どのような点で社会科学が独自の貢献をなし得るのかについて検討する必要性が強調されており、規範的・政策的な議論や提言をすることの有効性を認めつつ、「社会科学のうち事実解明的な部分に照準を合わせ、規範的・政策的な議論や提言の基礎となる事実認識に社会科学からの知見がどのように寄与するのか」（飯田2019：2）について議論することの重要性が論じられる。

　教育行政学にあっては、学校における「危機」への対応に関して、学校事故やいじめ重大事態への対応、教職員の労務災害等をめぐる判例研究のほか、安全教育に関するカリキュラムの実施（吉田2021など）、教職員のメンタルヘルスに影響をもたらす職務環境の改善（田中、高木2008など）といったことが論じられてきた。学校や教員、児童生徒が直面するかもしれない「危機」の態様は様々であり、これにいかに備えるかという視点から、過去にお

ける事故や災害といった「危機」への対応に基づき、その科学的な原因究明と法的な責任追及が行われてきたのであるが、他方で、危機への対応の適切性それ自体はどのように担保され得るのか、疑問が残る。水本（2013）は、「学校組織の高信頼性組織化」、すなわち、「『ちょっとした変異を敏感に捉える』高いマインドをもった（マインドフルである）組織」（水本2013：34）をつくることの重要性を指摘し、そのための手立てとして、組織において「多元性や新しいものの見方、想像力を促進・奨励すること」や「失敗や誤りという観点から物事を捉えるよう奨励すること」、「組織成員が自分の失敗や気づきを気軽に話すことができる文化を形成すること」、「総じてリーダーが組織成員や組織内のチームに対して支援的、促進的に関わること」（水本2013：36）といった点を挙げる。それでも、「危機への備え」に対する合意形成の在り方それ自体に着目し、分析を行う研究の蓄積は決して多くない。

(2)　「危機への備え」と熟議民主主義

　「危機への備え」に対する合意形成にかかる議論において代表的な対立軸として挙げられるのは、「リスク社会」における「予防原則」とそれに対する批判の構造であろう。すなわち、「環境リスクの存在が認められるとき、具体的な害悪・被害の発生する蓋然性が認められる以前の段階で公的規制が許されるとする予防原則」については、公的規制の正当性をめぐって伝統的公法理論との間に緊張関係を有するとされるというものである。そこでは、「予防原則が問題とされるケースについては、科学的不確実性の中で政策決定をするため」に「あらゆるステークホルダーの参加が特に必要」（愛敬2010：18-19）と論じられる。

　「不確実性」の下、あらゆる利害関係者による熟慮を重ねることによってその判断の正当性を確保するという考え方、すなわち、熟議民主主義の理念への注目は一層高まるが、しかし、ステークホルダー間において「熟議」の必要性が十分に共有された上でなければ、その質を担保することは容易ではないという現実もある。

　ルーマンのいう「リスク」とは、「起こり得る損害を意思決定の結果とし

て捉え、意思決定の責任」によるものと考えられる点において「危機」と区別されるのであるが、意思決定のなされる環境や意思決定の中身そのものを、その意思決定に関わる人間の行動や心理にまで遡って吟味することにより、熟議民主主義の実現のさらなる契機を見出すことはできないだろうか。

　経済学者の齊藤（2018）は、危機対応に関わって、「意思決定の現場を注意深く探っていくと、人々の判断は、利害や立場とともに、さまざまな認識上のバイアスに大きな影響を受けていて、残念ながら、十分に注意を払うべき可能性が『想定の外側』に追いやられてしまうことが往々にして起きてきた」（齊藤2018：4）とした上で、危機対応の失敗に対しては、「科学的な原因究明と法的な責任追及の分離と交錯」の中で、「『結果に対して責任を問う』という発想から、『結果を納得して受け入れる』という発想」、すなわち、「危機対応の失敗に納得できるように社会が危機への備えに合意すればよいのではないかと考えるようになった」とする（齊藤2018：6-7）。

　一方で、齊藤（2018）は、危機対応をめぐる「熟議」に関しては、「行政の意思決定に間違いがないこと、すなわち行政の無謬性が前提」とされることで、人々の「安心」が担保される側面があることは否めないとしつつ、そうした環境下では、「行政の無謬性が危機対応の意思決定に好ましくない影響を及ぼす」、つまり、「行政の介在が危機対応における熟議の本来の機能を歪めてしま」い、「危機対応の中で当然考慮しなければならないことも、『想定外』に追いやられてしまう可能性もある」と指摘している（齊藤2018：396）。

　心理学においては「二重過程理論」、すなわち、人間の判断や意思決定は二重のプロセスに支えられているとした理論が自明視されているという。二重のプロセスとは、ひとつは感情軸に基づいて大雑把な方向性を決定するもの、もうひとつはものごとを抽象化した統計量や数値、記号を通じて把握し、精緻な行動方針を計画するというものである（中谷内2021：41-42）。心理学者の中谷内（2021）は、「リスク認知」が、感情軸に基づいて大雑把な方向性を決定するという前者のプロセスを経ることによって、具体的な事例に基づく単純なもの、感覚的、直感的で近視眼的なものになりがちとなるとい

う課題を指摘する。一方、データと論理に依拠する「リスク評価」は後者のプロセスによって可能となり、前者のプロセスに基づく行動を是正し得るものであるが、現実において、直感に訴えるのではない後者のプロセスは、リスクについて「理解されるのに納得されない」、「行動変容に結びつかない」状況に至り易いとも指摘する。単に、リスクの有無を認知することに留まるのではなく、リスクを評価し、その大きさを低下させることが重要であるとするならば、前者のプロセスに影響をもたらすような形で、後者のプロセスを行使することが不可欠となる、ということである（中谷内2021：50-51）。

　齊藤（2018）が指摘するような、危機対応をめぐる「行政の無謬性」と人々の「熟議」との関係性、これは、教育行政・学校と保護者・地域住民等との関係性にもおそらく当てはまる。教育活動に関わる法令や基準について、人々は、教育行政・学校側がこれを遵守しないことの責任を問うことはあっても、法令や基準の正当性が日常的に問い直されることは、実際にはそう多くない。これが「熟議」に対する人々の無関心の最大の要因であろう。しかしながら、学校現場においては、法令や基準が児童生徒に対して一律に適用される、あるいは適切な形で適用されないことに起因する教育上の問題が少なからず生じてきた。先述の中谷内（2021）による指摘に基づくならば、こうした教育上の問題は、人々による感情軸に基づき「リスク」として認知され易い。一方で、実際に生じ得る「リスク」の程度を評価し、その低減を目指すために、教職と多様なステークホルダーの間での「熟議」に基づいた学校の意思決定は得てして行われにくく、それよりも、ケアの視点の強化、個別最適な学びを可能にする新たな「専門性」や多機関連携の充実に寄せられる期待のほうが上回るという今日の状況は、「二重過程理論」におけるプロセスが抱える課題を解消するものではない。

　これらの議論に基づくならば、少なくとも、「行政の無謬性」を人々が払拭することによって、「熟議」は成立し易くなるのかもしれない。行政による危機対応について、無論、結果の責任が問われる必要性を否定するわけではないが、行政による決定は決して間違うことがないという前提を捨て置くことによって、人々による柔軟なリスク認識と臨機応変な対応が促進される

というのは、理解に難くない話であり、その過程において、人々が納得できる結果を追求するために「熟議」が不可欠とされることについても首肯できる。問題は、その「熟議」における「公正性」がどのようにして担保されるか、という点にあるだろう。

(3) 組織の意思決定における「公正」

　人々の「行政の無謬性」認識が「熟議」にもたらす影響に関する議論は、社会心理学領域における「分配的公正」と「手続き的公正」にかかる議論の要点とも重なる部分がある。

　心理学者の竹西（2002）は、集団における意思決定に関わって「リーダーによる決定に対し、成員は、決定そのものの公正さ（結果公正）と、決定に至るまでにリーダーが踏んだ過程に対する公正さ（手続き的公正）の2つを査定・判断することで、リーダーに対する態度を形成し、さらには変化させる」（竹西2002：26）とした上で、「権威」による手続きの公正さを査定する際の判断基準として、「道具性」と「関係性」──手続き的公正とは、実行の結果によって規定される道具的なものと位置付けられる議論と、手続きが実行結果によって規定されるものではなく、それ自体として価値を持つという議論──の2つが知られるが、T．タイラーらにより、組織成員の権威評価場面における「道具性」に対する「関係性」の優位性が繰り返し明らかにされてきたとされる。つまり、組織成員は、手続き的公正をその手続きが実行された結果（「制御可能性」や「直接利益」）から分離して査定することが可能であり、権威が手続きを実行する際に、成員に対してどのような「扱い」をするか（「信頼性」や「中立性」、「尊重性」）に関心を払うということである（竹西2002：28-29）。結果的に、「手続き的公正」は「関係性」とほぼ同義のものとして捉えられるようになり、その特徴は「集団価値性」を持つ点に見出されるとともに、「手続き的公正」が成員の「社会的アイデンティティ」に結びつくことを意味する、という（竹西2002：30-31）。

　「行政の無謬性」認識が払拭される状態とは、データや論理などのエビデンスに基づいた議論の結果、あるいは、多様な利害や立場、認識にある人々

の間での相互作用が為せる業といったことではなく、「権威」との関係性それ自体に対する人々の認識の変容による結果と考えるべきなのかもしれない。そして、「手続き的公正」は、教育サービスの結果そのものよりも、それを生み出す組織集団の「関係性」や「集団価値性」と同時に成立し、同等に捉えられるものであるのだとすれば、例えば、多機関連携のように、複数の専門機関・集団に跨って決定・実施がなされるサービス提供が可能になるような場合に、これにおける「手続き的公正」はどのようにして担保され得るのか、という疑問も生じる。集団における「権威」との「関係性」によって、人々が感じる「公正」の度合いが左右されるということを前提とするならば、学校と他の専門機関との連携により、個々の多様なニーズに応じて提供されるサービスについて、「熟議」に基づく民主的統制は有効に機能しにくく、サービスの実施主体がそれぞれにその責任を果たすことは、より一層困難なものになると言えるのではないだろうか。

　社会学者の今田（2002）は、U．ベックによる「再帰的近代」の視点に基づき、「近代化により一層の個人化が進むことで、リスクは共同体や集団を通り越して、直接個人に分配される傾向が高まる」（今田2002：65）と指摘する。すなわち、「近代化が徹底することにより『近代性の自己加害』（副作用）として、リスクの生産と分散が進む」（今田2002：66）という指摘であるが、こうした状況への対処について、ベック自身は「本来の近代化」＝「民主主義のさらなる徹底」ということを論じるに留まっているとし、「リスク生産とは逆向きの再帰過程を対置す」べく「リスク応答的」であることの必要性を論じている（今田2002：70）。

　児童生徒個々の多様なニーズへの応答は、ベックが指摘するように、「リスクの生産と分散」を加速させる側面があることを否めない。その分散される「リスク」をいかに評価し、対処し得るか、ということが課題となろう。

4．教職の専門性をめぐる教育行政学の今日的課題

(1) 「リスク」と教職の専門性

　先述の飯田（2019）の指摘に従うならば、そもそも「危機」は管理制御できるものではない。それでも、多様な教育ニーズを背景とした「ケア」の視点の強化や「個別最適」を重視した学校教育が目指される動向下にあって、今田（2002）のいう「リスクの生産と分散」の問題にどのように向き合うべきか、教育行政研究における課題として引き続き検討がなされる必要がある。

　前章までの議論を踏まえ、具体的な検討事項として挙げられるのは、「リスク」への対応に際し、教職と他領域の専門家・専門機関等との間における連携・協働をいかに有効に機能させ得るか、という点についての追究であろう。

　近年では特に、障害児や外国人児童生徒、貧困状態にある子ども等、特別な支援を要する児童生徒の増加を背景として、学校、行政、地域の機能や連携の在り方が注目されてきたとされる（雪丸2021）が、学校をベースに、教員と学校心理職・福祉職等との協働による教育・支援の展開を目指す「学校プラットホーム」論や「チーム学校」論は、我が国の教員の長時間勤務を解消するための方策としても展開されてきた面がある。この点、小川（2018）は、「学校教育をめぐる変化や課題に対し新たに要請される職務とそれに必要な知識・技能、能力は、OJT（職場内教育）や研修で身につけ教員が『多能化』することで対応してきた」我が国の学校教育の特徴が、福祉と教育の連携・協働論の展開や、医療・福祉等の他領域の専門家の学校配置を遅らせてきたとする。その上で、十分な人的資源の拡充的投入が困難な財政事情を背景として、学校心理職・福祉職等の勤務体制及び学校経営における権限等の「非対称性」の問題が発生している点を挙げ、「学校を教育と福祉の連携・協働のプラットホームとして位置づけるのではなく、学校外の地域に、教育と福祉の連携・協働を図る組織・機関を創設するという選択肢」（小川2018：112-113）を求める声もあると指摘する。学校心理職・福祉職

等の勤務体制及び学校経営における権限等の「非対称性」の問題については、単に、学校組織に対する人的資源の拡充的投入が叶えば解消されるというものでもない。

　リスクをめぐる「熟議」の前提となる「リスク認知」や「リスク評価」の機会を、あらゆるステークホルダーが公正に、区別されることなく得ることができ、それぞれがその責任を適切に果たす仕組みをいかに構築できるか。学校教育が地域や周辺領域の専門家・専門機関等とどのように与することが望ましいのかという実務的な課題を前に、学校が有するべき権限とこれに対する責任を果たすための組織的・制度的な仕組みについて検討を経ることは、教職に求められる専門性の在り方を追究する上で必要不可欠であろう。

(2)　教育政策過程と「リスク」への応答

　他方で、教職に期待される専門性についての追究が深くなされないまま、学校運営協議会の全公立学校における設置の努力義務化や、「個別最適な学び」を重視した教育及び多機関連携の推進といった政策動向を後追い的に分析する教育行政研究の在り方についても、再考の余地があると言えるだろう。

　水本（2018）は、「〈自律的学校経営〉の時代において、教育行政は規制的規則に学校を従わせることによってではなく、経営管理主義の理性の知を学習させることを通じて学校の主体性を構築する」（水本2018：3）としており、具体的には、〈自律的学校経営〉政策が、「規制的規則」ではなく「構成的規則」の形式をとるため、学校経営の主体に対して義務論的権力が働き、学校の多忙化や学校経営の硬直化をもたらしてきたと分析する（水本2018：5-6）が[2]、こうした指摘が、教育行政研究にもたらす視座とはいかなるものか。

　行政学者の秋吉（2015）によれば、「公共政策学」という学際的な学問領域に関して、その定義については現在でも論争があるものの、ラスウェルが提唱した政策科学の概念を踏まえ、政策を構成する知識（「inの知識」）と政策過程に関する知識（「ofの知識」）という二つの領域を取り扱うことに関しては共通理解が形成されつつあるという。

政治学者の佐藤（2017）によると、前者は政策の「科学」化において重要な位置を占めていたが、「政策目標が所与であったときに役立つもの」であり、「これによって政策目標自体は決められないから、存外、公共政策の決定には役立たない（公共政策で政策目標自体が争われるのは普通のことであろう）とわかったとき、政策に科学をもって臨むことに疑義が生ずることとなった」（佐藤2017：3）とされる。そこで、政策の科学化によって排除されてきた「政治」を総論の中に位置づけ直そうとするのが後者と考えられる。
　しかしながら、政策を構成する知識（「in の知識」）と政策過程に関する知識（「of の知識」）は得てして分断的に論じられがちであり、このままでは、水本（2018）のいう「多様なスタンスから生み出される多様な知が交流し、相互に批判的な関係を持つ」（水本2018：9）ことにも制約が生じる。例えば、学校が「危機」に直面した際に、「第一線」において、いかに子どもの安全を守り、教育を適切に保障し得るか、これはおそらく「in の知識」であり、学校における実践に対する（批判的）インプリケーションを重視する研究を意味する。これに対し、「of の知識」と言えるのは、学校や自治体によるリスク認知・リスク評価の正当性はいかに担保され得るか、といった点に関する知見であり、「学校内外における『政治的なるもの』への分析視点」（小川2009：50）が重視されるところでもある。「リスク」への対応を熟慮・熟考することに対する教職の関心低下があるとすれば、それはまさに「経営管理主義の理性による主体化」（水本2018）によってもたらされたものと言えようが、この状況を克服するには、これら「in の知識」と「of の知識」を別個のものとして論じるのではなく、双方の影響関係をも視野に入れた分析・考察を目指すことが強く求められているのではないか。

5．おわりに

　本稿では、まず、学校における民主的な意思決定に向けて、殊に「リスク」への対応に際して強調されてきたように、多様なステークホルダー間における「熟議」が必要とされながらも、「個別最適」な教育が求められる

今日の政策動向下では、そうした「熟議」が成立し難い状況となる可能性があることを指摘した。「熟議」の結果として、意思決定における「公正性」の確保ということが期待されつつ、具体の意思決定において必要とされる「専門性」が多様化し、ステークホルダーも学校組織内外の多岐にわたる状況では、意思決定における「公正性」の確保に向けた実質的な「手続き」が遂行されることはより困難なものとなる可能性が否めない、という解釈である。その上で、こうした環境において教職に求められる専門性、ひいては、教職の専門性に基づく適切な判断を担保するための視点について、「リスク」への応答をめぐる教育学内外の議論をも参照しながら、検討を試みた。人々に分散される「リスク」をいかに「納得」して受け入れ、対応することができるか、人々の合意を取り付けるという局面にあって、なお一層、ステークホルダー間の「熟議」に基づく意思決定が不可欠となるのであり、そうした人々の「納得」や「合意」は、「リスク」への応答の必要性を前に、組織における「権威」あるいは一定の「科学的根拠」によって裏付けられるとは限らない、というのが、本稿における一応の結論である。そうであるとすれば、教職の専門性について考える上で、教育行政学の「学問」としての使命やアイデンティティは、多様なステークホルダー間に存在する「政治的なるもの」をいかに精緻に捉えるか[3]という点に見出されよう。

　この点、財政学者の只友（2018）は、公共政策上の課題として「新自由主義の政策思想が圧倒的な影響力を持つ時代」と「民主政の危機の時代」の二つに注目し、財政学における基本的問題意識として、第一に、社会的弱者が緊縮財政のしわ寄せを受ける状況、第二に、公共政策の効率性が問われている（費用便益分析に代表される様々な政策評価手法が開発されて来ているが、その手法の使い方への不満が高まってきている）こと、第三に、「消費者化する市民」や「受動的市民」による公共政策への無関心、が挙げられるとしている。その上で、「重要な政策決定ほど利害関係者との紛争を引き起こすのであるが、そうした政策を巡る紛争は、常に、『政策科学とは、デカルト／ニュートン的な線形科学で、住民をはじめとする利害関係者を説得し、従属させる科学であるのか？スピノザ／ホイヘンス的な非線形科学で、説得に

は無関心で住民をはじめとする利害関係者と一緒にやっていく科学であるのか？どちらの科学であるべきか』を問うているように思われる」(只友2018：153)と述べる。

　エビデンスに基づく政策形成の重要性が指摘されるようになって久しい。そうした中では、只友（2018）のいう「利害関係者を説得し、従属させる科学」に一層重点が置かれがちであるようにも思われるが、「説得には無関心で住民をはじめとする利害関係者と一緒にやっていく科学」を志向する場合に、何が求められるのかを併せて追究する必要がある。それが、「個別最適」を目指す教育政策下において一層加速され得るところの「リスクの生産と分散」への対応の改善に寄与することになり、また、教職に求められる専門性の再定義や、教職の専門性を取り巻く環境の再構築に貢献することになるものと言えるのではないだろうか。

（兵庫教育大学）

〈註〉
(1)　コロナ禍における全国一斉臨時休業や、それ以降の感染症対策下での学校教育活動の存続に関わって指摘されたことであるが、学校は、「教育施設」としてのみでなく「児童ケア施設」としての側面も有しており、また、「生徒間・生徒集団の相互作用の自律・調整という自生的作用」によるところの教育・学習が成立しているとするならば、「脱施設化＝オンライン化または個別化だけでは、教育機能を維持できない」とした見方もある（金井2021：199）。
(2)　「言説＝知を受容すると、言語行為に伴う義務論的権力が主体にはたらく」状況とは、例えば、「学校評価は自己評価と他者評価、第三者評価からなり、学校教育改善の機能を果たす」といった〈自律的学校経営〉の言説＝知が受容されることにより、経営管理主義の理性が形成され、「学校を評価するということは、〈学校評価〉を実施することであり、それが学校教育の改善につながっていない場合には実施の仕方に問題があるのだから、〈学校評価〉を適切に実施するようにしなければならない」と考えられるようになることであると説明される（水本2018：6）。
(3)　青木（2007）は、教育行政学に対する村松岐夫の問題提起を援用し、「政治的なるものをみる道具」としての視点、すなわち、「行政現象を分析するための問い」に基づく「政治アクターに着目した分析」の必要性を論じる（青木2007：

56-57）。

〈引用・参考文献〉
青木栄一（2007）「領域間政治の時代の教育行政学のアイデンティティ」『日本教育行政学会年報』33、53-71頁。
愛敬浩二（2010）「リスク社会における法と民主主義」『法哲学年報』2009、16-27頁。
秋吉貴雄（2015）「教育政策における2つの知識の特性：教育政策の公共政策学的分析」『日本教育政策学会年報』22、60-69頁。
福本昌之（2018）「学校における危機管理に関する組織論的考察：E.ホルナゲルのSafety-IIの安全観を手がかりに」『大分大学教育学部紀要』40(1)、97-111頁。
福島賢二（2008）「『教職の専門性』概念の民主主義的基礎づけ：Amy Gutmannの理論を手がかりにして」『日本教師教育学会年報』17、52-61頁。
堀内孜（2009）「学校経営の自律性確立課題と公教育経営学」『日本教育経営学会紀要』51、2-12頁。
飯田高（2019）「危機対応がなぜ社会科学の問題となるのか」東大社研、玄田有史、飯田高編『危機対応の社会科学　上』東京大学出版会、1-26頁。
今田高俊（2002）「リスク社会と再帰的近代：ウルリッヒ・ベックの問題提起」『海外社会保障研究』138、63-71頁。
石井拓児（2021）『学校づくりの概念・思想・戦略　教育における直接責任性原理の探究』春風社
金井利之（2021）『コロナ対策禍の国と自治体：災害行政の迷走と閉塞』ちくま新書
水本徳明（2013）「教育経営のリスク論的転回：学校における危機管理を中心に」『学校経営研究』38、29-37頁。
―――（2018）「『教育行政の終わる点から学校経営は始動する』か？：経営管理主義の理性による主体化と教育経営研究」『日本教育経営学会紀要』60、2-15頁。
中谷内一也（2021）『リスク心理学：危機対応から心の本質を理解する』筑摩書房
小川正人（2009）「教育行政研究の今日的課題から学校経営研究を考える」『日本教育経営学会年報』51、45-55頁。
―――（2018）「教育と福祉の協働を阻む要因と改善に向けての基本的課題：教育行政の立場から」『社会福祉学』58(4)、111-114頁。
齊藤誠（2018）『〈危機の領域〉：非ゼロリスク社会における責任と納得』勁草書房
佐藤晴雄（2021）「法改正がコミュニティ・スクールの在り方に及ぼす影響に関する実証的研究：学校運営協議会設置規則の分析結果から」『日本学習社会学会年

報』17、49-59頁。
佐藤満（2017）「公共政策と政治」『公共政策研究』17、2-5頁。
只友景士（2018）「公共政策の課題から財政学は何を学ぶか？：財政民主主義・熟議・市民協働のゆくえ」『彦根論叢』415、144-159頁。
竹西亜古（2002）「手続き的公正：社会心理学的視座からの検討」『法社会学』57、24-44頁。
田中宏二、高木亮（2008）「教師の職業ストレッサーの類型化に関する研究：職場環境・職務自体・個人的ストレッサー要因に基づいた類型化とバーンアウトの関連」『岡山大学教育学部研究集録』137、133-141頁。
吉田尚史（2021）「『災害経験の継承』をねらいとしたカリキュラム改革の意義と課題：福島県双葉郡における『ふるさと創造学』の策定過程」『日本教育経営学会紀要』63、87-104頁。
雪丸武彦（2021）「教育経営学研究動向レビュー」『日本教育経営学会紀要』63、206-215頁。

A Reconsideration Based on Democratic Perspectives about the Professionalism of Teachers
: A Preliminary Essay on Responding to "Risk" for School Education

Satoko MIURA, *Hyogo University of Teacher Education*

The purpose of this paper is to reexamine the professionalism required of teachers in the context of recent reforms in teacher supply and demand, teacher training, and school governance, from the perspective of democratic educational management.

With the emphasis on individualized and optimal learning and the need for collaboration between schools and other institutions, the number of stakeholders involved in decision-making in schools will increase. It is becoming increasingly difficult to ensure the appropriateness and fairness of the professional judgments made by teachers through conventional, democratic decision-making procedures alone. Therefore, I focused on the "risk" response, which emphasizes deliberation by various stakeholders, and deepened our discussion of issues and research perspectives for maintaining the appropriateness and fairness of professional judgment by teachers with reference to related discussions.

First, some issues related to school decision-making were discussed. Taking a cue from the trend at school sites regarding the mandatory establishment of school management councils, I pointed out that the tendency to emphasize the use of outsiders to support schools rather than consultation to adjust the values and interests of various stakeholders may lead to neglect of democratic decision-making in educational administration and school management, and ultimately to a neglect of professionalism by the teaching profession.

Next, I focused on the debate within and outside of pedagogy on how to deal with "risk", which is often discussed in relation to "deliberation" and examined the significance and problems of "deliberation" which developed between the teaching profession and various stakeholders from the perspective of ensuring "fairness" in risk recognition and risk assessment in the midst of the demand for individual optimization.

Based on these discussions, I discussed the current issues that educational administration should face in relation to the professionalism required of the teachers.

What I aim to emphasize in this paper is that under today's policy trends, which call for "personalized and optimal" education, there may be situations in which "deliberation" among the parties involved is necessary but difficult to establish. In such an environment, if we refer to the discussion on how to respond to "risk" to ensure appropriate decisions based on the expertise of the teaching profession, the question is how to "accept" and respond to "risk" distributed among people, and decision-making based on "deliberation" among stakeholders is essential. In other words, decision-making based on "deliberation" among stakeholders is essential. It is a tentative conclusion of this paper that people's agreement is not necessarily supported by "authority" within the organization or a certain scientific basis. If so, the mission and identity of educational administration as a "discipline" in considering the professionalism of the teaching profession can be found in how elaborately it captures the "politics" that exist among the various stakeholders.

Key Words
Professionalism of teachers, Decision-making, Risk, Uncertainty, Deliberative democracy

アメリカにおける民主主義的な学校を実現する地方学区事務局の役割
―校長指導職の職務変容と専門職基準に着目して―

照屋　翔大

1．はじめに

　本稿の目的は、アメリカにおける校長指導職（principal supervisor、以下PS）の職務内容と専門職基準の分析から、民主主義的な学校の実現に向けた地方学区事務局の役割を明らかにすることである。本稿において「民主主義的な学校（democratic schools）」とは、アメリカ型の民主主義（アメリカン・デモクラシー）の理念に支えられ、それを擁護する学校を意味する。後述のように、近年のアメリカにおける民主主義をめぐる危機的状況、すなわち「分断」の広がりは、学校に対しても新たな取組課題を突き付けている。かかる状況下で、民主主義的な学校はいかに実現しうるだろうか。

　このテーマに対して本稿は、次の政策的・学術的な動向を念頭に、地方学区事務局の役割、とりわけPSによる役割と専門性に着目する。すなわち、①2000年代以降の教育アカウンタビリティへの関心の高まりと政策展開の中で、教授学習活動の質的改善を目指す「教育・指導上のリーダーシップ（instructional leadership）」[1]が、校長をはじめとするスクールリーダー[2]に強く求められていること（詳細は第3節）、②個別学校単位ではなく学区全体での改善を目指す「効果的な学区」という学校改善論への関心が高まり、それを主導する学区事務局の機能が再注目されていること、の2点である。これらの動向の結節点にいるのが、PSという学区事務局職員である。彼ら

は、今般の民主主義をめぐる課題状況を背景に抱えながら、いかに校長による教育・指導上のリーダーシップの発揮を支え、個別学校はもとより学区全体の改善を実現しようとしているのか。その特徴と限界について考察する。

本稿が取り組む課題は次の３点である。第一に、アメリカン・デモクラシーの意味とアメリカ公教育における民主主義を取りまく課題状況を整理する。特に2010年代以降の動向に着目する。第二に、スクールリーダーに求められる「教育・指導上のリーダーシップ」概念の意味内容を整理し、子どもたちの学習到達の改善・充実という共通目的の達成に向けてPSと校長の関係構築が図られていることを明らかにする。第三に、PSに求められる職務内容と専門職基準の分析から、アメリカン・デモクラシーの重点の一つである「文化的な多様性」の尊重と擁護に関する内容が、どのように位置づけられているかを分析し、民主主義的な学校の実現に向けた課題を明らかにする。

本論に先立ち、上述の②とPSに関する先行研究の状況を整理しておく。1980年代後半以降に隆盛したSBM政策は2000年代までに「学校だけで持続的な学校改善は困難であり、教育委員会が、学校のパートナーとして、学校に積極的にかかわらない限り、学校改善が持続し成果を生むことはない」（堀2010a：8）との結論に至り、各学校による自律的な学校経営とそれを支援する教育委員会（事務局）という新たな学校と教育行政の関係構図が描かれるようになった。その中で、学校改善の基礎単位を個別学校ではなく、地方学区とする議論と実践が広がりを見せている。このような考え方を、堀（2010a、2010b）は従前の「効果的な学校」論に対照させる形で「効果的な学区」論として整理した。「効果的な学区」という発想は、学校改善を個別の学校の課題（個別アプローチ）ではなく、システム全体にわたる課題（システム・アプローチ）とする発想（例えば、Day, A. J. and Finnigan, K. S. eds. 2016）といえるが、十分な研究的関心が向けられてきたとは言い難い。

加えて、このような変化は必然的に教育行政の専門職たる学区事務局職員（central office staff）の役割機能の見直しを要求すると想定されるが、この点への関心も日本では未だ低調である。とりわけ、本稿が着目する地方学区によるスーパーヴィジョンという機能については、浜田（1993）が検討した

教員を対象にしたそれにとどまらず、校長までもが対象となり、PSの役割を担う学区事務局職員が発揮する機能として期待が高まっている。このような動向に対して日本ではほとんど研究的関心は払われていないばかりか、アメリカにおいても比較的新規の研究領域と認識されており（CCSSO 2015：4）、実際、限られた研究グループによる知見に留まっている[3]。

2．アメリカン・デモクラシーをめぐる現代的位相

(1) アメリカン・デモクラシーの意味と学校教育との関係

　アメリカン・デモクラシーは、ヨーロッパ大陸において発展してきた民主主義とは異なる特徴を持つ概念で（宇野2020）、その要諦は「自由、平等、個人の人権」の重視にある（本城2008：46-48）。アメリカには「多からなる一（e pluribus unum）」という国家としてのモットーが存在する。南川（2022：2-3）によると、「多」とは「個人的な自由にもとづく人種、民族、性、出身国、宗教、出自などの多様性」、「一」とは「家族のメタファーで語った「アメリカ社会」としての一体性」のことを意味し、アメリカという国において「アメリカ市民（国民）」になるための不可欠な条件は、この「建国の理念を共有すること」だという。つまり、生得的な要因や志向等の違いに限らず、それに起因する意見や主張の違いをも乗り越えた「団結（unite）」によって実現されるのがアメリカン・デモクラシーなのである。

　その実現において、学校教育とは相互に強い影響関係を構築してきた。民主主義という理念の浸透・共有とそれによる社会統合の実現に学校教育が大きな役割を果たしてきたというだけでなく、学校教育の制度的発展を下支えしたのが民主主義という理念だったからである。例えば前者についてアップル（Apple, M. W.）は、アメリカにおける公立学校の目的や教育プログラムを導く理念とは「かつても、そして今も、民主主義」（アップル他2013：9）であり、民主主義は学校という教育の場において体現され、共有・普及されるべき価値観であり原理原則であると述べている（16頁）。また後者について中嶋（1992：3）は、アメリカの教育学者ライスナー（E.H. Reisner）の分析

を引きながら、公教育制度の成立を支えた歴史的要因を「ナショナリズムと資本主義と民主主義」として説明し、これらがアメリカにおける初等教育制度の飛躍的な発展の契機と経緯になったと指摘している。

(2) アメリカン・デモクラシーをめぐる課題状況

しかし現在の、特に2010年代以降のアメリカ社会の実情に目を向けると、この概念をめぐって複雑な課題状況が存在することを指摘できる。

ひとつは、レトリックやスローガンとしてデモクラシーという語が用いられているという側面である。先述の通り、アメリカにおいてデモクラシーは政治的主張の違いを越えたモットーであるがゆえに、それを誰が用いるかによってその内実は大きく異なり得る。例えば、アメリカン・デモクラシーにおいて重要な「多からなる一」という理念の実現に向けて「人種的な相違、さまざまな背景を持つ移民、ジェンダーやセクシュアリティがもたらす多様性を、どのようにひとつの政治社会的な枠組のもとに位置づける」（南川2022：3）かの方策は様々にあり得る。よって、いずれの方策もカッコつきの「民主主義」の達成を目指すという現実が表出することになり、その結果、多様性を否定し、差別や排除を助長する非民主主義的な改革を主導するレトリックやスローガンとして民主主義という語や表現の使用も起こりうる[4]。

実際に学校教育をめぐって、この点にかかわる厳しい現状が明らかにされている。Phi Delta Kappan社が2020年に実施した「公立学校に対する国民の意識調査」[5]は、①次期政権には差別（discrimination）から子どもたちを守ってほしいと考える国民が68％に上ったこと、②差別からの保護をどれだけ重視するかは、人種や支持政党によって大きく異なったことを明らかにした。具体的には、黒人の90％やラティーノの77％がその必要性を認識していたのに対して、白人は62％にとどまっている。支持政党別に見ると民主党支持者が85％であるのに対して共和党支持者は50％と大きく離れた。本調査が大統領選挙の実施年に行われたことを踏まえると、トランプ政権下での教育政策の成果認識等を反映した結果と見ることもできよう。

このように、とりわけ2017年のトランプ政権の誕生とトランピズムへの

"熱狂"は、アメリカ社会における「分断」、特に文化的な多様性を認めないとする考え方、つまり異なる文化を尊重・擁護するのではなく、拒絶・排除し不信の目を向けることを後押しすることになったと考えられている。

竹沢（2018：263）は、トランプ政権の発足以来、「多文化主義の陰で自分たちの利権が脅かされていると危機感を強めていた一部の白人たちが、ヘイトスピーチ、ヘイトクライムを活発化させ」、多様性を尊重する人々と多様性を社会的脅威であるとして否定する人々の間に深い"溝"が形成され、「アメリカ社会を分断化しつつある」と分析している。南川（2022）は、このような社会状況が生まれた背景について「新自由主義的な多様性マネジメントとパフォーマンス向上に力点を置くようになり、もともとの多文化主義政策が持っていた反人種主義への問題関心を希薄化させてきた」（156頁）と説明する。多様性の尊重が不平等との連続的関係と結びついているという歴史の重さが忘れ去られ、効率性や効用にのみ着目する新自由主義的な関心に結びついた「浅い多様性」（157頁）が横行し、「多様性を称賛しながらも、他方でトランプのような差別発言を繰り返す人物を支持するような社会状況が顕在化した」（同上）という分析は大変興味深い。一見矛盾をはらんでいるように見えるこの状況は、学校教育をめぐっても存在するからである。例えば、松尾（2010：9）は、白人が人口構成比においてマイノリティに転じることと「多文化主義（multiculturalism）」の考えの広がりを背景に、「社会の紐帯としてスタンダードを設定して、伝統的な価値や知識を正統化していこうとする意図が伺える」と指摘する。すなわち、多文化を謳いながら、学校教育が白人的価値に収れんされ、それが正統化される動きである[6]。

(3) 民主主義と「文化」の関係

アメリカ社会に内在する「分断」の進行によって国の礎である民主主義の存在感がゆらぐ中で、「多からなる一」を実現するうえで重要な「文化的な多様性」の担保が危機に瀕している。これは2つの点で注目に値する。一つは、これが民主主義に支えられた学校教育という社会システムを維持する上での危機につながりうるという点である。文化は我々のアイデンティティ

（同一性）をつなぎとめる共通項であり、学校教育が文化と国民の間を仲立ちしてきた（宮寺2012：9-10）。その意味で、「文化的な多様性を学校教育の中でいかに尊重し擁護しうるか」は、民主主義に基づく社会そして学校の実現に向けた重要なテーマとして浮かび上がってくる。

　もう一つは、考慮すべき「多様性」の内容や対象が変化しているという点である。現在の「分断」という課題状況は、アメリカ社会において根深く、今もって存在し続けているマイノリティにかかわる課題の未解決ではなく、これまでマジョリティに位置づいてきたグループ（主に白人層）側の不安や不信、つまり自分たちがマイノリティとみなしてきたグループに押し出され、追いやられるのではないかというネガティブな感情によって増強されているようにみえる。そのように考えると、マイノリティ側の「文化的な多様性」の尊重・擁護を推進することは、かえってマジョリティ側の反発とさらなる「分断」を助長するという意図せざる結果に結びつきはしないか。この点は、後ほど専門職基準を分析する中で改めて検討してみることにしたい。

3．教育・指導上のリーダーシップにおける「文化的な多様性」の位置づけ

　上述のように、アメリカン・デモクラシーはこれまでとは性質の異なる難しさに直面している。一方で、この間、スクールリーダーに期待されるリーダーシップとして「教育・指導上のリーダーシップ」が注目されてきた。本節では、このリーダーシップ概念において「文化的な多様性」への関心がどのように位置づいているか、またそのようなリーダーシップの発揮に向けて、校長とPSがどのような関係構造に位置づけられているかについて検討する。

(1) 教授学習活動の質的改善という共通目的

　2000年代以降の教育アカウンタビリティを重視する教育政策の展開は、スクールリーダーに対して校内における教授学習の質に責任を持つことを求めるようになる。彼らは「教育・指導上のリーダー（instructional leader）」と

位置づけられ、その役割に大きな期待が寄せられた（Cobb, C. D. et. al. 2017：26-27）。そのような彼らに求められるリーダーシップが「教育・指導上のリーダーシップ」である。同概念の定義は様々だが、ここでは「学校における教育プログラムの改善に明確に焦点化したリーダーシップのアプローチ（スタイル、モデル）」（Eacott, S. and Nieshe, R. 2021：223）としておく。アメリカにおける同概念の変遷を検討した浜田（2007：98-136）によると、当該概念の重要性は1970年代にはすでに主張されていた。だが当時は、教員の授業を校長が直接に評価・指導するという管理統制的な色彩が濃いものだった。その後、1980年代後半以降の自律的学校経営の実現に向けた校長への役割期待の変容に伴い、教授学習活動の質的改善を校内において先導する概念に変化したという。

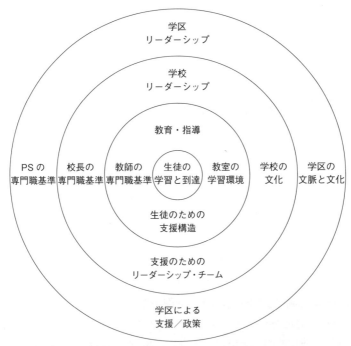

図1　PSの専門職基準と他の専門職基準との関係図

出典：CCSSO（2015:7）を基に作成

冒頭で「効果的な学区」論への関心について触れた。これは教授学習活動の質的改善を、学校レベルの課題に留めるのではなく、学区レベルの課題としても対応するという関心に他ならない。実際、図1が示すように、2015年にCCSSO（州教育長協議会）が策定した「PSのための専門職基準モデル」は、教師・校長・PSの各専門職基準を「生徒の学習と求められる基準（大学進学と就業の準備に向けた基準：College and Career Ready Standards）への到達」を中心に据えた同心円の関係で描いている。これは、「生徒の学習と求められる基準への到達」が、第1層（教師）－第2層（スクールリーダー）－第3層（学区／PS）の相互連関、特に外層が内層に対して支援的に関わることによって達成されることを示している。

(2) 教育・指導上のリーダーシップにおける「文化」への関心

　CCSSOは、教育・指導上のリーダーシップを「生徒の学びを成長させるために、校長がもしくは他の職員に任せながら取られるアクション」（CCSSO 2015：3）とし、そのようなリーダーシップが発揮された具体的行動、いわば、教育・指導上のリーダーとしての校長像を提示している。その具体的行動は次の7点で整理されている。①他の職員に対して学びの範を示す（省察、自己成長、倫理的行動、改善への注力）、②生徒の学びの妨げになる公正さをめぐる課題に意欲的に立ち向かう、③生徒たちが抱える様々な文化的あるいは学びのニーズを確認し対応する、④生徒の学びの改善のために職員の能力を高めるようにする、⑤生徒の成功にどのように影響を与えられるかを考えて意思決定する、⑥システム全体が生徒の成功に影響することを理解している、⑦生徒の学びに関する責任を共有・分担する、の7点である。

　この整理において興味深いことは、教育・指導上のリーダーシップの内容が、教授学習活動を直接の支援対象とした内容に留まらないという点である。本稿の関心に基づけば、②や③で示された、学びを妨げるあるいは学びのニーズに関連する公正さや「文化的な多様性」への対応も、教育・指導上のリーダーシップの構成要素として明確に位置づくのである。つまりスクールリーダーには、民主主義的な学校の実現の要となる公正さや「文化的な多様

性」の擁護に資する具体的行動が求められ、PSによる校長へのスーパーヴィジョンの核心は、校長によるそのような教育・指導上のリーダーシップの効果的な発揮を後押しすることとして整理することができるのである。

4．校長指導職に期待される職務内容の変化

⑴ 校長指導職（PS）とは

　PSは、近年の改革の中で新たに設けられた職ではない。現在とは異なる役割を果たしながら、従前より学区に在籍してきた職員である。ロジャーズ他（2022：110）は、従前のPSが学区施策の伝達や校長の評価者といった、文字通り行政官（administrator）や監督者（manager）としての役割を担う「公式には表に出てこない、あまり目立たない存在」とする。その担当者の役職名も、地域教育長（regional superintendent）、副教育長（assistant superintendent）、エリアディレクター（area director）、教育・指導上のリーダーシップ指導官（instructional leadership supervisor）、管理官（executive officer）など様々で（Rogers, L. K. et. al. 2019：433）、職務実態、特に校長の関わりの度合いは学区の規模や地理的環境等によって違いが見られた[7]（Honig, M. I. and Rainey, L. R. 2020：17-18）。

　前節で確認した校長による教育・指導上のリーダーシップ発揮を支えるというPSの現代的役割に対する研究関心を喚起した重要な契機に、ウォレス財団（The Wallace Foundation）が2014年から2018年の間に展開した「校長指導職イニシアティブ（Principal Supervisor Initiative：PSI）」がある。これは、同財団がヴァンダービルト大学および研究支援等を生業にするマセマティカ社と共同で取り組んだ調査研究事業であり、全米6つの大都市学区において2千4百万ドル（＄24-million-dollar）をかけて実施された。

　その目的について報告書作成の責任者であるゴールドリング（Ellen B. Goldring）は、「学区がPSの役割をこれまで伝統的に中心的業務としてきた、管理（administration）、運営（operation）、法令順守（compliance）から校長が校内において教育活動を改善できる力を高めたり支援したりできるよう

に、全面的に見直す（overhaul）ことを助ける」と説明した。ここには、校長による学校運営を監視する役割から教育・指導上のリーダーシップの発揮へと改めることが、校長の効果性をより良いものにし、そのことが教育活動の改善の梃子（lever）となり、最終的には児童生徒のパフォーマンスを向上させるという、これまでに同財団が取り組んできた研究成果に基づく仮説がバックボーンとして存在する（Goldring, E. B. et. al. 2018：1）。

(2) PSの職務内容―校長に対するスーパーヴィジョンの特徴

　以上のような役割期待の変化の実態を捉える一つの指標として、彼らがどのような業務に時間を使っているかについての調査結果を見ておきたい。ゴールドリング他（Goldring, E. B. et. al. 2020：35-36）は、上記の調査研究事業に参加した6学区のPSを対象にした量的調査において、2017-18年度間で主にどのような業務に時間を使ったかを尋ねている。それによると、学校訪問（各校長との個別的関わり）：48％、自分が受け持つ校長らのグループとのミーティング：15％、学区事務所でのミーティング：19％、他のPSとのミーティング：15％、その他：3％であった。実に、業務の63％にあたる時間を校長との直接的な関わりに費やしていることが明らかになった。興味深いことに、当初学区はPSが校長に一対一（one-on-one）で支援することを期待していたが、PSらは意図的にグループでの活動を計画・実施していた。ここには同業者同士の学び合い、いわば「実践のコミュニティ（Community of Practice：CoP）」[8]の発想を看取することができる。

　しかしここで重要なことは、彼らが学校訪問やグループミーティングにおいて何を話題にしていたかであろう。この点についてロジャーズ他（2022：116）は、校長と過ごした時間のトピックについて明らかにしている[9]。それによると、教育・指導上のリーダーシップに関するトピックが58％と最長で、それに管理運営（operation）：17％、人事（human resource）：13％、保護者や地域コミュニティ：11％、その他：1％が続いていた。

　ロジャーズ他（2022：110）が整理したように、現在のPSには、教えること（teaching）、コーチすること（coaching）、人間関係づくり（relationship-building）や共同構築型の学び（co-constructed learning）を促す役割が期待されている。それらを通じて、校長の教育・指導上のリーダーシップの発揮と必要な力量形成を支援することが現在のPSに求められるスーパーヴィジョンの特徴と言えよう。筆者は、髙妻他（2022：26）において、校長の力量形成の在り方をめぐる「job-embedded support（日常業務に寄り添った支援）」というキーワードの存在を明らかにした。上述の研究知見と合わせて考えるならば、PSに期待される役割は、校長らが直面する固有の課題や文脈に即して発揮される必要があると言えよう。

5．校長指導職のための専門職基準モデルにおける「文化的な多様性」

　以上の職務を遂行する中で、PSにはいかなる専門性が期待されているのか。**表1**はCCSSOによる「校長指導職のための専門職基準モデル」（Model Principal Supervisor Professional Standards、以下「モデル」）の全体像である。全8項目からなる基準は3つの領域、①校長の日常業務への直接的な関わり合いを内容とする「教育リーダーシップ」領域（基準1～4が該当）、②学区事務局職員として従前から担ってきた学区施策の伝達等を主とした「学区の組織的有効性」領域（基準5、6が該当）、③校長への支援機能を最大化させるためにPS自身が取り組む「スーパーヴァイザーとしての力量開発」領域（基準7、8が該当）で構成されている。

　紙幅の都合上、全基準を分析することはできないため、本稿の関心に基づき「文化的な多様性」に関連する内容に限って論を進める。「文化的な多様性」への対応については、主として基準6において触れられている[10]。次に示す本基準設定の意図から、PSによる支援の概要を捉えることができる。

　　PSは校長とともに、学校や地域コミュニティにある多様な文化的、言語的、社会的、政治的、知的なリソースの存在を理解し、真価を認め、その活用を促進する。彼らは、周縁化（marginalization）、欠損ベースの学校

表1　モデル専門職基準の基準領域と各基準の内容

（領域1：教育的リーダーシップ）
1. 校長が教育・指導上のリーダーとして成長することに時間をささげる。
2. 校長が教育・指導上のリーダーとして成長するために，個々の校長を支え，専門職としての学びに効果的な戦略を練る。
3. 校長が児童生徒の文化的または学習ニーズをめぐる多様性を尊重したポジティブな学習環境づくりを進めていく上での改善点を明確化するために，エビデンスに基づいてその効果性を明らかにする。
4. 校長が教育・指導上のリーダーとして成長するために，制度化された校長評価のプロセスに参加させる。

（領域2：学区の組織的有効性）

5. 学校と子どもたちの学びを支援するために，組織のビジョン，政策と戦略の一貫性を擁護し，伝達する。
6. すべての生徒の成功に向けて，彼らが自身に必要な教育資源に公平にアクセスでき，文化的・社会的応答性に対応できる学校のコミュニティを構築できるよう学区を援助する。

（領域3：スーパーヴァイザーとしての力量開発）
7. 校長が教育・指導上のリーダーとして成長するために，PS自身が力量開発と継続的改善に取り組む。
8. 学区全体にわたり，学校のパフォーマンスを継続的に高め，質の高い教育プログラムと教育機会を持続できるよう戦略的な変革をリードする。

出典：CCSSO（2015:8-9, 14-22），ロジャーズ他（2019:440）を基に作成

教育（deficit-based schooling）、性別、性的指向、人種、社会階層、障がい、または特別な社会的地位に関する窮屈な思いこみ（limiting assumptions）に関する課題が存在し、効果的に対応される必要があることを確信している。（CCSSO 2015：20）

　その意図や意味内容をより詳細に理解するため、図1に示した関係構造図に基づき、主として校長・副校長を対象とした専門職基準（PSEL）での記述内容とも照らしてみよう。「モデル」基準6に対応するPSELの基準項目は基準3「公正さと文化的応答性」である。ここでは、「すべての生徒がそ

れぞれに学業面での成功とウェルビーイングを達成できるように、教育機会と文化的応答性（cultural responsiveness）における公正さ（equity）を確保するよう努力する」（NPBEA 2015：11）と、基準の意味が説明されている。

　マーフィ（Murphy, J. F. 2017）によると、文化的応答性とは、子どもたちが抱える文化的背景（それは属する社会グループにおいて形成される）を尊重した環境を整えることを意味する（52頁）。また、公正さと文化的応答性は重なり合うものであり、DNAのように絡み合うものだと表現し、学校の教育活動をめぐって文化的周縁化と不公正さに直面しているのは有色の子どもたちと低所得な家庭の子どもたちだと断言する（37頁）。

　以上の指摘を踏まえると、同モデルやPSELが想定している多様性とは、これまでマイノリティとして位置付けられてきた社会グループに属する子どもたちの文化等に焦点が絞られているようだ。しかし第2節において検討した通り、現在のアメリカ社会における民主主義の危機、つまり「分断」の契機は、これまでマジョリティであったグループが抱える不安や不信にあった。現行のモデルやPSELには、このような民主主義をめぐる変化が視野に含まれていないように見える。つまり、「文化的な多様性」への配慮は、教育・指導上のリーダーであること、教育・指導上のリーダーシップを発揮していることを証する要件の一つであることは間違いないのだが、今般の配慮すべき多様性の対象や意味内容の変化は、すべての文化を尊重し擁護する教育・指導上のリーダーシップとリーダーの在り方への再考を迫っている。

6．むすび

　本稿で得られた知見を改めて整理する。第一に、アメリカでは2010年代以降、多様性とくに「文化的な多様性」に対する柔軟さが社会一般そして公教育システムにおいて失われてきた。これはアメリカン・デモクラシーという同国における基本的な価値や原理原則への挑戦であり、この挑戦をいかに乗り越えるかが学校での教育活動や教育行政をめぐる重要な課題となっている。第二に、学区全体にわたる改善の梃子としての学区事務局の役割が注目

されるなかで、校長への実質的な指導・支援を行う主体としてPSへの役割期待が高まっている。特に校長の日常業務に寄り添い個別の課題に合わせた支援とともに、校長らのグループを形成し、実践のコミュニティの中で支援する役割とリーダーシップの発揮が鍵となる。第三に、システム全体を貫く理念の存在である。教育・指導上のリーダーシップの発揮という理念は、教員・校長・PSの各専門職基準間で共有され、そのことがシステム全体で一体感ある取組の展開を可能にする。ただし分析の結果、配慮すべき多様性の内実の変化という現状に対して、現行の専門職基準は十分に対応できていない可能性が示唆された。「分断」という危機を乗り越えるため、これまでのマイノリティに限定されない多様性の理解と対応が、民主主義的な学校を実現する上で現代的課題となろう。この分析は残された課題である。

　最後に、本稿での検討を踏まえ、教育行政学の研究シーズを示しておく。文化に限らず様々な多様性への対応は、日本においても喫緊の課題である[11]。一人ひとりの多様な幸せ、すなわちウェルビーイングを実現することは、決して個別学校だけで対応できることではない。本稿が着目したように、校長個人あるいは個別学校ではなく、地方学区（特にPS）との協働関係そして学区全体という視野からの方策展開が有効となろう。特に指導主事には本稿で検討したPSに準じた役割を期待したい。指導主事に関する研究の深化と研究知見に基づく実践的貢献が、教育行政学の課題と考える。

（沖縄国際大学）

〈註〉

(1) instructional leadership の訳語について本稿では、後述する表1内領域1の名称 educational leadership を教育的リーダーシップと訳すことから、本語については教育・指導上のリーダーシップを訳語として充てることにした。

(2) アメリカでは、学区レベル（教育長や指導主事、本稿が着目するPS等）と学校レベル（校長や副校長など）の管理職（行政官）を包括する概念として学校管理職（school administrator）が用いられる。近年では、PSELの名称に見られるように、彼らを教育リーダー（educational leader）と総称し、学校レベル（building level）の責任者、つまり校長等をスクールリーダーと呼んでいる。

⑶　管見の限り、後述のウォレス財団による共同研究プロジェクトや、ホニグ（Honig, M. I.）が所属するワシントン大学教育学部に付設された「学区リーダーシップデザインラボ（通称：DL2）」関係者による研究に限られている。

⑷　髙野（2023：36）が、「社会正義」概念について「政治的、学問的議論において常套句として用いられる状況がある」「マーケティングや安易なスローガンとして用いられる危険性」を指摘したことも、同様の例となろう。

⑸　https://pdkpoll.org/wp-content/uploads/2020/08/Poll52-2020_PollSupplement.pdf（2024年7月31日確認）

⑹　アップル他（2013：10）も、文化的な多様性の高まりに反して、西洋文化的伝統に閉じられたカリキュラムを重視しようとする政策展開を批判している。

⑺　副教育長や管理責任者（executive director）といった肩書を持つ人物は、「校長と教育活動に関連した関わり合いがほとんどなく、校長の教育・指導上のリーダーシップは放っておく（let alone）傾向」にあり、「小さな学区の教育長や教授学習部門の長は、抱えているどの仕事よりも校長をスーパーヴァイズすることを優先する」などである。

⑻　ミッドキャリアや経験の長い校長を対象にした力量形成においてCoPの発想が重視されているようだ。Westberry, L. and Honor, T.（2022）を参照。

⑼　この調査は2016-17年度にPSI事業の一環として実施されたものである。なお、この時の時間使用の割合は、学校訪問：48％、グループミーティング：13％、学区事務所でのミーティング：21％、他のPSとのミーティング：14％であった。ロジャーズ他（2022：115）を参照されたい。

⑽　基準3の基準名にも文化や多様性に関する文言が含まれてはいるが、その内容は、学習者のニーズを把握するためのデータやエビデンスの取り扱いに限られていた。よって本稿では、PSによる指導・支援の内容を明確にするという意図から基準6に焦点化した。本モデルに示された他基準の詳細や基準間の関係性の分析については今後の課題としたい。

⑾　日本における課題状況については、照屋（2023）を参照されたい。

〈引用文献〉

Cobb, C. D., Weiner, J. M. and Gonzales, R.（2017）Historical Trends and Patterns in the Scholarship on Leadership Preparation., Young, M. D. and Crow, G. M. eds. Handbook of Research on the Education on School Leaders., Routledge., pp.15-39.

Council of Chief State School Officers（2015）Model Principal Supervisors Professional Standards 2015.

Day, A. J. and Finnigan, K. S. eds.（2016）Thinking and Acting Systemically: Improving school districts under pressure., AERA.

Eacott, S. and Nieshe, R.（2021）Educational and instructional leadership., in Courtney, S. J., Gunter, H. M., Neishe, R. and Trujillo, T. eds. Understanding Educational Leadership: Critical Perspectives and Approaches., pp.221-235.

Goldring, Ellen B., Jason A. Grissom, Mollie Rubin, Laura K. Rogers, Michael Neel, and Melissa A. Clark（2018）A New Role Emerges for Principal Supervisors: Evidence from Six Districts in the Principal Supervisor Initiative.

Goldring, Ellen B., Melissa A. Clark, Mollie Rubin, Laura K. Rogers, Jason A. Grissom, Brian Gill, Tim Kautz, Moria McCullough, Michael Neel, and Alyson Burnett（2020）Changing the Principal Supervisor Role to Better Support Principals: Evidence from the Principal Supervisor Initiative.

浜田博文（1993）「アメリカ地方教育行政における"スーパーヴィジョン"機能の再編志向」『日本教育行政学会年報』第19号、235-249頁。

浜田博文（2007）『「学校の自律性」と校長の新たな役割―アメリカの学校経営改革に学ぶ』一藝社。

Honig, M. I. and Rainey, L. R.（2020）Supervising Principals for Instructional Leadership: A teaching and learning approach. Harvard Education Press.

堀和郎（2010a）「「効果的な学区」論の展開（その１）―学校改善論への新しい視角」『東京医療保健大学紀要』第6巻第1号、7-17頁。

堀和郎（2010b）「「効果的な学区」論の展開（その２）―学校改善論への新しい視角」『東京医療保健大学紀要』第6巻第1号、19-33頁。

本城精二（2008）「アメリカ社会の始まりと民主主義」『Mukogawa Literacy Review』第44号、41-52頁。

髙妻紳二郎・植田みどり・高橋望・照屋翔大（2022）「校長職のJourneyに関する米・英・オセアニアの事例検討―任用前後においてprofessional developmentがいかに図られているか」『福岡大学教職課程教育センター紀要』第7号、12-41頁。

マイケル・W・アップル、ジェームズ・A・ビーン編著／澤田稔訳（2013）『デモクラティック・スクール―力のある学校教育とは何か』上智大学出版。

松尾知明（2010）『アメリカ現代教育改革―スタンダードとアカウンタビリティの光と影』東信堂。

南川文里（2022）『アメリカ多文化社会論〔新版〕―「多からなる一」の系譜と現在』法律文化社。

宮寺晃夫（2012）「現代の国民形成とその重心移動―文化から経済へ」宮寺晃夫・平田諭治・岡本智周編著『学校教育と国民の形成』（講座　現代学校教育の高度

化 25)学文社、9-23 頁。

Murphy, J. F.(2017)Professional Standards for Educational Leaders: The Empirical, Moral, and Experiential Foundations., Corwin.

中嶋邦彦（1992）「米国初等教育制度の歴史的発展とその性格」名和弘彦監修『現代アメリカ教育行政の研究』渓水社、3-24 頁。

National Policy Board for Educational Administration (2015) Professional Standards for Educational Leaders.

Rogers, L. K., Goldring, E., Rubin, M. and Grissom, J. A.（2019）Principal Supervisors and the Challenge of Principal Support and Development., Zepeda, S. J. and Ponticell, J. A. eds. The Wiley Handbook of Educational Supervision., John Wiley & Sons, Inc., pp.433-457.

Rogers, L. K., Goldring, E. B., Rubin, M., Neel, M. and Grissom, J. A.（2022）Managing time? Principal supervisors' time use to support principals., Lee, M., Pollock, K. and Tulowitzki, P. eds. How School Principals Use Their Time: Implication for school improvement, administration and leadership., Routledge., pp.110-125.

髙野貴大（2023）『現代アメリカ教員養成改革における社会正義と省察—教員レジデンシープログラムの展開に学ぶ』学文社。

竹沢泰子（2018）「多文化主義」アメリカ学会編『アメリカ文化事典』丸善出版、262-263 頁。

照屋翔大（2023）「子どもの「多様性」に対応する学校デザインの特徴と課題—CSTI「教育・人材育成WG」による政策パッケージを題材に—」『学校経営研究』第 48 巻、3-13 頁。

宇野重規（2020）『民主主義とは何か』講談社現代新書。

Westberry, L. and Honor, T.（2022）Best Practices in Principal Professional Development., AASA Journal of Scholarship and Practice 19（1）., pp.29-47.

【付記】本稿は、JSPS 科研費（19K14055、24K05646）による成果の一部である。

Role of the District Central Office in Creating Democratic Schools in the U. S.
: An Analysis of the Transformation of the Duties and Professional Standards for Principal Supervisors

Shota TERUYA, *Okinawa International University*

The purpose of this paper is to clarify the role of the district central office in creating democratic schools by analyzing the transformation of the duties and the contents of professional standards for principal supervisors in the United States. In this paper, the word democratic school is used for referring to a school which is supported and defends the concept of American democracy. Recently, American democracy has been facing critical situations and the spread of disconnection has posed new challenges to the public schools. In such situation, how can a district central office create democratic schools?

This paper addressed the following three issues. First, I confirmed the meaning of American democracy and reviewed the latest topics on the crisis situations concerned with it, especially by focusing the movement after the 2010s. Second, I reviewed the meaning and contents of the concept of instructional leadership and clarified how the relationship between the principal and principal supervisor was being built to achieve the shared idea of improving and enhancing the quality of the teaching and learning that students would have taken. Third, I discussed the issues to create democratic schools in the United States by analyzing how the contents related to cultural diversity which is one of the important components of American democracy would have been understood and valued in the duties and the professional standards for principal supervisors.

This paper clarified the following three points as results of the analysis. First, since the 2010s, the whole of society and the public education system in the United States have lost the flexibility and tolerance with diversity, particularly cultural diversity. It is a challenge to American democracy which is a fundamental value and principle in the United States, so it is an important issue on teaching and learning in a school and educational administration how to overcome such critical situations. Second, while the role of the district central office as a lever for whole district improvement had been paid attention to, the expectation on the principal supervisor who has a role to supervise the principal (s) has been raised. The keys of their supervision are adapting a job-embedded approach and making Community of Practice (CoP) of principals. Third, there is a coherent idea through the entire system. The idea of the importance of exercising instructional leadership is shared by each professional standards for teachers, principals and principal supervisors. This will make it possible to develop initiatives throughout the system with unity.

However, as a result of the analysis, it is suggested that the current professional standards would be inadequate in terms of responding the situational change surrounding American democracy. In order to overcome disconnection and create democratic schools, it would be a challenge for the public education system in the United States to respond to the diversity with various backgrounds, which is not limited of the minorities.

Key Words

principal supervisor, district, instructional leadership, professional standards, democratic school

熟議デモクラシーにおける
教育政策の正統性
―相互性を中心に―

鵜海未祐子

1 はじめに

　参加・熟議・問題解決型のデモクラシーに接近する「高次の政治（主体）」[1]をめぐる教育の創造・実践といった歴史的・民主的課題に改めて関心が集まっている。戦後の経済成長路線において、日本の教育行政は教育の正統化をめぐる民衆統制との調整に比して官僚性・専門性を優先してきた。しかしながら、近年になると、道徳的不一致の調整が民主政治に要請されるリベラルな価値多元化社会を背景に、教育行政の独善性や閉鎖性や形式性に批判が寄せられた。そのことは、経済的市民の台頭によって政治に対する消費者性・受動性・他責性と表裏一体的に補強されてきた面もある。恒常化・固定化する政治的影響力の非対称な配分をめぐっては、根強い政治不信や懐疑の反動としての、ポピュリズム政治の招来や台頭が懸念されつつある。

　こうして社会に開かれた教育行政の呼び声のもと、政治的市民の顕在化や教育化の要請を伴いつつ「誰の意思によってどのような教育がいかに決定されるべきか」という教育政策の正統性をめぐる問題が再検討に付されてきている[2]。本論もまた、エイミー・ガットマンとデニス・トンプソン（Amy Gutmann and Dennis Thompson）によって展開された、熟議デモクラシー論とくに相互性（reciprocity）への着目を通して、教育政策の正統性の実現にいかなる示唆が得られるのか再検討を試みるものである（以下、ガットマ

ンら、と表記)。ここで相互性とは、ガットマンらによれば、「市民が互いを結びつける法律や公共政策を集団で制定するにあたって相互に正当化の義務を負うこと」を意味する原理とされる[3]。

2 先行研究との関連と検討

関連する先行研究は、教育行政に関する政治の実態をふまえる一方で、参加、責任、協議・討議、対話・熟議、変容、摩擦・葛藤、同一性、公共性への着目に示されるように、コミュニケーション重視のデモクラシーに関わる「高次の政治」が、教育の正統性の観点から模索・検討されてきたと言える[4]。本論もまた、教育の正統性の問題を考えるうえで、教育政治の実態把握を欠いた、「高次の政治」への教育再定義や論点移動にはできる限り抑制的でありたい。それゆえ本論は、教育コミュニケーションにも見られる非対称な権力政治をふまえ、その問題解決を視野に入れた「高次の政治」に接近する熟議デモクラシー論に着目し、政策熟議における教育の正統性の問題にいかなる示唆が得られるのか再検討を試みる。

たとえば、教育領域のコミュニケーション（バーバル・ノンバーバル）においては、成熟／未成熟な教育関係が、他者軽視の強制性・指導性を教育的に合理化し、むしろ相互性や「高次の政治」不足の教育政治を生起してきた。問題判断の一方向的な生徒指導、生徒心理に訴えるカリスマ支配、情報操作によるいじめ、「空気」による同調圧力、不合理な校則遵守、他者感覚の希薄なハラスメント、不透明な専門職主義など、いずれも教育コミュニケーションをめぐる非対称な権力政治を映し出している。これらの問題把握・検討・改善の不備は、社会・政治的領域に連続する「高次の政治」不足の原因・結果でもある。「個人的なことは政治的なこと」を看取したフェミニズムの思潮と、複雑で不確実性の高まる価値多元社会における「〈私〉時代のデモクラシー」[5]への動向にかんがみると、「高次の政治（主体）」創造・実践への傾斜は、不可逆な流れとも言える。だからこそ本論は、先述の教育コミュニケーションをめぐる非対称な権力政治の改善に向けて、ガットマンら

による熟議デモクラシー論に着目して、教育政策の正統性をめぐる論点を再検討する立場に立つ。

　ガットマンらによる熟議デモクラシー論、特に相互性と関わって、相互尊重（mutual respect）の理論的な意義は「市民が根本的に（そして道理的に）意見が一致しない時、いかに不一致を政治から一掃するのかというより、むしろどのように公的に熟議するのかに関する合意を探究する」点にあり、実践的な意義は「道徳的対立を生む道徳的差異の尊重を育む方法を探究せず、政治的不一致を個々に継続する場合に冒す共同的なリスクを市民に思い出してもらう」点にあるとされる[6]。このように道徳的不一致・対立への取り組みを主題化せざるをえない現代の民主政治、というガットマンらによる時代診断にならい、本論は相互性の実現可能な位相・程度を熟議において探究しつづける価値や必要があると考える。それは現実を「可能性の束」と捉え、方向判断を備える立場でもある[7]。

　その際に本論は、「治者と被治者の同一性」や「教える者と教えられる者の同一性」[8]、それから「教育の民主的過程（教育上の選好の保障）」と「民主主義社会の再生産（民主的価値の育成）」の両立[9]といった先行研究が教育の正統性に関わって格闘したアポリアを引き継ぐ。具体的には、熟議デモクラシー論において、リベラリズムとデモクラシーが重なる文脈に、相互性や非抑圧を捉えつつ、教育政策の正統性に関わって、説明責任や専門性・自律性の再検討を試みる。

3　ガットマンらの熟議デモクラシー論

3-1　熟議デモクラシー論の問題背景と構成的な諸原理

　ガットマンらの熟議デモクラシー論は、多数決による手続きデモクラシーや、価値措定的な立憲デモクラシーとは距離を置き、政策熟議に暫定的で民主的な価値設定を提案するものである[10]。本論は、不合理で非対称な権力関係に基づく民主政治の相対化を図るという、熟議デモクラシー論の出自を念頭に置き、その条件・内容・プロセスにおける民主的価値の動態が不問に

付されるのであれば、教育政策の形成・決定に関わる「高次の政治」の実現可能性は後退し、むしろデモクラシーの公正性をめぐる価値的な空洞化が発生するという立場に立つ。

　ガットマンらの熟議デモクラシー論の背景には、アメリカ合衆国の公共政策をめぐる民主政治が、一見すると道徳的議論のサウンドに慣れ親しんでいるため、かえって真剣に顧みられず熟議不足に結びついている問題状況への懸念がある。「私たちの民主政治の実践においては、サウンドバイトで会話すること、人格攻撃をして競争すること、利己的な駆け引きをして政治的対立を解決することが、あまりにしばしば論争的な問題の諸価値（merits）をめぐる熟議（deliberation）を代用している」。と同時に、デモクラシーの諸理論においても「日常的な政治生活における道徳的不一致の継続的な議論の必要性について驚くほどの沈黙が見られる」[11]。それゆえガットマンらは、熟議の制度設計・実践をうながす前提として、熟議の条件や内容など、その実質を検討する、熟議デモクラシーの理論的な補充[12]に取り組む。

　ガットマンらは、なぜ道徳的不一致に応答する政治的熟議の必要性をそれほど訴えかけるのだろう。ひとつには、現代政治や公共政策の反映する道徳的対立の要因として「価値観の不一致」があげられ、それが「諸個人の間のみならず道徳的価値観それ自体の間」に見られるからである。このことは、道徳的対立の要因を個人的・集団的属性や資源の希少性に捉えて、動機の改善や経済の成長による道徳的対立の除去や解消を目指してきた、従来の議論の対応範囲を超える問題である[13]。それゆえ、ガットマンらは「道徳的不一致の節約（economy）」にとりくむ熟議デモクラシー論の展開を次のように試論する。

　「道徳的不一致の節約」とは、「明らかな正誤をめぐる見解の不一致ではなく、道理的に拒否できない見解の不一致」、つまり「熟議的不一致」（deliberative disagreement）において、「道徳的に反対する立場の拒絶を最小限にする根拠を探すことによって政治的立場を正当化するよう市民に要求する」原理である[14]。そしてガットマンらは、その現実的なニュアンスを次のように述べている。道徳的不一致の節約は「政治的敵対者を愛するよう

市民に求めるほど懺悔と赦しを要求しない。『愛のみが許す力を持つ』とハンナ・アーレント（Hannah　Arendt）は書いた。そして『愛はまさにその性質によって、浮世離れしており、非政治的であるだけでなく反政治的であるのは、その希少性というよりむしろこの理由からである』と。しかしながら、相互性は、市民同士で愛するよう促すことを目的としない一方で、市民同士である程度の尊重を育むことを目的とする。『愛とはそれ自体狭く限定された領域にあるもの』であり、『尊重はより大きい人間関係の領域にある』とアーレントは結論づけた。その意味で尊重は愛より個人的なものではない」[15]。

　市民と個人の立場が重なり合う地点を探究する時、わたしたちは公共政策の集合的な決定をめぐる道徳的な不一致を部分的に維持するために、相互尊重を果たすようになる。ここから、ガットマンらによる道徳的不一致の節約は、政治的敵対者への深く厳しい愛や理想理論に基づくものではなく、むしろ民主的な敵対者との間における、道徳的不一致の妥当な差異の承認に向けた探究を意味することがわかる。具体例として、国家による妥協が、同性婚・異性婚を法的に承認する一方で、それらを宗教（組織）的に承認することを義務付けない寛容を示す等がある[16]。

　ガットマンらによる熟議デモクラシー論の構想を見ると、次のようになる。まず、熟議政治の過程を調整するおもな諸条件として3原理—相互性、公開性、説明責任が含まれると同時に、熟議政治の内容をおもに統治する3原理—基本的自由、基本的機会、公正な機会から成り立つ[17]。

　諸原理の機能的な関係構造としては、「相互性が主導原理として、公開性や説明責任の意味を形成し、自由や機会の解釈にも影響を及ぼす」位置づけにあるとガットマンらは述べる。たとえば、熟議デモクラシーの中核を成す理由付けの過程において、相互性は「与えられるべき諸理由の種類」、公開性は「諸理由が与えられるべきフォーラム」、説明責任は「諸理由が誰に対して、また誰によって与えられるべきなのかといったエージェント」に関わる条件原理であるとされる[18]。ガットマンらの著作では、基本的な自由と基本的な機会の例として、たとえば言論の自由、宗教の自由、教育などが含

まれ[19]、公正な機会の例としては、自由主義的・平等主義的な解釈が検討の対象となっている[20]。

熟議デモクラシー論を構成する条件・内容原理の二分類に関しては、前者は「どのように熟議が行われるべきかに関わるガイド」として、また後者は「熟議それ自体の部分となる」よう別個に位置づけられ、それらのダイナミックな相互作用が検討対象となる。その際、いずれの諸原理も教条的に作用せず、政治過程において挑戦を受ける位置に立ち、諸原理間には道徳的地位をめぐる特権性や優越性はないとガットマンらは述べる。それゆえ熟議デモクラシー論における条件と内容の二区分は、「手続きと結果、権利と効用、政策と原理といった慣習的な二分法における過程と実質の区分と同一ではない」ことに注意が必要である[21]。

3-2　熟議デモクラシー論における原理的検討の特性と位置づけ

民主教育論や熟議デモクラシー論を主題とする諸著作において、ガットマン自身によって展開された教育政策・事例の原理的検討は、はたしてどのような特質や位置づけを持つと言えるのだろうか。そもそもガットマンらによれば、「熟議デモクラシー論者は、原理、議論、結論を、民主政治に対する権威的で哲学的な制約としてではなく、民主的な熟議への暫定的な貢献として提供する。熟議デモクラシー論者が実質的および手続き的原理について到達した結論は、政治道徳に関する規範的仮説として理解されるべきである」[22]と述べる。

換言すると「私たちの提示するいかなる枠組みも主張も、最終目的地や究極的な基礎を表現しない。熟議は、プロセスの途上で誰かが提供する議論を他者に改善するよう促す精神において進めなければならないため、それらは終わりのあるプロセスにおける論点を示すという意味での始まりではない。民主政府が続く限り、熟議的観点は決して完成しないだろう。多くの不一致の解決は、暫定的であり、永続的に新しい道徳的な挑戦を受け、継続的に新しい決定に開かれるだろう」[23]。

ガットマンらによれば、規範的仮説としての正当化論は、社会契約論と異

なり、あらゆる人々に影響を与える公共政策・法律論拠として決して十分ではなく、実際の熟議テストをくぐり抜けるプロセス依存性をもつとされる。「ある時点での実際の政治的熟議は、この時この社会における法律を正当化するために要求される」。興味深いことにガットマンらはまた、政治の正義発見と科学の真理発見を類比して、相互性に依拠した熟議デモクラシーの重要性を次のように指摘する。「相互性は政治的倫理の正義であり、そのことは再現性が科学的倫理の真理であることと似ている。科学的真理の発見には再現性が求められ、ゆえに公的な実証が要請される。同様に、政治的正義の発見には相互性が求められ、ゆえに公的な熟議が要請される」[24]。

とはいえ「相互性は正義導出の基礎原理」ではない。なぜなら、ガットマンらの考えるところ「特定の場合に、正義の条件や内容の決定に関わる進行過程を統治する」のが相互性だからである[25]。「私たちは、熟議デモクラシーが理論的にも実践的にも社会正義を保証できるとは想定していない。むしろデモクラシーに健全な熟議がなければ、市民は多くの論争的な手続きや憲法上の権利を暫定的にも互いに正当化することはできない。政治生活に熟議が失われる限り、市民はまた彼らの継続的な道徳的不一致を相互に正当化する生活様式も欠いている。民主政治の熟議は、公共政策の重要問題について不一致を続ける時でさえ、政治的に平等な存在としての彼らの地位を表現し、尊敬することを意味する」[26]。

このように、ガットマンらの熟議デモクラシー論は、市民の政治的・道徳的権威の平等性を尊重して、公共政策をめぐる道徳的不一致の相互正当化・調整化の過程に着目するため、先験的で包括的な社会正義の達成を保証する万能薬ではない。むしろ熟議デモクラシー論は、公共政策に関する実際の熟議テストに開かれ、問題解決にあたって、継続的な道徳的不一致と共生する生活様式を視野に収め、社会正義の内実や程度に関わる議論の展開過程の原理的な検討に注意を向けるものである[27]。たとえば、ガットマンらによれば「熟議的な正当化は、閾値性よりもむしろ継続性をおびるものと理解されるべき」であり、「『すべてか無か』ではなく『多かれ少なかれ』といった問題」とされる[28]。

3-3 熟議デモクラシー論の相互性

　本節では、熟議デモクラシー論の相互性原理に着目して考察を進める。ガットマンらによれば、相互性は、人々が社会的協働の公正な条件を主体的に探究する際、民主的熟議の結果の相互拘束性を理由に、相互正当化や相互尊重を進めることを意味する[29]。そして「相互正当化は、しばしば同時に、統治の手続きや法律の内容の両方に関わる諸理由に訴えることなしには遂行できないため、相互性の観点は手続き的かつ実質的である」とされる[30]。

　相互正当化に依拠する熟議デモクラシー論は、内容原理としての実質的価値を組み込む。ガットマンらは、そのこと自体の民主的な妥当性を、諸原理の道徳的・政治的暫定性においている。しかしながら、そうであっても、なお純粋な手続き主義の立場からは、デモクラシーの論争的な定義に関わって、１）民主的決定に対する不当な価値制約批判や、２）正義と関わるリベラリズムへの傾斜批判などが投げかけられてきた[31]。

　これに対して、ガットマンらは次のように反論して応答する。１）に関わる純粋な手続き主義は、多数決それ自体を公共政策の道徳的論拠に据えるため、結局のところ多数決への発端となった実質的な意見の不一致が再生産され緊張をはらむ問題がある。その点、多数支配は、相互正当化の不在や不足ゆえにその道徳的な妥当性が疑わしく批判されることが示唆される。ガットマンらはまた、手続きの公正性にかぎって必要な言論の自由といった実質的な民主的価値を許容する手続き主義に対しても、価値選択の線引きには道徳的考慮が必要となるうえ、宗教の自由などの重要な原理への対応も約束されないと批判的に指摘する[32]。

　２）に関わるリベラリズムへの傾斜批判に対しては、ガットマンらの考えるところ、リベラリズムに関わる自由と機会は、熟議デモクラシー論の他の諸原理から導出されずその最小限の未充足は、「人格的統合性（personal integrity）の体系的な侵害」を意味する。そのような場合、市民にとって、いかなる不正義の是正を目的とする政策や法律も道理的に疑わしく思われることが懸念される[33]。

　こうしてガットマンらは、熟議デモクラシー論の相互性に関わって、実質

的な基本的価値（リベラリズム）との暫定性・最小限の重複性・相補性を指摘したうえで、意思決定の正当化をうながす民主的な機能を意義づけているように思われる。「意思決定機関は、その決定によって最も影響を被る人々すべての代表者を招集しているだろうか。代表者はすべての有権者に対する説明責任を果たしているだろうか。これらの手続き的な問いかけは、その具体的な文脈において、諸決定の実質に拘束される人々すべてに、どの程度において正当化が可能であるのかを問うことなしには答えられない。諸決定の正義を判断する自由や機会などの実質的な基準を排除することは、熟議デモクラシー自体の前提である相互性に照らすと、道徳的に恣意的で不完全と言える」[34]。

　もっともそこには、民主政治の客体としてではなくエージェントとしての人間存在への尊重が見られることは言うまでもない。実際のところ、「人々は立法行為の素朴な客体として、支配されるべき受動的な主体として扱われるのではなく、ともにそのもとで生活しなければならない法を正当化する諸理由を提示して応答しながら、直接的あるいは代表者を通じてガバナンスに参加するエージェントとして応対されるべきである」[35]とガットマンらは述べている。

　かくして、手続き的かつ実質的である相互性に動機づけられた熟議デモクラシー論は、道徳的不一致・対立を伴う公共政策の相互正当化を試みることによって、意思決定における強制的で支配的な要素の再発見や再検討を促すことが示唆される。加えて、公共政策の相互正当化は、影響を受ける人々同士の道徳的不一致をめぐる多様な論拠交換と相互変容の過程を意味する。

　換言すると、それは熟議デモクラシーのエージェントとして、諸個人の経験や人格を尊重する「高次の政治」への民主的な契機になる。それゆえ相互性は、教育の正統性に関わる先述のアポリア「治者と被治者の同一性」を解く仕掛けのひとつになりうるのではないだろうか。

　たとえば、「合意による統治」に民主制の正統性を見ることはフィクションである反面、「社会の対立諸力の解放」や「専制化した多数者の集合的権力」に対する「少数者個人の拒否権留保」といった、よりノンフィクション

に近づく理解において、合意の「否定による肯定」に依拠した正統性を捉える議論がある[36]。この点、ガットマンらの熟議デモクラシー論の相互性もまた、道徳的不一致の表面化・調整化を射程に入れるため、民主政治のより現実的な正統性論拠の中心に位置づけられるだろう[37]。固定的で所与の各意見を集計するデモクラシーと異なり、相互性を中心とした熟議デモクラシーは、自己修正・変容をそなえた意思決定（過程）をとおして「治者と被治者の同一性」に近づくと思われる。

4　教育政策の正統性への示唆

4-1　民主教育論／熟議デモクラシーと教育政策の正統性

　周知のとおり、ガットマンの民主教育論は「意識的な社会再生産」と両立する範囲で、教育政策の意思決定の民主化を試みる議論である[38]。ガットマンによると、「意識的な社会再生産」は、非抑圧（nonrepression）・非差別・民主的な熟慮（democratic deliberation）に裏付けられる[39]。そして民主教育論は、「デモクラシーは、なぜどのように自由で平等な市民を教育するべきであり、誰がそうするよう権威づけられるべきか」[40]といった論点への取り組みでもある。それは、まさしく教育政策の正統性に関わる議論と言える。

　ガットマンは、熟議デモクラシーについて、「民主教育を補足する統治の理想」と位置付ける[41]。つまり、民主教育をめぐる統治・意思決定過程の理論的補充が熟議デモクラシー論によって可能になることを意味する。たとえばこの民主教育論の3原理を、熟議デモクラシー論の6原理に読み替えると、非抑圧は基本的自由、非差別（非抑圧の補完原理）は基本的・公正的機会などの内容原理に、民主的な熟慮はおもに相互性の条件原理にそれぞれ該当するかと思われる。以下では、熟議デモクラシー論における諸原理の相互作用の観点から、相互性に軸足を置きつつ、関連する説明責任と非抑圧の再検討を加え、教育政策の正統性への示唆を得ることとしたい。

4‐2　説明責任や専門性と自律性の再検討

　近年、説明責任の危機が問われ、新自由主義への言説回収が批判されてきている。たとえば経済的な文脈における説明責任の論調のもと、教育政策は、有効性・効率性を問う均質的な数値評価や、自己責任への問いを伴わない他者責任の追及や、対象のベクトルが異なる責任行為の軽視と説明責任の重視など、立場に関わらず、自己防衛的で一方向的な関係・慣習・制度と表裏的に遂行されている[42]。この点、熟議デモクラシー論は、説明責任の政治的文脈の再生に取り組むものとなる。

　ガットマンらの熟議デモクラシー論を見ると、代表者・専門家と市民との関係性に着目した民主的で熟議的な説明責任のあり方が探究されている。熟議デモクラシー論によれば、「代表者が選挙の有権者の要求だけでなく、他国の市民や将来世代のメンバーを含む道徳的有権者の要求を考慮に入れ」、また「代表者が市民に理由を示すとともに、市民が提供する理由に応答すること」が求められる[43]。専門家と市民との関係もまた、専門家による論拠共有と市民への応答責任において正当化されるとガットマンらは考える。「市民はしばしば専門家を頼りにせざるをえない。このことは、理由や理由の基礎にアクセスできないことを意味しない。もし市民に理解可能な方法で専門家が彼らの結論の基礎を描く場合、そしてもし市民に専門家が信頼に値すると信じるいくつかの独立した基礎（頼りになる判断の過去記録、批判的に精査する理由を持つ専門家相互の抑制と均衡をふくむ意思決定構造）がある場合、市民は専門家を頼りにすることができる」[44]。このように、民主的で熟議的な説明責任は、代表者・専門家が公共政策の影響を受ける市民や将来市民の論拠に応答責任を果たす相互性に基づいて遂行される分、公共政策の正統化を促すことが示唆される。

4‐3　「意識的な社会再生産」と「教える者と教えられる者の同一性」

　将来市民の論拠に関わって、先述の「意識的な社会再生産」と両立する「意思決定の民主化」もしくは「教える者と教えられる者の同一性」といった場合、ガットマンが具体的に想定するのは、様々に異なる生き方への「合

理的な熟慮」（非抑圧）や「民主的な熟慮」（相互性）である。ガットマンらの考えるところ、民主教育／熟議デモクラシーは、将来市民や将来多数者すなわち現少数者、あるいは立場の移動が見込めない構造的な少数者[45]にとってのデモクラシー継続に資する「合理的な熟慮」を教育的・制度的・多領域（多次元）的に保障する範囲で、民主的な意思決定が促進される[46]。たとえば異なる生き方を探究する「合理的な熟慮は、民主的社会にもっとも適合した自由の形態であって、この社会において大人は、自由に熟慮することや同意しない自由を保持すべきであるが、子どもたちに熟慮することや同意しないための知的土台を確保する義務を大人に対して課す。したがって大人は子どもの将来の熟慮の自由を侵害するために、自らの現在の熟慮の自由を行使してはならない」[47]。

そしてガットマンは、非抑圧に係る「合理的な熟慮」や相互性に係る「民主的熟慮」をめぐる教育を、「教師の専門職概念の民主的内実」として位置づける[48]。たとえば教師は、道徳的に論争的な政治問題に関して、地域多数派の選好やポピュリズムへの素朴な同調と距離を置き、自律的な立場に立てること、しかし脱関係的な自律ではなく、将来市民・現市民の論拠に応答的で相互的な専門職的自律性を備えることが求められるようになる。こうして「意識的な社会再生産」と「教える者と教えられる者の同一性」は、「合理的な熟慮」や「民主的な熟慮」をめぐる教師の権利と義務の行使を通じて両立が図られると言える。

5　おわりに

本論は、熟議デモクラシー論における教育政策の正統性と関わって、相互性を中心に、非抑圧（合理的な熟慮）との関連で「意識的な社会再生産」を実現する範囲において、おもに説明責任の再政治化、民主的な自律性・専門性のあり方を示唆してきた。教育政策の正統性をめぐる近年の事例をうかがうと、1）カナダのオンタリオ州政府が、内容的な正統性をふまえても手続き的な正統性（民衆統制や教育専門職集団への配慮）を軽視したがゆえに教

育改革の失速をみた事例がある[49]。あるいはまた２）性的指向をめぐる生徒間で生じたハラスメント問題に対して、地域多数者の価値観に同調して性的多様性に否定的な応答をした、アメリカのフロリダ州の公立高校校長、性的多様性を擁護する生徒達による抵抗的な言論活動を禁止した教育委員会、多元的な生徒達の言論活動の自由を支持した連邦地方裁判所といった一連の事例がある[50]。

　いずれの教育事例も、熟議デモクラシー論の観点から見ると、相互性が不足もしくは希薄な正統性の危機として表れていると同時に、諸原理間の対立や緊張関係も、エージェントの変動を伴いつつ発生していることがわかる。それゆえ個々の教育事例のダイナミックでリフレクティブな原理的検討が、原理それ自体の再検討を伴いつつ、ひきつづき蓄積される必要がある。また本論が対象としたガットマンらの熟議デモクラシー論における説明責任は、比較的に政治的な文脈に属するため、経済的・職業的などの他文脈における説明責任との緊張・競合関係[51]への対応可能性についても検討を広げる必要がある。熟議デモクラシーに対するその他の理論的・実践的な批判への継続的な応答[52]を含め、いずれも今後の研究課題とすることにしたい。

（駿河台大学）

【付記】本論は、JSPS科研費19K14104の助成を受けた研究成果の一部である。

〈註・引用参照文献〉

(1) 本論における「高次の政治」とは、社会問題の現実的な認識と解決を通じた理想の実現に資する自律的で民主的な意思決定と、そのコミュニケーション過程に参加する主体生成に関わって大人・子どもの尊厳を具現化する民主教育／熟議デモクラシーを想定している。次の先行研究も参照のこと。上原専禄「国民形成の教育―『国民教育』の理念によせて」1960年『上原専禄全集』14、評論社、1989年、7-26頁。上原専禄「民族の独立と国民教育の課題」1961年、同上書、39-61頁。黒崎勲『教育学としての教育行政＝制度研究』同時代社、2009年、74-80頁。勝田守一「政治と文化と教育―教育学入門Ⅱ」1968年『勝田守一著作

集』6、国土社、1973年、241-276頁。堀尾輝久『教育入門』岩波書店、1989年、100-104頁。とはいえ勝田は、デューイのコミュニケーションを中心とする民主政治を「教育そのものに化した『政治』」と捉え、敵と味方間の抗争や権力など現実政治をふまえる必要性を指摘する（勝田、同上書、250-251頁）。本論は、コミュニケーションを中心とする民主政治において、現実政治と教育化政治の双方を捉えるが、デューイ自身も現実政治を次のようにふまえる点を指摘しておきたい。「民主主義のように、すでに民衆投票、多数決原理などを獲得している根本的政治形態のためにさえ最も強く主張されなければならない点は、それがある程度まで社会の必要と苦悩とを明かす協議と討議の場を含んでいるということである」。ジョン・デューイ『公衆とその諸問題―現代政治の基礎』阿部齊訳、筑摩書房、2014年、253頁。なおガットマンによれば「私が発展させるデモクラシー論はデューイに喚起されたもの」とされる。エイミー・ガットマン『民主教育論―民主主義社会における教育と政治』神山正弘訳、同時代社、2004年、17頁。（以下、次の原著に照らして、部分的に邦訳を変えている。Amy Gutmann, *Democratic Education*, 2nd ed. New Jersey: Princeton University Press, 1999, p. 13.)

⑵　正統性は多義性を備えた用語である。たとえば、湯本和寛「政治的正統性（正当性）概念の再検討」『法学研究―法律・政治・社会』93（12）2020年、207-232頁。Arthur Isak Applbaum "Democratic Legitimacy and Official Discretion" *Philosophy & Public Affairs*, 21 (3), 1992, pp. 240-274.

⑶　Amy Gutmann and Dennis Thompson, *Why Deliberative Democracy?* Princeton: Princeton University Press, 2004, p. 98.

⑷　たとえば、スティーブン・M・ウェザフォード＆ロレイン・M・マクドネル「対話民主主義と学校をめぐる政治」坂本隆幸訳、『レヴァイアサン』21、1997年、82-112頁。黒崎勲『教育行政学』岩波書店、1999年、149-168頁。山下晃一『学校評議会制度における政策決定―現代アメリカ教育改革・シカゴの試み』多賀出版、2002年。滝沢潤「カリフォルニア州の州民投票・提案227の課題―教育政策の評価と教育の正統性に着目して」『教育制度学研究』9、2002年、202-215頁。清田夏代「学校選択制度と民主主義―抑制と均衡の原理に基づく学校選択についての一考察」『教育制度学研究』10、2003年、218-233頁。松下丈宏「宗教的多元社会アメリカ合衆国における公教育の正統性問題に関する一考察―『市民的寛容』の強制を巡って」『教育学研究』71（1）、2004年、40-52頁。黒崎勲『教育の政治経済学（増補版）』同時代社、2006年。黒崎勲、前掲書、2009年。滝沢潤「大阪市教育委員会における『熟議「学校選択制」』の検討―『教育の民意』の形成における熟議の可能性」『日本教育行政学会年報』学会創立50周年記念号、

2016年、105-111頁。辻村貴洋「『教育の公共性』を探究する地方教育行政―公共性をめぐる市民と専門職のポリティクス」『日本教育行政学会年報』45、2019年、24-40頁。柏木智子「学校ガバナンスの課題と今後の展望―学校運営協議会等での熟議における公的機関の役割」横井敏郎他編『公教育制度の変容と教育行政―多様化、市場化から教育機会保障の再構築に向けて』福村出版、2021年、167-182頁。佐藤智子・皆川雅仁・柏木睦「秋田県生涯学習センターにおける『熟議』と地域学校協働の基盤づくり」同上書、183-198頁。佐藤智子「社会教育の再定位と民主主義―社会文化的な公教育理解と熟議の学び方」同上書、199-215頁。荒井文昭『教育の自律性と教育政治―学びを支える民主主義のかたち』大月書店、2021年。荻野亮吾「学校―地域間関係の再編を促す政策の課題と展望―『熟議』を支える地域社会の実現に向けて」『日本教育政策学会年報』29、2022年、39-52頁。山下晃一「教育委員会論と教育行政＝制度論―宗像誠也・黒崎勲による教育委員会制度論の意義と継承」『教育制度学研究』30、2023年、74-90頁。

⑸　宇野重規『〈私〉時代のデモクラシー』岩波書店、2010年。
⑹　Amy Gutmann and Dennis Thompson, *op. cit*., 2004, p. 94. 相互尊重は、相互性に含まれる機能である。「公共政策に関して市民が道徳的な不一致を抱える時、相互性は、可能ならば道徳的な合意を探究し、不可能ならば相互尊重を維持しながら市民相互の熟議を提案する」。*Ibid*., p. 142.
⑺　丸山眞男「政治的判断」『政治の世界他十篇』岩波書店、2014年、357-358頁。
⑻　宗像誠也「誰が教育者か―『教育委員会』の意味するもの」1946年『宗像誠也教育学著作集』3、青木書店、1975年、4-11頁。山下晃一、前掲書、2023年。
⑼　清田夏代、前掲書、2003年。本論は、ガットマンらの熟議デモクラシー論と相補的に民主教育論等を再読解するため、やや異なる解釈を示す。
⑽　Amy Gutmann and Dennis Thompson, *Democracy and Disagreement*. Cambridge, Mass.: Harvard University Press, 1996, pp. 27-39.
⑾　以上まで、*Ibid*., p. 12.
⑿　*Ibid*., p. 7.
⒀　*Ibid*., p. 23.
⒁　Amy Gutmann and Dennis Thompson, *op. cit*., 2004, p. 28, pp. 181-182.
⒂　*Ibid*., pp. 183-184.
⒃　*Ibid*., pp. 28-29.
⒄　Amy Gutmann and Dennis Thompson, *op. cit*., 1996, p. 12, 348.
⒅　以上まで、*Ibid*., p. 52.
⒆　*Ibid*., p. 31.

(20) *Ibid.*, pp. 308-309.
(21) 以上まで、*Ibid.*, p. 348.
(22) Amy Gutmann and Dennis Thompson, *op. cit.*, 2004, p. 122.
(23) Amy Gutmann and Dennis Thompson, *op. cit.*, 1996, p. 50.
(24) 以上まで、Amy Gutmann and Dennis Thompson, *op. cit.*, 2004, p. 101.
(25) *Ibid.*, p. 133.
(26) Amy Gutmann and Dennis Thompson, *op. cit.*, 1996, p. 18.
(27) このようにガットマンらの民主教育論／熟議デモクラシー論は、「原理的プラグマティズム」（principled pragmatism）あるいは「プラグマティックな理想主義」（pragmatic idealism）に基づいて展開されている。Amy Gutmann, "Educating for Individual Freedom and Democratic Citizenship: In Unity and Diversity There Is Strength," In Harvey Siegel (ed.), *The Oxford Handbook of Philosophy of Education,* Oxford, NY: Oxford University Press, 2009, p. 422. 関連して日本の先行研究においても次のように議論がなされてきた。堀は、政策研究を「諸価値の配分」の理解、予測、関与にみて、決定された政策の問題解決力や生活への影響力の差異が問われなければならないと述べる。堀和郎「アメリカ教育政治学の新しい動向」中島直忠編『教育行政学の課題』教育開発研究所、1992年、405頁。白石は、価値と密接不可分な教育行政・政策論議は、「経験的な手法に基づく現実態の機能的分析」を欠いたまま、超越的な理念や理論を設定する向きがあると指摘する。白石裕『地方政府における教育政策形成・実施過程の総合的研究』多賀出版、1995年、290-291頁。黒崎によれば「教育行政＝制度の研究は教育改革のダイナミズムを究明するものであり、規範的な解釈の論理にも、技術的過程のノウハウにも還元され、吸収されるものではなく、現実の生きた教育行政＝制度の事実と動態とを分析するものとならなければならない」という。黒崎勲、前掲書、1999年、16頁。小松は「学校で行われていることは、決定の方法に関して政治的なだけではなく、価値の問題と係わるゆえに政治的なのである」と述べ、政治を教育改革に否定的のみならず肯定的に活用する視点の必要性に言及する。小松茂久『アメリカ都市教育政治の研究―20世紀におけるシカゴの教育統治改革』人文書院、2006年、22-23頁。荻原は「教育行政学にとって、という点でいえば、政策論争において教育行政（学）の専門家がどういう役割を果たすべきか、またそのためにどのような研究戦略をもつべきかが改めて問われることになろう」と述べている。荻原克男「現代教育行政の分化と統合」『日本教育行政学会年報』34、2008年、34頁。藤井は、デューイにおいて「知識は、『実在』と対応していること、すなわち『真理』であることに価値があるのではなく、問題解決において人間によって適切に使用されることにより、価値が

具現される」という。藤井千春「デューイにおける『保証付きの言明可能性』と真理」隈元泰弘他編、『現代哲学の真理論―ポスト形而上学時代の真理問題』世界思想社、2009年、130頁。前原は「特定の視座から教育行政・政策の現実を切り取って編成し、問いの立て方と答え方の範型を予感させる強力な訴求力を持つもの」にパラダイム生成力を備えたテクスト選択を捉える。前原健二「教育政策研究の『ゆくえ』」『日本教育政策学会年報』17、2010年、52頁。

(28) *Ibid.*, p. 97. Amy Gutmann and Dennis Thompson "Democratic Disagreement", In Stephen Macedo (ed.), *Deliberative Politics: Essays on Democracy and Disagreement*, New York: Oxford University Press, 1999, p. 264.

(29) Amy Gutmann and Dennis Thompson, *op. cit.*, 1996, pp. 52-53.

(30) Amy Gutmann and Dennis Thompson, *op. cit.*, 2004, p. 103.

(31) Iris Marion Young, "Justice, Inclusion, and Deliberative Democracy", In Stephen Macedo (ed.), *op. cit.*, 1999, pp. 151-158.

(32) 以上まで、Amy Gutmann and Dennis Thompson, *op. cit.*, 2004, pp. 130-131.

(33) Amy Gutmann and Dennis Thompson, *op. cit.*, 1999, p. 263.

(34) Amy Gutmann and Dennis Thompson, *op. cit.*, 2004, p. 109.

(35) *Ibid.*, p. 58.

(36) 井上達夫『現代の貧困―リベラリズムの日本社会論』岩波書店、2011年、213-215頁。

(37) ガットマンらは、結果を問わず無制限の熟議過程に正統性を還元するセイラ・ベンハビブ（Seyla Benhabib）の見方について、正統性の概念をあまりに狭く捉えすぎていると批判的である。Amy Gutmann and Dennis Thompson, *op. cit.*, 1996, pp. 365-366.

(38) エイミー・ガットマン、前掲書、2004年、19頁（Gutmann 1999, p. 14.）。

(39) Amy Gutmann, "Democracy and Democratic Education," *Studies in Philosophy and Education*, 12, 1993, pp. 1-9.

(40) Mitja Sardoc, "Democratic Education at 30: An Interview with Dr. Amy Gutmann", *Theory and Research in Education*, 16 (2), 2018, p. 245.

(41) *Ibid.*, p. 246.

(42) Sarah M. Stitzlein, *American Public Education and the Responsibility of its Citizens: Supporting Democracy in the Age of Accountability*, New York: Oxford University Press, 2017, 特に pp. 93-110.

(43) Amy Gutmann and Dennis Thompson, *op. cit.*, 1996, p. 8, 138.

(44) Amy Gutmann and Dennis Thompson, *op. cit.*, 2004, p. 5.

(45) 井上達夫「法の支配―死と再生」井上達夫他編『法の臨界1　法的思考の再定

位』東大出版会、1999年、220頁。

⑷6 次の文献も参照のこと。Amy Gutmann "How Liberal Is Democracy?", *Liberalism Reconsidered*, eds. Douglas MacLean and Claudia Mills, Totawa, N. J.: Rowman & Allanheld, 1983, pp. 25-50. ガットマンは、熟議デモクラシーの実践について、政府機関や教育制度に限定せず、職場や余暇における意思決定の過程や、市民と関わる広範囲の中間機関の支援を含めて、いっそう効果的に作用すると考える。Amy Gutmann and Dennis Thompson, *op. cit.*, 1996, p. 359.

⑷7 エイミー・ガットマン、前掲書、52頁（Gutmann 1999, p. 45.）。次も参照のこと。「デモクラシーの時間的次元からすれば、将来における市民の熟議の可能性を制限し、あるいは将来の熟議への完全な参加から一定の市民を排除することによって、多数決原理の結果が、将来の決定を非民主的なものにするかどうかを問うことが、私たちに求められるのである。差し迫った問題は、教育に関する決定を問うことであって、それは教育政策というものが熟議への能力や意欲すら窒息させるものとなっているからである」。エイミー・ガットマン、2004年、112頁（Gutmann 1999, p. 96.）。

⑷8 同上書、91頁。（Gutmann 1999, p. 76.）

⑷9 Jennifer Wallner, "Legitimacy and Public Policy: Seeing Beyond Effectiveness, Efficiency, and Performance", *The Policy Studies Journal*, 36（3）, 2008, pp. 421-443.

⑸0 Kathleen Knight Abowitz, *Publics for Public Schools: Legitimacy, Democracy, and Leadership*, London, NY: Routledge, 2016, pp. 28-29.

⑸1 Sarah M. Stitzlein, *op. cit.*, 2017, p. 25.

⑸2 平井は、熟議デモクラシー批判に対するガットマンらの反論の再検討を進めたうえで、教育に関わる熟議デモクラシー論の実現をめぐる政治力の関与や相対化について言及している。平井悠介『エイミー・ガットマンの教育理論―現代アメリカ教育哲学における平等論の変容』世織書房、2017年、特に216-225頁。

Legitimacy of Educational Policies in Deliberative Democracy
: Focusing on Reciprocity

Miyuuko UKAI, *Surugadai University*

The purpose of this paper is to reexamine, in what sense, the recent rise of deliberative democracy can be said to imply the legitimacy of educational policies, referring to Amy Gutmann and Dennis Thompson's deliberative democratic theory.

There has been renewed interest in historical and democratic issues such as the creation and practice of "decent politics (subject)" related to participatory and deliberative democracy. In the political course of the postwar economic growth, Japanese educational administration has given priority to bureaucracy and professionalism rather than to responsibility to respond to layman control over the legitimization of education and educational policies. In modern liberal pluralist society, however, democratic politics must tend to deal with moral disagreements. There has been criticism of the self-righteousness, closeness, and formalism of educational administration, and calls for educational administration and governance open to society. As political citizens are emerging and growing up, the problem of the legitimacy of educational policies arise: "What kind of educational policies should be decided by whom and how?"

In previous studies, while paying attention to "power-based politics" related to educational administration, by focusing on accountability, participation, deliberation, and moral disagreement, "decent politics" as a democracy emphasizing communication has been sought and examined from the perspective of "educational legitimacy." In considering the issue of the legitimacy of education and educational policies, I would like to restrain as much as possible the idealistic redefinition of educational identity to "decent politics", paying attention to understand the realities and dynamics of educational politics. This paper, therefore, focuses on Amy Gutmann and Dennis Thompson's deliberative democratic theory and democratic education which approach "decent politics", paying attention to the problems of "power-based politics" inherent in educational communication itself, and reexamines what implications can be obtained for the issue of educational legitimacy in policy deliberation.

I would like to examine the legitimacy of educational policies, referring to their deliberative democratic theory which proposes a provisional, minimum democratic values setting for policy deliberation, distancing itself from value-neutral proceduralism and value-oriented constitutional democracy. If deliberative democratic theory has its origin in providing educational power with deliberation to relativize irrational and asymmetrical power-based politics, and if the dynamic of political values — for example, reciprocity, mutual respect, nondiscrimination, and nonrepression — for conscious social reproduction of our societies is left unquestioned, the feasibility of "decent politics" related to democratic decision-making of educational policies would recede, and it would also weaken democratic fairness of educational policies.

Key Words

deliberative democracy, educational policies, legitimacy, reciprocity, Amy Gutmann and Dennis Thompson

Ⅱ 研究報告

戦後日本の教育行政における「通級による指導」概念の変容
　—1990年代以前の統合教育をめぐる文部省、中教審、臨教審の
　　議論を手掛かりに—

　　　　　　　　　　　　　　　　　　　　　　　　浜　えりか

公立不登校特例校の設置過程における教育委員会の主導性
　—住民との合意形成を中心に—

　　　　　　　　　　　　　　　　　　　　　　　　俵　龍太朗

米国シカゴの学校協議会にみる生徒参加の影響力と課題
　—校内警察官配置の存廃をめぐる意思決定の事例から—

　　　　　　　　　　　　　　　　　　　　　　　　古田　雄一

公立学校教員の懲戒処分に関する厳罰化傾向の検証
　—59自治体の処分件数と処分量定の変化に着目して—

　　　　　　　　　　　　　　　　　　　　　　　　村上　慧

「広域分散型」自治体における公立通信制高校の機能と限界
　—高校教育機会保障の視点から—

　　　　　　　　　　　　　　　　　　　　　　　　川本吉太郎

戦後日本の教育行政における「通級による指導」概念の変容
― 1990 年代以前の統合教育をめぐる文部省、中教審、臨教審の議論を手掛かりに―

浜　えりか

1．問題の所在

　本稿の目的は、1993年の通級による指導（以下、通級指導）の制度化の過程を統合教育との関連から検討することを通して、通級指導の概念が政策的にどのような変容を遂げたかを明らかにすることである。

　2022年9月9日に公表された国際連合の障害者権利委員会の対日審査における総括所見は、日本の特別支援教育に対して、インクルーシブ教育の観点から、児童への分離された特別教育が永続していること、通常環境での教育を利用しにくくしていること、通常学校に特別支援学級があることを懸念すると指摘した。この勧告について、2022年から2023年に文部科学省に設置された「通常の学級に在籍する障害のある児童生徒への支援の在り方に関する検討会議」で議論がなされ、通級指導は日本のインクルーシブ教育にとって、重要なキーワードであるとの見解が示された[1]。日本の学校教育は現在、実質的に日本型インクルーシブ教育システムと呼べる体制（渡部2012）をとっている。このシステムは、選挙公約を発端として原則的にフルインクルージョンを推進しようした民主党政権と、それに対抗した文部科学省との政治的論争の末、結果的に、2012年の中央教育審議会の報告によって、特別支援教育体制をベースにした通常学級、通級指導、特別支援学級、特別支援学校といった「連続性のある多様な学びの場」の充実が提言され、形成

された（浜2022b）。このような経過から、今日の特別支援教育行政は、日本型インクルーシブ教育システムのもとで通級指導などの制度を充実させることで、インクルーシブ教育を推進できると解釈していると言える。このことは、今後の日本のインクルーシブ教育をめぐる議論にとって、通級指導制度の歴史的な成立過程から見た概念の解釈への着目が欠かせないことを意味する。

　通級指導の制度化について、これまでの先行研究は、特に1990年から1992年に設置された通級学級に関する調査研究協力者会議（以下、通級調査協力者会議）の審議を制度化の重要な契機だとしてきた（山口2008等）。通級調査協力者会議は、通級指導の制度化に向けた議論を行い、審議まとめの中で、通級指導が有効な教育の形態であると述べている[2]。その根拠として、第一に、文部省の特殊教育に関する研究調査会の報告である1978年の「軽度心身障害児に関する学校教育の在り方」（以下、辻村報告）が具体的方策の1つとして通級指導の形態を提言していることを挙げ、第二に、1987年の臨時教育審議会（以下、臨教審）の「教育改革に関する第三次答申」（以下、第三次答申）と1988年の教育課程審議会の答申において、通級学級における指導体制の充実や、教育条件の改善を図るべきとしていることを挙げている。

　しかし、これまで通級指導の制度化に関して、辻村報告や臨教審、教育課程審議会の存在には言及されているものの（小国2019、荒川1992等）、その具体的な審議内容や政策的背景を検討しているわけではない。特に、臨教審については、それ以後の日本の教育政策の基本的方向を設定した（市川1995）との指摘があり、実際に、臨教審での障害児教育に関する議論は茂木（1987）、渡部（2006）が言及しているが、その議論が特殊教育／特別支援教育政策にいかなる影響を与えたのかは明らかにしていない。このように、先行研究では、通級調査協力者会議における提言内容の検討は詳細になされているものの、それ以前の辻村報告や臨教審、教育課程審議会を含んだ経緯を踏まえて通級指導の制度の成立を促進させた背景を考察できているとは言い難い。さらに、通級指導の制度化の検討には統合教育をめぐる議論との関連

性も検討する必要があるが、それも十分に検討されているとは言えない。統合教育運動は、1970年代前半から、普通学校への障害児の就学を求める声が関東、関西で盛り上がりを見せたもので（堀1994：372頁）、この運動は、障害児を排除しなくては成り立たない普通教育とは一体何かと問題意識を深め、普通教育そのものの在り方を根底から問い直す極めてラジカルな運動に展開していった（山下1988：22頁）。関東と関西の統合教育運動には、それぞれに特徴があり、主張内容に違いがあったが（二見2012：172頁）、東京では、1970年代後半に40団体以上にものぼる共闘会議が組織され、養護教育義務化を進める「攻撃主体に対する闘い〈対都行政闘争〉」、子どもを選別する「就学時健診、就学相談に対する闘い」、「普通学級の入級をかちとる闘い」の運動方針[3]のもと、「どの子も地域の学校で」という主張がなされた[4]。このような当事者らの声から発展してきた統合教育運動に対する政治的な動向の背景と通級指導の制度との関連を検討することは、今日の日本で実質的に採用されている日本型インクルーシブ教育システムのもとでの特別支援教育の在り方を議論する上で大きな示唆になりうるだろう。

　そこで、本稿では、①特殊教育総合研究調査協力者会議（1969）「特殊教育の基本的な施策のあり方について（報告）」及び、特殊教育に関する研究調査会（1978）「軽度心身障害児に対する学校教育の在り方（報告）」（以下、総称して辻村報告）と辻村の回顧録、②中央教育審議会（以下、中教審）（1971）「今後における学校教育の総合的な拡充整備のための基本的施策について（答申）」（以下、46答申）に関わる議事録と資料、③臨教審の第三次答申に関わる議事録や配布資料を検討する。以上の資料を検討し、通級指導の制度化の背景を明らかにするとともに、1960年代後半の辻村報告から、文部省と中教審の議論、そして、1980年代の臨教審で議論された統合教育と通級指導の概念がどのように捉えられ、用いられたのかを分析する。その中で、通級指導の概念がはらむ両義性、つまり、インクルーシブ教育へとつないでいく足場として価値づけられる意義と、通常学級と別の場で障害特性に合った教育を行うことで障害児本人の権利を保障することを重視するという意義を有するがゆえに、その制度化の過程で、多様な意義付けで議論され、

検討経緯で錯綜しながら解釈されていった様子を描き出す。これによって、辻村報告が意味した中長期的で教育的な統合教育と通級指導の概念から、通級指導をめぐる論点がそれ以前と全く異なった形に変容し、結果的に、統合教育運動の抑制のために活用されてしまった過程を描き出す。

2．辻村報告前後の文部省による特殊教育行政

2.1　辻村報告前後の文部省の特殊教育行政に関わる経過

　文部省は、「特殊教育の改善充実を図るため、特殊教育の基本的な施策のあり方および特殊教育の総合的な研究を実施する研究機関の整備について研究調査を行なう」[5]という目的から、協力者として大学の教員、学識経験者、特殊教育関係者を委嘱して協力者会議を設置した。特殊教育総合研究調査協力者会議の会長である辻村泰男は、回顧録の中で、国立の特殊教育総合研究施設設置の機運が高まってきた機会に、文部省で研究協力者会議を組織し、特殊教育の基本的施策のあり方や特殊教育総合機関設置について審議したことを述べている（辻村1972：39頁）。

表1　辻村報告前後の特殊教育行政に関わる報告・答申

年	日付	内容	発出元
1967年	7月3日	特殊教育の総合的研究調査の実施について	文部事務次官決裁
1968年	8月30日	特殊教育総合研究機関の設置について（報告）	特殊教育総合研究調査協力者会議
1969年	3月28日	特殊教育の基本的な施策のあり方について（報告） ：辻村報告（1969）	特殊教育総合研究調査協力者会議
1971年	6月11日	今後における学校教育の総合的な拡充整備のための基本的施策について（答申） ：46答申	中央教育審議会
1975年	3月31日	重度・重複障害児に対する学校教育の在り方について（報告）	特殊教育の改善に関する調査研究会
1978年	8月12日	軽度心身障害児に対する学校教育の在り方（報告） ：辻村報告（1978）	特殊教育に関する研究調査会

2.2　辻村報告の統合教育と通級指導に関する言及

　辻村報告（1969）には、統合教育に関して次のような記述がある。「普通

児とともに生活し教育を受けることによって人間形成、社会適応、学習活動など種々の面において教育的効果がさらに高められることにかんがみ、心身障害児の個々の状況に応じて、可能な限り普通児とともに教育を受ける機会を多くし、普通児の教育からことさらに遊離しないようにする必要がある」（辻村報告1969：11頁）。これについて辻村（1972：43頁）は、従来、障害の程度の重いものは盲・聾学校、比較的軽いものは、せいぜい座席を前にする程度で普通学級の中に置かれてきたが、それでは彼らの教育的ニードが十分には満たされず、多かれ少なかれ問題が起きてきたために、弱視や難聴、言語障害の特殊学級の編成が試みられはじめたと言及している。この特殊学級の編成の試みは、通級指導の意味であると判断できる。その理由は、第一に、辻村報告（1969）が述べる「専門の教員が一定地域内の学校を巡回して特別の指導を行なう」巡回指導について、辻村の監修で教育実践事例集を執筆した一人である加藤安雄は、一般的な教育は普通学級で受け、特定の時間、特定の指導を受けるために特殊学級に通って指導を受ける形態を通級式特殊学級方式と一般的に呼んでいると述べている（加藤1978：311頁）。第二に、通級指導の歴史的実践を検討した浜（2022a）は、弱視学級の通級指導は戦前から、難聴学級は1950年代後半から、言語障害学級は1950年代前半から、通級指導の教育実践の記録が確認できることを示している。このような記録の存在からも、辻村報告（1969）が示す弱視や難聴、言語障害の特殊学級の編成の試みは、通級指導をはじめとする実践の意味であると解釈できる。

　以上のように、辻村報告（1969）は、通級指導をはじめとする日本における新たな特殊学級編成の試みによって、多方面において教育的効果を高められることに鑑みて、普通児とともに教育を受ける機会を多くすることを提言していた。これは、その後の中長期的な展望も含んでおり、普通児とともに教育を受けることによる教育的な効果に着目した提言であった[6]。

3．46答申における中教審と文部省の議論

　1967年7月3日に文部省は、総合的な教育制度の課題の検討をすること

を理由に、学校教育に対する国家社会の要請と教育の機会均等、人間の発達段階と個人の能力・適性に応じた効果的な教育、教育費の効果的な配分と適正な負担区分について、中教審に諮問をした。諮問を受けた中教審は、1971年に46答申を出した。同答申の「7．特殊教育の積極的な拡充整備」では、「心身障害者のうち普通児とともに学習させることが教育上適切な者については、普通学級において専門教員の巡回指導を受けさせる方式を普及すべきである」[7]と述べている。その背景として、1970年10月14日付で文部省の初等中等教育局から中教審への中間報告の修正案に対する意見を記述した意見書[8]から、文部省より中教審への進言があったことが読み取れる。その意見書には、「特殊教育関係（P8）本文に次の趣旨をなお書きで入れること。『心身障害児に対する教育については、さまざまな状況に応じて、きめこまやかな諸条件の整備を学校教育全体を通して配慮すべきであり、普通教育の場においても可能な範囲において積極的に心身障害児に対して適切な指導が行われるようにすべきである』」と書かれている。そして、その意見書の文に改めて添削が入る形で、「心身障害者のうち普通児とともに学習させることが教育上適切な者については、普通学級において専門教員の巡回指導を受けさせる方式を普及すべきである」と書かれている[9]。

　このことから、答申の中間報告の修正案では、文部省の特殊教育に対する意見を取り入れた形で、「普通学級において専門教員の巡回指導を受けさせる方式を普及すべきである」と加えたことが分かる[10]。この内容は最終的に答申にも反映されている。これについて、辻村報告（1969）が出された時期の直後であるということと、「専門教員の巡回指導」という文言の一致から考えると、文部省が、辻村報告（1969）で示された専門の教員が学校を巡回して特別の指導を行うようにすることの提言を取り入れて中教審に意見したことが推察できる。つまり、46答申の時点で、文部省は、辻村報告（1969）を受けて既に通級指導の原型を構想していたと言うことができるだろう。しかし、文部省にとって養護学校における義務教育を実施することが最も優先すべき急務の課題（渡部1996：503頁）だったので、通級指導の制度的な具体化は先延ばしとなった。

4. 臨教審での障害児教育をめぐる議論

4.1　臨教審設置と障害児教育をめぐる議論

　臨教審は、1984年9月5日に当時の中曽根康弘総理大臣が「我が国における社会の変化及び文化の発展に対応する教育の実現を期して各般にわたる施策に関し必要な改革を図るための基本方策について」を諮問して設置された。本稿の射程である障害児教育に関しては、初等中等教育の改革を担当した第3部会が審議を行った。障害児教育に関して、第三次答申[11]は、統合教育と通級指導に関して次のように述べている。

　　障害の状況等を考慮し、できる限り障害者と健常者が共に同一の場所で教育を受けることは両者の健全な発達にとって有意義なことである。しかし、障害の種類や程度に関係なく誰でも通常学校に就学すべきであるとする行き過ぎた統合教育が障害を有する者の真の健全な育成を阻害する可能性のあることに留意する必要がある。…（中略）…小・中学校の特殊学級については、障害の実情を考慮し、いわゆる通級学級における指導体制の充実を含め、その一層の整備充実に努める。

　このように第三次答申で、「通級学級における指導体制の充実」が言及された経緯と「誰でも通常学校に就学すべきであるとする行き過ぎた統合教育」が「真の健全な育成を阻害する可能性のあること」とあえて書き記した背景について、以下、第3部会と心身障害児教育プロジェクトチームでの議事と総会での議事の検討を行う。

4.2　臨教審における通級指導への言及

　1986年7月25日の第3部会の心身障害児プロジェクトチーム（第4回）では、それまでのヒアリングと施設見学及び関係団体などの意見・要望を踏まえ、意見交換が行われた。この時配布された「心身障害児教育について（検討の観点）」[12]という資料では、「5. 障害児と健常児の在り方の関係」の項目に「通級制度（親学級）」の記載がある。これについて、どのような

経緯でこの資料に通級指導の記載がなされたのかは議事からはうかがい知れないが、それ以前の第3部会の議事に通級指導の言及がないことから、この会議の提案に合わせて文部省が中心となって資料に記載した可能性が高い。この時の会議では、統合教育に関する話題から、臨教審で初めて通級指導について言及があった。情緒障害の子どもが通常の学級に入った場合に、教師がその子につきっきりになるので、他の子どもの迷惑になるという発言から、障害をもった子どもが通常学級に入っても自立できなければその子にとってマイナスになるという話題になっている。その後、就学指導の話題から、専門家による訓練の話になり、そこから、弱視や難聴の場合は通級指導を利用しているという発言につながった。その流れで統合教育について「親の希望を尊重することはできないのか」という発言に対して、「そうなると皆が通常学級へということになって学級が混乱する」という理由から、親や当事者個々の願いや希望について退ける話の展開となった[13]。11月12日の第63回総会では、第3部会による審議内容の報告後、障害児教育について意見交換が行われた。ここでは、統合教育運動で「座りこまれる」など、就学指導・相談に苦労した東京都教育委員会教育長としての水上忠委員の経験談が語られ、難聴と吃音の「障害の軽い子ども」に関しては通級指導で訓練を受けた上で、普通児の中に「置いてもいい」と言い、同時に「通級指導みたいなものも考えなければいけないのかなあ」と発言している[14]。

　以上のように、通級指導に言及した議論では、統合教育との関連において、通常学校へ就学したい、通常学級で学びたいという障害をもつ当事者や親の願いよりも、学級内での授業の進行や秩序を重視する意見が際立っていた。さらに、通常学級の中に入っていいのは軽度で限定された障害種であり、通級指導で訓練した上でという条件を付けた発言も垣間見られた。

4.3　統合教育に関する第三次答申案の表現をめぐる葛藤

　1987年1月28日の第72回総会では、中曽根総理から第三次答申について臨教審でないと出来ないようなことについて思い切って改革を提言してほしいと要望があったことが岡本道雄会長によって語られる。このような中曽根

総理の要請もあり、岡本会長は、その後の議事で第三次答申について改革のポイントを明示してほしいことや臨教審の考えを明確にしてほしいと総会中に繰り返し発言している[15]。それに続く2月4日の第73回総会では、幼児教育なら幼保一元化、障害児教育なら統合教育の課題について、臨教審の考えを明示することで団体がセンシティブになって反対運動が激化するのではないかと懸念し、露骨な表現をすることを躊躇する有田一壽第3部会長に対して、岡本会長は、国会などでの各党への説明のためにも臨教審としての立場を明確に示してほしいと表明し、続いて石川忠雄会長代理も臨教審の立場をはっきり書いた方がいいと意見した[16]。この時、第3部会が提案した「障害児（者）教育について（資料8）」[17]には、統合教育に対する記載はなかったが[18]、この総会で、臨教審として統合教育に対する立場を明確にしてほしいという要請を受け、その次の第3部会の議事にて、答申案にどのような文章の表現をするのかを議論する運びとなった。

　2月13日の第3部会では、第三次答申案で具体的にどのような文章表現をするのかが審議された。有田第3部会長は、統合教育を全面に出す表現をするとかえって混乱を招くという懸念を示したが、石野清治専門委員が、「統合教育については、答申ではもう一歩出したい」と述べている。それに対して、有田第3部会長は、「折衷案というわけではないが」と前置きをしつつ、「特殊教育を充実させる」ことを提案した。だが、斎藤正委員は、特殊教育を充実させることを強調すると「乱に流れる方向を助長する」、つまり、統合教育運動を激化させるきっかけになる可能性に懸念を示した。それに対して、河野重男専門委員は、「いわゆる通級学級的な方向」は、「ある意味では、統合教育が進んでいる」と発言した。この発言をきっかけに、それまで、特殊教育の充実を強調することが統合教育運動を激化させるきっかけになるかも知れないとの懸念を示していた委員らも合意し、この会議において議論が終着した[19]。

　その後、第3部会は、第三次答申案の細かな表現をめぐって、第97回、第98回の審議を行った。この中で、小林登委員から統合教育のポジティブな面を書く提案もあがったが、それに対して、石野専門委員は、「行き過ぎ

た統合教育」という表現によって臨教審の考え方を示せると述べ、その他多数の委員の意向により、最終的に「行き過ぎた統合教育」という表現をすることになった。以上の議論を経て、第3部会では、第三次答申の素案に「行き過ぎた統合教育」の文言を加えることになり、3月11日の第77回総会で第三次答申の構成が了承され、3月18日、24日の第78回、第79回総会で第三次答申素案をめぐる議事が行われ、答申をまとめる最終段階に入った。

4.4　臨教審の第三次答申の提出から1993年の通級指導の制度化まで

　臨教審は、1987年4月1日の第80回総会で第三次答申を正式にまとめ、中曽根総理大臣に提出、4月7日に第三次答申が閣議決定された。8月7日の教育改革推進閣僚会議の席上で、文部省は、「臨教審答申具体化のために講じた制度改正等に関する措置の概要」[20]について説明を行い、第三次答申に示された障害児教育に関して、教育課程審議会への諮問と第三次答申に関する通知を発出したと説明している。このことから、文部省は通級指導の制度に関して、まず、教育課程審議会に諮ったことが分かる。同年12月に文部大臣は「盲学校、聾学校及び養護学校の教育課程の基準の改善について」を諮問し、1988年12月16日に教育課程審議会は「盲学校、聾学校、養護学校の教育課程の基準の改善について」を答申した。同答申では、通級指導に関して、「特殊学級については、…（中略）…心身の障害に即したきめ細かい教育課程が実施されるよう…（中略）…いわゆる通級学級の教育条件の改善を含め、その整備に努める必要がある」[21]と述べている。この教育課程審議会の答申を受けて、文部省は、通級指導の制度化への次の手順として、1990年度に「通級学級問題に関する調査研究」について新規で予算を計上し[22]、1990年6月に、山口薫を座長として通級調査協力者会議を設置した。通級調査協力者会議は、その審議内容について、1991年7月17日に中間まとめを、1992年3月30日に審議まとめを提出している。その後、1993年1月28日に学校教育法施行規則第百四十条の規定による特別の教育課程を文部省告示第7号として公布し、通級指導の制度化に至った[23]。

5．考察

5.1　通級指導の制度の成立を促進させた背景

　本稿で検討してきた経過から、以下のことが言える。第一に、通級指導の制度の成立を促進させた背景として、「行き過ぎた統合教育」の抑制を臨教審が採用し、通級指導の充実を提言したことが挙げられる。これは、臨教審直後の教育課程審議会への諮問、さらに、教育課程審議会の答申が出されてからの通級調査協力者会議の設置という極めて速やかな手続きの様子からも明らかであろう。また、46答申の時点で、文部省が既に原型を構想していた通級指導の制度化の手続きについては、次の点から、結果的に、文部省が臨教審を活用した形で制度化へ導いたという見方ができる。まず、臨教審の設置の段階で、当初、抵抗を示していた文部官僚が、自民党の文教族を後ろ盾として、特に第3部会の大半の委員らについて文部省の意図に沿う委員の選定を行ったこと等によって自らの主張を代弁できる体制を構築していたことが明らかにされている（石山1986、中曽根2000等）。さらに、渡辺（1988：47頁）は、臨教審をめぐる文部省の姿勢について、当初は反対をしながら、次第に臨教審に乗っかって自分たちの政策を実現しようという方向に政策転換していったことを指摘している。以上の点から、文部省は、臨教審の中でも特に初等中等教育において、当初の抵抗から適応の方向性に転じ、次第に臨教審を活用する形に転換していったと言える。本稿の射程である通級指導の制度化においても同様に、文部省は、第3部会の第三次答申をめぐる議論の初期の段階で、配布資料に「通級制度（親学級）」と記載することによって水面下で提案した可能性が高い。

5.2　統合教育をめぐる通級指導概念の変容

　第二に、統合教育をめぐる論点の転換による、通級指導概念の変容についてである。本稿で見てきたように、統合教育に関わる通級指導の議論は、年代ごとに段階を経て変化してきていた。辻村報告では、通級指導をはじめと

する新たな特殊学級編成の試みから、教育的効果がさらに高められることに鑑みて、普通児とともに教育を受ける機会を多くするという中長期的で教育的な価値を提言していた。46答申の議論では、文部省から中教審への意見書の中で、通級指導の原型を示しているが、ここでは、辻村報告が言うような「普通児とともに教育を受ける機会を多くすること」は明言しておらず、通級指導を行う対象について、「心身障害者のうち普通児とともに学習させることが教育上適切な者については」と、限定的な表現に留めている。その後の臨教審においては、統合教育をめぐる論点が、学級内での授業の進行や秩序という学校をめぐる管理的な視点の重視とその当時、活発に繰り広げられていた統合教育運動に対する意見の表明というそれまでと全く異なった論点に転換している。臨教審における論点の転換の経緯について、次のことが言える。まず、第3部会において、統合教育の歴史的背景や教育的な意味に関して言及されず、「行き過ぎた統合教育」と称された当時の運動の存在を前提に、学級や学校の管理的な視点を重視した議論に限られていた。本論4.2で見たように、第3部会では、障害をもった子の親の願いについて、皆が通常学級に入りたがることで学級が混乱するという理由から、当事者らの願いを尊重するという視点は捨象されてしまい、情緒障害をもった子が学級の中に入ると周りの迷惑になるという意見も垣間見られた。このように、当事者らの意向や統合教育による教育的な価値は捨象され、学級内の秩序の維持を重視する議論の展開から、障害をもった子が通常学級に入る場合には、軽度で、特定の障害種であるという限定的な条件を付け、通級指導という訓練をする必要があるという結論に結び付いていた。この議論は、第三次答申と第四次答申に示された「障害の種類と程度に応じた適切な」就学・教育という障害種とその軽重の基準で学びの場を指導する選別的な就学指導・相談に関する提言にもつながっていると言える。次に、臨教審の設置時に総理大臣が大胆な教育改革を標榜したものの、第一次答申、第二次答申の審議において当初の構想通りにいっていない状況の中、第三次答申の議論で表面化してきた世間の関心の低下や臨教審としての当初の構想を具体化できていないという危機意識があったのだろう。障害児教育に関して言えば、臨教審の会

長や会長代理には、総理の要望もあいまって、学校や教育行政に対して行動を起こすことで主張がなされていた統合教育運動に対する立場を力強く、思い切って示さなければならないというある種の切迫感が生じていたと解釈できる。その会長や会長代理の要請を受けた第3部会は、統合教育に言及し、特殊教育の充実を提言することによって運動が激化するかも知れないという葛藤状況の中、「通級学級的な方向性は、ある意味で統合教育が進んでいる」という捉え方を用いることによって、統合教育運動を推進する団体に対して弁明ができるような口実を作るという、結果的に「行き過ぎた統合教育」を政治的に抑制する構図をつくる結論に至った。これは、通級指導の概念がはらむ統合教育の方向性にも捉えられるという両義性が、統合教育運動の抑制のための弁明的なキーワードとして作用させられてしまったことを意味する。

以上のように、通級指導の制度の成立を促進させた臨教審において、当初は抵抗していた文部省が次第に臨教審に適応し、その活用に転じる過程で教育政策への主眼が転換した。さらに、官邸主導・政治主導で標榜された教育改革の行き詰まりによって臨教審以前に議論されてきた論点よりも目前の運動や団体の反応に重きを置くことになり、極めて場当たり的な議論の末、教育に対する政治的意図の持ち込みと呼べる結論に着地してしまった。この結論は、通級指導の概念が、かつて辻村報告が意味した中長期的で教育的な意味とは全く異なるもの、すなわち障害児の教育の場をめぐる主張と行動をコントロールするための政治的な手段に変貌してしまったことを示している。

6．おわりに

本稿では、時期を限定した一面的な資料に留まらず、1960年代後半の辻村報告から46答申の議論、1980年代後半の臨教審の議論を検討することによって、これまでの先行研究では明らかにされてこなかった統合教育をめぐる通級指導の概念の変容過程を、文部省の動きだけではなく、官邸の動きや政治的な背景をもとに描き出すことができた。とりわけ、通級指導の概念が、

臨教審から制度化の過程において結果的に、統合教育運動に対する抑制の口実として作用させられ、運動をコントロールするための政治的な手段に変貌してしまったことを明らかにすることができた。この知見は、今日の特別支援教育行政において通級指導の概念が政策的にどのような意図で用いられているのかという新たな論点を提示し、昨今、明るみになってきた国際機関が示すインクルーシブ教育概念と日本型インクルーシブ教育システムの概念の差異の課題に対して示唆を提供する。つまり、当時、極めてラジカルに展開した統合教育運動を抑制するための政策策定がなされたという日本特有の状況が、その後のインクルーシブ教育をめぐる議論に影響を及ぼしたという点で、本稿が明らかにした日本特有の歴史的・政治的背景に着目する意義を鮮明にすることができた。日本で通級指導の提言をした嚆矢と言える辻村報告は、その教育的な効果に鑑みた実践に着目し、障害をもった当事者ら、通常教育を受ける子ども、教育実践者それぞれの個の状況を考慮しながら、通常の教育の在り方を問い直す視点を提供している点において、今後の日本のインクルーシブ教育の課題に対して重要な価値を示している。そのような意味から、今後は、特別支援教育という範囲だけではなく通常の教育の在り方そのものを政治的な視点から改めて問い直すことが求められるだろう。本稿には次の課題が残された。それは、臨教審に始まる官邸主導・政治主導の教育政策形成の影響（石井2023：27頁）が、昨今の日本のインクルーシブ教育をめぐる特別支援教育行政へどのように影響を及ぼしているのかということである。これについては、別稿を期したい。　　　（名古屋大学大学院・院生）

〈註〉
(1) 第1回（2022年6月14日）の冒頭では、小林特別支援教育課企画官より、この会議の焦点は通常の学級に在籍する障害のある児童生徒への支援であるため、通級指導がキーワードであると説明があった。文部科学省WEBサイト「通常の学級に在籍する障害のある児童生徒への支援の在り方に関する検討会議（第1回）議事録」（https://www.mext.go.jp/b_menu/shingi/chousa/shotou/181/giji_list/mext_00007.html）、（2024年2月7日最終閲覧）。
(2) 国立特別支援教育総合研究所WEBサイト「通級による指導に関する充実方策

について（審議のまとめ）」(https://www.nise.go.jp/blog/2000/05/b2_h040330_01.html)、(2024年2月7日最終閲覧)。
(3) 東京「54年度養護学校義務化」阻止共闘会議（1980）『どの子も地域の学校へ―養護学校の義務化はごめんだ―』柘植書房、55頁。
(4) 前掲(3)、360頁。臨教審の議事では、本論4.2で水上忠委員が東京都教育委員会での統合教育運動の対応の苦労を語り、東京都中学校校長の戸張敦雄委員が「一部の運動を推進する人たちの行動」が一番気にかかると発言していることから、実際に100人以上の大規模な抗議行動が起き、行動の行使を伴っていた東京の運動の主張を引用した。臨教審では、統合教育を「なるべく普通のクラスに入れてくれ」、分離はいけないと主張していると表現し、それ以上の検討はしていないことから運動が主張した本質よりも外形が捉えられていたと言える。
(5) 「特殊教育の総合的研究調査の実施について（昭和42年7月3日文部事務次官決裁）」、文部省初等中等教育局特殊教育課（1969）『特殊教育総合研究機関の設置について特殊教育の基本的な施策のあり方について』、18頁。
(6) その一方で、辻村は、この提言について、新たな統合主義の転換としての注目を集め、思わぬ誤解まで生じつつあると慎重な姿勢を示している（辻村1972：40頁）。辻村報告（1969）については、今日から見ると先見的な内容であり（渡部1996：503頁）、その先見性は統合教育を通常教育の改革運動の問題として理解していた点にある（岡2009：42頁）などの評価がある。
(7) 中央教育審議会「今後における学校教育の総合的な拡充整備のための基本的施策について（答申）」、教育事情研究所編（1981）『中央教育審議会答申総覧』ぎょうせい、208-290頁。
(8) 「初等、中等教育の改革に関する基本構想試案」、「中央教育審議会第25特別委員会配布資料・(昭44.11〜昭45.10)」平4文部01081100（国立公文書館蔵）。
(9) 前掲(8)の資料に所収。
(10) 文部省から中教審への同意見書は、1970年10月14日付である。その直後に、答申素案について、特殊教育に関する項目を独立させるという大きな変更が加えられている。その後、10月19日付で中教審第25特別委員会がまとめた「初等・中等教育の改革に関する基本構想試案」の修正案では、文部省の意見を反映させた形で修正が加えられ、10月26日の第25特別委員会の議事で承認された。「中央教育審議会第25特別委員会速記録（第42回）・(昭45.10)」平4文部00993100（国立公文書館蔵）。
(11) 第三次答申に向けた議論は、世間の臨教審への関心が薄れてきていたことの危惧により、世間の関心をひくためのテーマや多方面に利害が絡むために先送りにされていたテーマを検討することになり、秋季入学時期、教科書問題、幼保一元

化、統合教育の問題などが検討された（原田 1988：206-209 頁）。
⑿　「心身障害児教育⑷（袋）資料 1-10 件」、「臨時教育審議会（配布資料）（プロジェクトチーム）・幼児教育、心身障害児教育」昭 62 文部 20257100（国立公文書館蔵）。
⒀　「第三部会心身障害児教育プロジェクトチーム（第 4 回）」、前掲⑿の薄冊に所収。
⒁　「臨時教育審議会第 63 回会議（総会）」、「臨時教育審議会資料・総会速記録 9（第 62 回総会〜第 66 回総会）」昭 62 文部 20297100（国立公文書館蔵）。
⒂　「臨時教育審議会第 72 回会議（総会）」、「臨時教育審議会資料・総会速記録 10（第 67 回総会〜第 72 回総会）」昭 62 文部 20298100（国立公文書館蔵）。
⒃　「臨時教育審議会第 73 回会議（総会）」、「臨時教育審議会資料・総会速記録 11（第 73 回総会〜第 78 回総会）」昭 62 文部 20299100（国立公文書館蔵）。
⒄　「開催通知、議事次第、配布資料（袋）資料 1 〜15」、「臨時教育審議会第 73 回会議（総会）」昭 62 文部 20073100（国立公文書館蔵）。
⒅　これ以前の第 3 部会の議事では、「行き過ぎた統合教育」の記載に関して議論が交わされているが、第 73 回総会の時点では、この記載が消えている。
⒆　「臨時教育審議会第三部会（第 96 回）議事概要」、「第 3 部会議事録」昭 62 文部 20706100（国立公文書館蔵）。
⒇　「教育改革推進閣僚会議（第 5 回）（袋）資料 1 〜 7」、「臨時教育審議会最終答申・事前レク、答申報告関係」昭 62 文部 20413100（国立公文書館蔵）。
㉑　教育課程審議会（1987）「盲学校、聾学校、養護学校の教育課程の基準の改善について」、文部省初等中等教育局小学校課『教育課程審議会答申一覧』、277-287 頁。
㉒　文部省初等中等教育局特殊教育課（1990）『特殊教育資料（平成元年度）』、55 頁。
㉓　小中学校において、学校教育法施行規則第 140 条各号のいずれか（制度化当初は、言語障害、自閉症、情緒障害、弱視、難聴のみ）に該当する児童生徒に対し、特別の教育課程を編成し、児童生徒の障害に応じた特別の指導を小中学校の教育課程に加え、又はその一部に替えることができると規定された。

〈引用文献〉
荒川智（1992）「資料・統計でみる障害児教育の 10 年」、障害者問題研究、68、16-26 頁。
二見妙子（2012）「第 6 章　『共に生きる教育』の運動における条件整備論の陥穽―熊本の運動の分析から―」、堀正嗣編『共生の障害学―排除と隔離を超えて―』、明石書店。

浜えりか（2022a）「日本の通級指導のはじまりに関する歴史的検討」、Journal of Inclusive Education,11（0）、68-82頁。

浜えりか（2022b）「我が国の教育政策における『インクルーシブ教育』言説の解釈と変容—2009〜2012年におけるアクター間の相互作用に着目して—」、九州大学教育社会学研究集録、23、17-36頁。

原田三朗（1988）『臨教審と教育改革—その矛盾と挫折—』、三一書房。

堀正嗣（1994）『障害児教育のパラダイム転換—統合教育への理論研究—』、柘植書房。

市川昭午（1995）『臨教審以後の教育政策』、教育開発研究所。

石井拓児（2023）「新自由主義教育改革と民主主義の危機の諸相—官邸主導・政治主導改革の新段階と教育政策研究の課題」日本教育政策学会年報、30、27-43頁。

石山茂利夫（1986）『文部官僚の逆襲』、講談社。

加藤安雄（1978）「巡回指導」、辻村泰男他『障害児教育事例集』上、東京法令出版、311頁。

小国喜弘他（2019）『障害児の共生共育運動—養護学校義務化反対をめぐる教育思想—』、東京大学出版会。

越野和之（1997）「通級による指導」、茂木俊彦他編（1997）『障害児教育大事典』、旬報社、584-585頁。

教育政策研究会（1987）『臨教審総覧』〈上巻〉・〈下巻〉、第一法規出版。

茂木俊彦（1987）「Ⅰ−3 障害児教育」、浜林正夫編『総括批判「臨教審」』、学習の友社、93-104頁。

中曽根康弘（2000）『二十一世紀日本の国家戦略』、PHP研究所。

岡典子（2009）「障害児教育と分離・統合問題」、安藤隆男・中村満紀男編（2009）『特別支援教育を創造するための教育学』、明石書店、35-46頁。

辻村泰男（1972）『転形期の特殊教育』、日本文化科学社。

渡部昭男他（2012）『日本型インクルーシブ教育システムへの道—中教審報告のインパクト—』、三学出版。

渡部昭男（1996）『「特殊教育」行政の実証的研究—障害児の「特別な教育的ケアへの権利」—』、法政出版。

渡辺治（1988）「80年代の教育改革」、『労働法律旬報』、1189、38-54頁。

渡部蓊（2006）『臨時教育審議会—その提言と教育改革の展開—』、学術出版会。

山口薫（2008）『特別支援教育の展開—インクルージョンを目指す長い旅路—』、文教資料協会。

山下栄一（1988）「序章 われわれの問題意識」、山下栄一編（1988）『現代教育と発達幻想』明石書店、13-30頁。

Transformation of the Concept of "Resource Room" in Postwar Japanese Educational Administration
: the Ministry of Education, the Central Council on Education, and the Extraordinary Council on Education regarding integrated education before the 1990s

Erika HAMA, *Graduate Student, Nagoya University*

The purpose of this paper is to identify the policy transformation of the concept of Resource Room through an examination of the process of institutionalization of the Resource Room in 1993 in relation to integrated education. The general findings of the United Nations Committee on the Rights of Persons with Disabilities in its Concluding Observations report on Japan, released on September 9, 2022, noted with concern the persistence of segregated special education for children in Japan from the perspective of inclusive education, the fact that it makes education in the regular environment less accessible, and the presence of special-needs classes in regular schools. Japan currently has what can be called a Japanese-style inclusive education system, which is based on a special-needs education system and adopts a system to enhance "various places of learning with continuity," such as regular classes, Resource Rooms, special-needs classes, and special-needs schools. This means that for future discussions on inclusive education in Japan, it is essential to focus on the interpretation of the concept from the historical process of the Resource Room system.

This paper examines the following sources for the historical background of the Resource Room system. First, the Tsujimura Report (1969), which was the first to publicly mention Resource Room instruction; second, the 1971 report (46 Toshin) issued by the Central Council on

Education; and third, the Extraordinary Council on Education, which was established in 1984 at the request of Prime Minister Nakasone.

The results of the study revealed the following:

First, regarding the establishment of the system of Resource Room, the Ministry of Education, in response to the Tsujimura Report (1969), envisioned the prototype of the system in its 1971 report (46 Toshin). However, what actually promoted the establishment of the Resource Room system was the Extraordinary Council on Education's adoption of a curb on "excessive integrated education" and its recommendation for the enhancement of the Resource Room system.

Second, the arguments for Resource Room system regarding integrated education shifted from one year to the next. While the Tsujimura Report (1969) referred to the educational effects of integrated education rooted in educational values, the Extraordinary Council on Education shifted the issue to the expression of opinions on the integrated education movement that was actively being developed at the time. The Extraordinary Council on Education ultimately reached the conclusion that "excessive integrated education" should be politically suppressed. This means that the ambiguity of the concept of Resource Room, which could be taken as the direction of integrated education, was made to act as an explanatory keyword for the suppression of the integrated education movement. This conclusion indicates that the concept of Resource Room has been transformed into something quite different from what the Tsujimura Report once meant in the mid- to long-term, educational sense, namely, a political means to control the claims and actions of children with special needs regarding their educational placements.

This finding, which clearly demonstrates the significance of focusing on Japan's unique historical and political background, provides insight into the recently emerging issue of the differences between the concept of inclusive education as presented by international organizations and that of Japan's inclusive education system.

Key Words

Resource Room, the Extraordinary Council on Education, the Ministry of Education, integrated educational movement, Japanese Inclusive Education System

公立不登校特例校の設置過程における教育委員会の主導性

―住民との合意形成を中心に―

俵　龍太朗

1．はじめに

(1) 本研究の目的と問題の所在

　本研究の目的は、地域住民との合意形成の観点から、公立不登校特例校の設置過程を分析することを通して、公立不登校特例校設置に際して教育委員会に求められる主導性について考察することである。

　日本では保護者の就学義務や市町村等の学校設置義務などを前提として国民の（普通）教育を受ける権利を保障し、教育の機会均等が図られてきた。その一方で、文部科学省によれば、2022年度の義務教育段階の不登校児童生徒は約30万人となり、その数は2017年からの5年間で2倍となっている。教育機会の平等保障を第一義とする公立学校制度は、少子化のなかで急増する不登校児童生徒の存在によって、そのあり方が厳しく問われているといえよう。

　不登校児童生徒の教育機会保障において、近年注目されるのが不登校児童生徒を対象とする特別の教育課程を編成して教育を実施する学校（以下、不登校特例校[1]）である。不登校特例校は、第4期教育振興基本計画で言及されていることや全国に300校の設置を目指す方針が示されていることから、今後も高い関心が向けられると予想される[2]。こうした不登校特例校は、特例的な学校ではあるものの教育を受ける権利の保障において中核的役割を担

ってきたいわゆる一条校である[3]。例えば公立不登校特例校は、教育基本法第5条に基づき義務教育段階の学校においては授業料を徴収しないことから、保護者の経済的負担を理由に不登校児童生徒が入学を断念する可能性が低い。したがって、一条校との二重籍の問題を抱えるフリースクール等とは異なり、各自治体が（一条校である）公立不登校特例校を設置することで、保護者は公教育費とフリースクール等の月謝等の両方を負担（二重負担）することなく、不登校児童生徒をそれぞれの実態に配慮した教育課程を編成する学校に通わせることが可能となる。

　ただし、こうした可能性を有する不登校特例校は、2024年4月現在、全国でわずか35校（公立校21校、私立校14校）が設置されているだけであり、加えて公立校の定員は約20名から40名程度と少数にとどまる[4]。すなわち、国の方針のもと、各自治体が不登校特例校を設置し、その学校が効果的な取組を実施したとしても、その設置のみでは、全国で約30万人の不登校児童生徒の教育機会保障の問題解決に与える影響は極めて小さいと言わざるを得ない。したがって、今後、各自治体が不登校特例校を設置する際には、公立学校全体として不登校児童生徒を含むすべての児童生徒に対する教育機会保障に関する取組の中で、公立不登校特例校がどのように位置づけられ、意義づけられるのかが問われているといえよう。

(2) 先行研究の検討

　不登校特例校に関する先行研究には、政策動向やカリキュラム、不登校児童生徒に対する支援体制の構築に関するものがある。

　後藤[5]は不登校特例校における教育内容について、児童生徒の学習意欲や習熟度に応じた個別指導と社会性の育成を目指した体験的な学びを多く取り入れた学習が行われていることをその共通性として指摘した。そして不登校特例校の教育課程において、不登校児童生徒の実態に配慮することが唯一の基準となっていると指摘した。また、不登校児童生徒支援における不登校特例校の位置付けに関して、後藤[6]は、不登校特例校が各地方自治体の不登校児童生徒支援体制の「網の目」の一部を成していることを明らかにした。

そして不登校特例校を設置することのみでは不登校対策として不十分であり、複数機関の設置やその機能拡充、支援機関と不登校児童生徒をつなぐ体制構築の必要性を指摘した。

以上を踏まえれば、不登校特例校を単体で設置するのではなく、多様かつ複数の不登校児童生徒支援機関と連携することが重要であるといえる。ただし、後藤も指摘するように他の不登校児童生徒支援機関の数や種類は自治体により大きく異なり[7]、（一般の）公立学校以外に不登校児童生徒支援の連携をする機関が存在しない自治体があることも予想される。そのため自治体は（一般の）公立学校と公立不登校特例校の連携により、公立不登校特例校の取組やその成果を波及させる体制を構築することが重要だと考えられる。

また、本山[8]、和田[9]は不登校特例校の設置をめぐる動向と課題について考察している。これらの研究では不登校特例校の設置が加速している要因として、その整備と教育の充実に努めることが規定された普通教育機会確保法第10条を挙げた。その一方で、公立不登校特例校が十分な設置状況に至っていない理由として、用地確保や施設整備に係る負担の大きさがあることを指摘し、こうした課題への対応として廃校舎を活用した不登校特例校の設置に注目している。

このように廃校舎を活用した不登校特例校の設置は用地確保や施設整備に係る負担の大きさを解消する手立てとなるものの、廃校舎は、公費を投入して整備された公共施設であり、その活用については、地域の実情やニーズを踏まえた合意形成が求められる。なぜなら阿内[10]が指摘するように、学校統廃合の問題は局所的な地域の事情と密接に結びつくものであり、地域課題として論争的な問題だからである。また、こうした問題について若林[11]は学校統廃合をめぐる反対運動は統合自体よりむしろ住民の意見を蔑ろにした地方政治のあり方に対する抵抗に誘引される場合があると指摘する。

しかし、以上の不登校特例校、学校統廃合に関するいずれの研究も、不登校児童生徒支援における不登校特例校設置の位置付け、意義づけに関する地方自治体の認識や、不登校特例校を廃校舎の活用によって設置する際の地域住民等との合意形成過程を明らかにしていない。しかしながら今後、各教育

委員会は、全国で約30万人に上る不登校児童生徒の支援が大きな教育行政課題となる一方、少子化の中で新たな学校（不登校特例校）を設置する意義が問われることが予想される。その際教育委員会には、不登校児童生徒それぞれの実態に配慮した教育課程を編成する必要性から小規模校となる傾向のある不登校特例校をなぜ設置するのか、設置にあたり地域住民とどのようにして合意形成を図るのかが問われよう。したがって今後の研究においては、不登校特例校の設置を通じた不登校児童生徒の教育機会保障のあり方と、学校統廃合によって生じた廃校舎の活用に関する地域との合意形成において教育委員会に求められる主導性に関する考察が求められているといえよう。

(3) **研究方法・分析の枠組み**

そこで本研究では、X市立Y中学校を事例に、その設置をめぐる地域住民との合意形成におけるX市教育委員会の主導性の観点から、学校設置の要因とその過程で教育委員会がどのような認識に基づき主導性を発揮したのかを明らかにする。不登校特例校を設置するだけでは不登校児童生徒の教育機会保障の問題解決に与える影響が小さいと予想されるにもかかわらず、教育委員会が不登校特例校にどのような意義を見出し設置したのか、そしてその過程で地域住民とどのような合意形成が図られたのかを明らかにする。

X市立Y中学校は2021年4月に、廃校となった同市立A小学校の校舎を活用して設置された学校である。Y中学校の定員（在籍者）は40名程度であり、Y中学校の年間総授業時数は標準授業時数と比べ2割程度削減した770時間と設定されている。本校では"不登校を経験した生徒のありのままを受け入れ、個に応じたケアや学習環境の中で心身の安定を取り戻しつつ、新たな自分の可能性を見出す"というコンセプトが掲げられており、生徒の希望に合わせて自宅等におけるオンライン学習を基本とする学びも可能である。その取組の効果は8割近い授業の出席率に表れている。こうした取組に対する関心は高く、2023年度の学校入学説明会には各学年若干名の生徒募集に対し、X市内外から90組（計220名）の児童生徒とその保護者が参加した。Y中学校のように、廃校舎を活用した学校設置や不登校（児童）生徒

の実態に配慮した学習環境の整備については、現在の公立不登校特例校の中で典型的な事例であり、格好の研究対象であるといえる。

本研究ではまず、X市立Y中学校の設置の際に活用された旧A小学校校舎の統廃合をめぐる議論とその論点を明らかにする。その際、主に「X市立A小学校及びB小学校統合準備委員会」（以下、統合準備委員会）における両校の統廃合の経緯と審議事項を確認し、両校の統廃合の過程を明らかにする。次に、X市教育委員会が主導した旧A小学校校舎を教育施設として活用する方針決定の過程を明らかにする。そして、教育施設の活用の具体策として不登校特例校が選択された理由とそこでの論点を当時の教育長等に対するインタビュー調査[12]とX市議会会議録での答弁をもとに明らかにする。

2．X市における学校統廃合と旧A小学校校舎活用において教育委員会が発揮した主導性

(1) X市立A小学校の統廃合に至る議論とその論点

X市立Y中学校の設置には、学校統廃合により生じた旧A小学校校舎が活用された。そのA小学校と隣接校区のB小学校の統合は、X市教育委員会に対する「旧市内におけるX市立小学校及び中学校の通学区域のあり方について（答申）」及びX市教育委員会による「旧市内小中学校の適正規模化・適正配置の方針」の決定に基づくものであった。

両校の統廃合の実現に向けた協議は、「X市立A小学校及びX市立B小学校統合準備委員会」において実施された[13]。統合準備委員会は2012年1月から2016年5月の間に15回にわたり実施され、両校区の代表（自治会連合会会長・副会長、PTA会長・副会長、学校長、教頭）12名と教育委員会事務局によって構成された。統合準備委員会における学校統廃合の実現に向けた論点は、①統合の是非、②通学先（統合新設校設置先）、③跡地活用の3点である。

①統合の是非については教育委員会の方針を受け、第1回の統合準備委員会で両小学校の統合が決定した。一方、②通学先の決定、③跡地活用につい

ては合意に至らず、統合準備委員会は第11回（2013年6月）までの検討結果と両校区の意見を集約した「X市立A小学校及びB小学校統合準備委員会の検討結果について（報告）」を作成し、最終的な決定を教育委員会に委ねた（2013年9月）。合意に至らなかった理由としては、両校の施設環境に大差がないこと、積極的な自治会活動の実績に基づく地域と学校との深いつながりを理由に、両地域の代表がそれぞれの小学校を通学先として相応しいと主張したためである。そして統合準備委員会では、通学先が決まらない状況では具体的な跡地活用の検討は困難であるとしつつも、学校施設としての活用や地域コミュニティ、文化交流施設としての活用等の意見が挙げられた。その理由は、A小学校が古くから地域交流の場や防災拠点として機能しており、A小学校の廃校により地域が衰退することへの懸念であった[14]。また、A小学校が風俗営業等を規制する「抑止力」として機能しており、A小学校区の地域住民がA小学校廃校により営業規制が撤廃されることによる治安への懸念を指摘した[15]ことも学校施設としての跡地活用を要望した理由であった。

統合準備委員会による報告を踏まえ、X市教育委員会は「通学の安全確保（通学距離の総計）」を理由にB小学校校舎を活用した統合新設校の設置を決定した（2014年3月）。また教育委員会は、A小学校校舎活用の方針については今後の検討課題であるとして方針決定時点での明言を避けた。そこで、教育委員会により示された「A小学校跡地の活用に係る基本方針」等の分析から、旧A小学校校舎の活用に関する議論とその内容について明らかにする。

(2) 旧A小学校校舎の活用に係る議論とその内容

統合新設校の設置決定後の「第12回X市立A小学校及びX市立B小学校統合準備委員会（2015年11月）」では、旧A小学校校舎の活用についての検討が行われた。X市教育委員会は旧A小学校校舎の活用について、地域住民によるこれまでの学びを活かした様々なブースやプログラムを提供する体験型学習を行う教育施設としての活用と、長期的には校舎の建て替えも含めた小中一貫校の新設を提案した。教育委員会は体験型教育施設の着想につ

いて、地域住民から学校に対して今まで自身が学んできたことを還元したいという要望があったこと、こうした地域住民の学びを児童生徒に還元する場が児童生徒にとって有効であることを述べた。これに対しＡ小学校区の代表らは、市内中心部に位置づくＡ小学校区の活性化や風俗営業等を規制し、地域の治安を維持する学校の必要性を理由に教育委員会の提案に賛同した。

その後、2017年4月に「Ａ小学校跡地利用検討委員会」が発足した。Ｘ市教育委員会と自治会長をはじめとする約25名の地域住民が参加し、10月までの計5回の議論を行った。さらに、企業及び地元の大学とアイディアを出し合う意見交換会も開催された。こうした検討を踏まえＸ市教育委員会が活用の方針として示したものが、「地域の高い教育力や大学、企業、団体の社会貢献活動を生かした大人と子どもたちが響き合う、本市ならではの持続可能な体験型の教育施設[16]」としての活用であった。そして教育委員会はこの方針に基づき、旧Ａ小学校校舎の中期的活用の機能を①学び・体験の場、②支援の場、③絆の場の3点に整理し、この3機能に基づく試行実践を2018年4月から行っている[17]。具体的な試行実践としては、旧Ａ小学校校舎における就学前の日本語指導が必要な子どもに対する就学前日本語プレスクールの開設、小中学生を対象とした夜間の通級指導教室の実施、土曜児童クラブの増設であった。このようにＸ市教育委員会は、Ａ小学校跡地の具体的な活用の検討を進めると同時に、旧Ａ小学校校舎を中期的活用の3機能に基づく活動の場所として活用を進めたのである。

本章では、旧Ａ小学校校舎の統廃合をめぐる議論とその内容から、旧Ａ小学校校舎を教育施設として活用する方向性を明らかにした。上述の過程からは、教育委員会が最終的な統廃合の決定を下す際、両地域の代表者から意見聴取を行い、跡地活用の検討についても統合準備委員会やＡ小学校跡地利用検討委員会において示された意見を反映し、試行実践を積み重ねたことがうかがえる。公立学校である旧Ａ小学校は、地域住民の防災拠点や地域交流の拠点、風営法に基づく地域環境の維持としてもＡ小学校区の住民にとって重要な公共施設であった。そのため学校統廃合やその跡地の活用は、地域住民にとって地域づくりに関する重要なテーマとして関心の高い問題で

あり、それに対しX市教育委員会は、地域の意向を汲んだ合意形成とそれに基づく意思決定を下すという主導性を発揮したといえよう。

3．X市における旧A小学校校舎を活用した公立不登校特例校の設置において教育委員会に求められた主導性

(1) 旧A小学校校舎を活用した公立不登校特例校設置の着想

X市教育委員会は2018年度までに実施した旧A小学校校舎の中期的活用の3機能に基づく試行実践とその検証を踏まえ、旧A小学校校舎を「支援の場」として活用する方針を決定した（2019年6月）。旧A小学校校舎の中期的活用の機能を「支援の場」として焦点化する際に、X市教育委員会が重視したことがX市の抱える不登校児童生徒発生率の高さであった[18]。とりわけX市においては全国平均・県平均・他中核都市と比較した場合、中学生の不登校率が高いことが課題とされていた。こうした不登校の状況に対し教育委員会は、各学校に教育相談コーディネーター、全中学校区にスクールカウンセラーを配置する等の取組に加え、新たに不登校特例校の設置を不登校児童生徒の学びの「選択肢」のひとつとして位置付けた。

こうした不登校特例校設置の構想について、D元教育長はまさに「直感」であったとして、以下のように述べた（発言内の括弧は筆者による加筆。）。

「ほとんど直感だったけど、（全国都道府県教育長協議会）義務教育企画部の中でその（普通教育機会確保法）説明があって、これだなと思って。X市（に不登校）が多いとかそういうこともさることながら、それよりもやっぱりそうした体制に違和感を感じる子どもたちの才能や生き方が、この国を変えていく原動力になっていくんだろうなっていうことは思って。その場所はやっぱり社会との繋がりが持てる場所は必要だろう。義務教育のもう一つの大きな役割だなここはと、その時思ったね。」

以上のように、X市教育委員会による旧A小学校校舎を活用した不登校

特例校設置には、D元教育長の「直感」があった。この「直感」は、2017年2月に開催された全国都道府県教育長協議会で行われた文部科学省担当課長による普通教育機会確保法の説明が端緒となった[19]。そしてD元教育長の「直感」の背景には、X市の不登校児童生徒数の多さに加え、在籍校に通えない児童生徒の「更なる選択肢」としての意義を不登校特例校に見出していたことがある。つまり、D元教育長は公教育の「体制」に違和感を感じる（不登校の）子どもたちの才能や生き方を、社会を変革する原動力として肯定的に捉え、そうした子どもたちが不登校特例校を通じて社会と繋がりうるという認識を有していたのである。

　こうしたD元教育長の考えは、X市議会「令和元年第3回（6月）定例会（第2日目）」において表明された。答弁では、X市立Y中学校設置の経緯に加え、地域住民との協働による不登校特例校の取組の構想について以下のように発言している（以下、議事録の発言を抽出する際には適宜（中略）を用いて一部省略した形で記載する。）。

「まず1点目、教育委員会が不登校特例校の開校を目指すことになった経緯についてお答えいたします。教育機会確保法は（中略）いわゆる不登校特例校の設置に努めるよう述べております。（中略）不登校の子どもたちの中には突出した才能のある子もおり、地域の学校ではうまくいかなくても、他の多様な学びの場があれば自己実現の道が開ける子もいます。（中略）その中で、地域の教育力の高さを土台にし、地域、学生、企業、ボランティアのそれぞれの学びや活動が子どもたちと響き合う可能性を実感し、小さな社会を学校の中につくり触れ合っていく中で、社会性を身につけさせていくキャリア教育ができるものと考えました。」

　以上の答弁から、D元教育長は不登校特例校における児童生徒の様々な活動を通して自己実現の道を開き、「社会性」を身につけることができると考えていたことが分かる。そしてこうした考え方には、不登校児童生徒を「学校に通えない問題を抱えている子」と表層的に捉えるのではなく、「学校と

いう在り様に違和感をもち、不登校になる子の可能性に目を向けた時、この違和感こそが次の時代をつくる原動力」であるという不登校児童生徒に対する認識が看取されよう。

(2) 公立不登校特例校の設置における地域との合意形成とその論点

　X市教育委員会は、旧A小学校校舎の中期的活用の試行実践や、不登校児童生徒が社会との繋がりを持つことができる場所としての意義から地域住民との協働を前提とした公立不登校特例校の設置を構想している。一方で、教育委員会の要求に対し、A小学校区の地域住民は公立不登校特例校の設置と協働をどのように受け入れたのだろうか。そこで、教育委員会が地域住民に対しどのような説明・説得を通して、公立不登校特例校設置の合意形成に至ったのかを明らかにする。

　X市教育委員会は2019年6月に説明会を開き、地域住民に対し不登校特例校設置の方針を示した。説明会には地域住民が80名ほど参加し、1時間にわたり不登校特例校設置について質疑応答を行った[20]。教育委員会は旧A小学校校舎を活用して公立不登校特例校を設置する理由について、学校という仕組みに自分を合わせられず、学校に行きたくても行けない児童生徒に対し新たな学びの場の選択肢を準備する重要性を示し、また、旧A小学校校舎を活用することで迅速な開校が可能であるからとの説明を行っている。地域との連携にあたり、教育委員会は具体的にどのようなことを求めているのかという住民の質問に対しては、心理的に様々な問題を抱えているであろう児童生徒に対して、教員とは違った立場の大人として優しく接することを要望し、教員以外の大人が「あなたが大切なんだよ」とメッセージを出すことが非常に効果的であると説明した。そしてこうした役割をA小学校区の地域住民に要望する理由は、これまで実施してきた様々な取組から、地域の教育力の高さを評価するからであり、こうした地域の教育力の高さが、A小学校跡地に不登校特例校を設置するもう一つの理由でもあると教育委員会は説明している。

　一方、一部の住民からは、どのように不登校生徒に接したらいいのかとい

う意見も出た。こうした地域住民の戸惑いについてＸ市教育委員会は、これまで通り旧Ａ小学校を中心としたコミュニティを継続し、その中に不登校児童生徒が参加したときに優しく受け入れ、声かけをしてほしいと要望した。このように教育力の高いＡ小学校区の地域住民には不登校児童生徒に対する声かけ（受容的な対応）が求められており[21]、不登校児童生徒の社会性を身につける契機になると説明した。

　以上のように、Ｘ市教育委員会が行った説明会はＡ小学校区の地域住民が不登校に対する理解を深める機能を有していた。教育委員会は、地域と学校の結びつきの強さを基盤とする旧Ａ小学校校舎を活用した取組を評価し、そうした取組の継続を期待した。つまり教育委員会は、Ｘ市の教育行政課題である不登校児童生徒支援を充実させるために旧Ａ小学校区の地域の教育力を評価した上で、Ａ小学校跡地へのＹ中学校の設置を計画し、地域の理解と協力を得るという主導性を発揮したといえよう。

(3)　**公立不登校特例校の取組やその成果を他校へ波及することに対する期待**

　以上よりＸ市教育委員会は、教育力の高い地域住民と学校の協働による不登校児童生徒支援の取組を構想しており、Ｘ市立Ｙ中学校を不登校児童生徒支援の「更なる選択肢」として意義づけていた。

　また、「令和元年第５回（11月）定例会（第４日目）」のＤ元教育長の答弁からは、Ｙ中学校に対して新たな役割が期待されていることがうかがえる（以下、下線は筆者による加筆。）。

「地域の教育力の活用は、総合的な学習の時間において地域の方と一緒に野菜をつくったり、地域で職場体験をするなどコミュニケーション能力を高めることができる取り組みを進めていきたいと考えております。心身の安定を取り戻し、才能が開花できるきっかけを得て、新たな自分の可能性を見出し、それを生かした将来のプランを描くことができる学び・体験の場を目指してまいります。<u>将来、特例校の取り組みの成果が各学校でも生かされ、各学校に特例校的なカリキュラムが実践できる教室や分校的な発</u>

展への展開への波及効果も期待しております。」

　D元教育長の発言は、X市立Y中学校の取組が不登校児童生徒支援の「選択肢」にとどまるものではなく、不登校児童生徒支援のモデルとして他の学校のあり方を問い直す存在となることを期待したものである。こうした不登校特例校の位置付けの変化について、D元教育長は、不登校特例校の設置をめぐる議論の中で生じたX市内の公立中学校に通う生徒のいじめ自死の影響があったとする[22]。D元教育長はいじめ自死の問題を分析し、市内の生徒から直接話を聞く中で、内申点を取るために教員の求めることに従い、決して文句を言わないなど、児童生徒にストレスがかかっていた実態が明らかになったとしている。そして一斉授業や学級を単位とした日本の教育の効果は認めつつも、こうした教育に適応することが苦しい児童生徒の存在やその対応には限界があるとした。こうした問題意識からX市教育委員会は、「学校が子どもたちに合わせる」ことの重要性をコンセプトとする不登校特例校を設置し、その取組を他の公立学校に「波及する役割」をY中学校に付したといえよう。

　実際、X市教育委員会は、X市立Y中学校の取組の波及事例として、2023度よりY中学校でも整備している教室や保健室とは異なる「校内フリースペース」をX市内5つの中学校に整備した。また、生徒の希望に合わせて自宅等におけるオンライン学習を可能としているY中学校の実践を踏まえ、X市において2024年度からメタバースを活用したオンラインフリースペース事業が展開されている[23]。これらの取組は学校が生徒の状況に合わせることや、生徒が自分で学び方を選択できる余地を一般の学校内でも認める取組であるといえよう。すなわち不登校特例校が不登校児童生徒の学びの選択肢としての位置付けにとどまらない、公立学校教育のあり方に改革をもたらすものとして位置付けられているのである。

4．総合考察

(1) Y中学校の設置過程においてX市教育委員会が発揮した主導性

　X市立Y中学校の設置の構想は、学校統廃合と跡地活用の議論の中から生じたものであった。その際X市教育委員会は、地域住民の意向を聴取するべく、統合準備委員会等を主催することで、広く地域住民の意向を踏まえた政策決定を行ってきた。旧A小学校は、地域住民の防災拠点や地域交流の拠点、風営法に基づく地域環境の維持としても重要な役割を担っていた。そのため跡地の活用については、地域住民から再び学校を設置することが要望されたのである。こうした地域の意向を踏まえ、教育委員会は旧A小学校校舎の活用方法を「支援の場」としての機能をもつ教育施設に決定し、その「支援の場」を、増加傾向にあった不登校生徒を対象とする公立不登校特例校の設置として具体化した。そして公立不登校特例校の設置には、A小学校区の取組の実績や教育力の評価を踏まえ、X市の教育行政課題である不登校児童生徒支援の充実を図るためのパートナーとしての期待から、同小学校区の協力を引き出すといった主導性が発揮された。

　こうした不登校特例校の設置とその構想には、D元教育長の不登校に対する認識に基づく「直感」が指摘できる。この「直感」の背景には、普通教育機会確保法第10条に規定される不登校特例校設置の努力義務化があった。さらに不登校特例校設置の構想には、不登校児童生徒を「学校に通えない問題を抱えている子」と表層的に捉えるのではなく、「学校という在り様に違和感をもち、不登校になる子の可能性に目を向けた時、この違和感こそが次の時代をつくる原動力」であるという不登校児童生徒に対する認識があった。また、中学生のいじめ自死事件は、従来の学校教育に適応することに苦しむ生徒の存在やその対応を一般の学校だけで取組むことの限界を教育委員会が認識する機会となった。そして、「学校が子どもたちに合わせる」ことを重要なコンセプトとするY中学校を設置し、その取組を他の公立学校に波及させることが構想された。

(2) 今後の公立不登校特例校設置に対する示唆

　以上のようにＸ市立Ｙ中学校の事例から、公立不登校特例校の設置に際し、今後多くの教育委員会に対応が求められる問題として、①廃校舎や学校跡地利用、②不登校児童生徒支援の充実、の２つに応える必要があると指摘できる。

　１点目について、地域住民にとって学校統廃合やその跡地の活用は、地域づくりに関する重要なテーマとして関心の高い問題である。そのため廃校舎を利用した不登校特例校の設置には、地域住民の利害関係を反映した合意形成が求められよう。なぜなら自治体が保有する公立小中学校の校舎等は、多額の公費を投入して整備された施設であるとともに、地域住民の防災拠点や地域交流の拠点等としても重要な役割を持ちうるからである。また、廃校舎を活用した不登校特例校の設置は、学級規模の適正化のための学校統廃合や個性的な建築様式の校舎の新築といった「新しい学校づくり[24]」としての廃校舎活用とは異なる性格を有しており、特定地域（学区）の問題を超えた不登校児童生徒の教育機会保障という教育課題に応える視点が看取される。つまり、廃校舎を活用した不登校特例校の設置は、教育委員会が学校教育のあり方を再検討し、新たな教育実践・教育制度構想として位置付けることも可能である[25]。したがって学校統廃合とその跡地活用をめぐる議論においては特に、教育委員会が広く地域住民の意向を汲んだ合意形成とそれに基づく行政機関としての主導性の発揮が求められよう。

　２点目について、全国で300校を目安に今後も設置数が増加することが予想される不登校特例校は、児童生徒一人ひとりに手厚い指導を充実させることを考慮すると、１校あたりに受け入れる児童生徒数は20～40名程度であることが予想される。仮に、今後全国で300校の不登校特例校を設置した場合、１万2000人程度の支援を可能とするものの、約30万人の不登校児童生徒の存在を考慮すれば、不登校児童生徒支援における影響はわずかであろう。そこでＸ市教育委員会のように、各教育委員会は、公立不登校特例校の設置・取組を、公立学校全体の改善に資するものとして位置付け、意義づける必要があろう。換言すれば公立不登校特例校には、不登校児童生徒の存在が

示すように必ずしも全ての児童生徒に適切な教育を保障できていない公立学校制度に対し、特例校の取組を波及（本研究の事例では他の公立学校における「校内フリースペース」の整備など）させる役割が求められる[26]。

　本研究において着目したＸ市立Ｙ中学校の設置要因は、本校が置かれた特有の社会的・地理的条件を背景にした部分もある。しかし、少子化によって生じる廃校舎の活用と少子化の中での不登校児童生徒支援は、今日、多くの地方自治体が抱える課題であるといえよう。Ｙ中学校の設置要因やそこから明らかになった教育委員会の主導性は、今後の公立不登校特例校の設置を含む不登校児童生徒支援、ひいては公立学校全体のあり方をどのように改善し、（不登校）児童生徒の教育機会を保障するのかという普遍的な課題に対して重要な示唆を持つ事例であるといえよう。

　最後に本研究は、公立学校のあり方そのものの省察を促すものとして公立不登校特例校設置の意義を指摘し、その波及効果について言及したものの、Ｙ中学校のカリキュラム・マネジメントやＸ市における人事異動、特例校以外の教員に対する研修等については考察できていない。これらについては今後の研究課題としたい。

（広島大学大学院・院生）

〈註〉
(1)　本研究では、学びの多様化学校への改称（2023年）以前に設置された学校であるＸ市立Ｙ中学校を事例としたため、「不登校特例校」という呼称を用いる。
(2)　文部科学省は不登校特例校の設置促進に関する政策として、「誰一人取り残されない学びの保障に向けた不登校対策について（COCOLOプラン）」を出すとともに、2023年度予算に1億1000万円を計上するなどしている。
(3)　大桃敏行「日本型公教育の再検討の課題」大桃敏行・背戸博史編著『日本型公教育の再検討　自由、保障、責任から考える』岩波書店、2020年、1頁。
(4)　文部科学省「学びの多様化学校の設置に向けて【手引き】」（https://www.mext.go.jp/content/20240304-mxt_jidou02-000004552_b.pdf）（最終閲覧日2024/07/25）。
(5)　後藤武俊「オルタナティブな教育機関に関する政策動向とカリキュラム開発の現状―不登校児童生徒を対象とする教育課程特例校に注目して―」『琉球大学生

涯学習教育研究センター研究紀要』No.8、2014年、41-51頁。
(6) 後藤武俊「地方自治体における不登校児童生徒へのサポート体制の現状と課題：不登校児童生徒を対象とする教育課程特例校を設置する自治体を中心に」『東北大学大学院教育学研究科研究年報』第64集、2016年、157-180頁。
(7) 市区・町村ごとのフリースクール等の設置状況については以下に詳しい（本山敬祐「日本におけるフリースクール・教育支援センター（適応指導教室）の設置運営状況」『東北大学大学院教育学研究科研究年報』第60集、2011年、24頁。）。
(8) 本山敬祐「不登校特例校の現状と可能性」教育科学研究会編『教育』No.916、2022年5月、77-78頁。
(9) 和田希「不登校児童生徒支援の現状と課題―不登校特例校について―」『調査と情報-ISSUE BRIEF-』No.1224、2023年3月14日、9頁。
(10) 阿内春生「教育振興基本計画と学校統廃合計画の策定過程」『早稲田教育評論』第26巻第1号、2012年、92頁。
(11) 若林敬子著『学校統廃合の社会学的研究』御茶の水書房、1999年、451頁。
(12) X市立A小学校区自治会C会長、D元教育長、X市議会E議員、X市立Y中学校F校長に対し、Y中学校設置に関するインタビュー調査を2023年7月21日に実施した。また、同年12月26日にはX市立Y中学校G教頭に対し、Y中学校の教員人事等についてインタビュー調査を行った。場所はいずれもX市立Y中学校校内で調査時間は1時間半から2時間程度である。本調査は筆者の所属機関の倫理審査委員会による研究倫理審査を受けたものである。
(13) 以下、統合準備委員会に関する概要は、X市教育委員会「A小学校・B小学校統合に関する方針」の内容を整理した。
(14) X市教育委員会「A小学校・B小学校統合に関する方針」、4頁、X市A小学校及びB小学校統合準備委員会「X市立A小学校及びB小学校統合準備委員会の検討結果について（報告）」、8-9頁。
(15) 風俗営業等の規制及び業務の適正化等に関する法律第28条において、小学校等の敷地の周囲二百メートルの区域内での風俗店の営業が禁止されている。また、治安に対する懸念については、2023年7月に実施したインタビュー調査時のX市立A小学校区自治会C会長の発言やX市教育委員会「A小学校・B小学校統合に関する方針」、4頁にも言及されている。
(16) X市議会「平成30年第1回（3月）定例会（第4日目）」における教育長の答弁より引用。
(17) X市教育委員会「A小学校跡地の中期的活用に係る基本方針～「不登校特例校」の設置に向けて～」、10-11頁。
(18) 同上、13-19、23-25頁。

⒆　D元教育長へのインタビュー（2023年7月21日）による。
⒇　以下、地域住民に対する不登校特例校設置の説明内容は、X市教育委員会「A小学校跡地の中期的活用に関する説明会　記録メモ」に基づく。
㉑　これに先立ち、教育委員会が中学校時に不登校を経験した市内の高校生に対して実施したヒアリングの結果、不登校児童生徒が社会性を身につけるためには、地域住民との関わりが重要であることが明らかになっていた（X市教育委員会「A小学校跡地の中期的活用に関する説明会　記録メモ」、4頁。）。
㉒　D元教育長へのインタビュー（2023年7月21日）による。
㉓　X市議会「令和6年第1回（3月）定例会（第2日目）では、令和4、5年度の実証実験において約350名が参加し、児童生徒、保護者の双方から取組に対する期待が寄せられていることが明らかとなった。
㉔　丹間康人著『学習と協働―学校統廃合をめぐる住民・行政関係の過程―』東洋館出版社、2015年、78-88頁。
㉕　これについて山下は、現在の学校統廃合について、教育条件整備の観点から絶えざる批判的吟味が必要であるものの、学校教育を質的に向上させるための新たな教育制度・教育行政のあり方を探求することが重要な研究課題であると指摘している（山下晃一「市町村教育委員会における学校再編計画立案に関する予備的考察―X市の学校統廃合案を素材として―」『和歌山大学教育学部紀要　教育科学』第57集、2007年、1、8頁。）。
㉖　実際にこれまで設置された公立不登校特例校の事例を確認しても、その設置の意義に「他の公立学校への波及効果」を明確に位置付けた学校は管見のかぎり見当たらない。

【付記】本研究はJST科学技術イノベーション創出に向けた大学フェローシップ創設事業JPMJFS2129の支援を受けたものです。

The Initiative of the Board of Education in the Process of Establishing the Public Special Non-attending School
: Focusing on the Development of Consensus with the Local Residents

Ryutaro TAWARA, *Graduate Student, Hiroshima University*

The number of non-attending students has been increasing in recent years. Although special schools for non-attending students play a significant role, as their number is limited, they have little impact on solving the problem of guaranteeing educational opportunities for non-attending students. Therefore, using Y Junior High School in X-city as a case study, we clarify the factors that contributed to the establishment of the school and the perspective which led the Board of Education to take the initiative in the process from the viewpoint of its leadership in forming a consensus with the residents regarding the establishment of the school.

In X City, the integration of A Elementary School and B Elementary School was promoted, and opinions were raised regarding the use of the A Elementary School building as a school facility, as a local community, and as a cultural exchange facility. The reasons for this were that A Elementary School had long functioned as a place for community interaction and a center for disaster prevention and that the closure of A Elementary School would lead to concerns about public safety in the area. The Board of Education consulted with residents and carefully discussed the situation regarding the school and the use of the site. After consulting with the residents, the Board of Education decided to use the former A Elementary School building as a "place of support. Based on the above, when the Board of Education made the final decision on consolidation, it heard opinions from the consolidation preparatory committee of representatives from both communities and implemented a trial practice. In other words, the X-city Board of Education took the initiative in reaching a consensus based on the local community's intentions and in making a decision based on that consensus.

The X City Board of Education established a special non-attending schools based on the high rate of non-attendance in the area and the "idea" of the superintendent. In other words, the former Superintendent of Education, D had a positive view of children as a driving force for social change and recognized that such children could be connected to society through special non-attending schools. If the role of special non-attending schools, which is now expected to be expanded, remains "one of the options" for supporting non-attending students, their impact on solving the problem of supporting non-attending students will be extremely small. In other words, special non-attending schools are expected to play a role in spreading innovative and flexible measures as special non-attending schools to other public schools in response to the public school system that does not guarantee appropriate education to all students, as indicated by the existence of non-attending students. The Board of Education, as the establisher of the school, is required to position and give significance to the special non-attending schools as a means of promoting public school reform.

Key Words

Special non-attending schools, Support for non-attending students, School consolidation, Board of Education

米国シカゴの学校協議会にみる
生徒参加の影響力と課題
―校内警察官配置の存廃をめぐる意思決定の事例から―

古田　雄一

１．はじめに

　こども基本法施行も背景に、子どもの意見表明権の保障に向けた取り組みが目下の重要課題となっている。学校も例外ではなく、従来もっぱら教育活動の対象にとどまってきた子どもを（岩永2012）、意思決定過程への参加主体として位置づける新たな学校ガバナンスの在り方の考究が求められている。
　こうした中で、教育行政学などで数多く研究がある、諸外国の学校における生徒参加制度は、改めて注目に値する（例えば窪田1993、坪井1996、大津2012ほか）。これらは学校の意思決定に生徒代表が一定の権限をもって参加できる先駆的な制度として紹介されてきた。ただし、先行研究では当該国における生徒参加の理念や制度原理の解明等に主眼が置かれ、実際に生徒が学校の意思決定の場にどう位置づけられ、その影響力はいかなるものかといった内実は未だ十分に解明されていない。また、生徒参加制度が有効に機能するための条件の考究も課題として残されている[1]。
　生徒参加の影響力を問うことが重要なのは、子どもの意見表明権の保障が「大人の協力に依存」（Lundy 2007：929）し、たとえ生徒の参加機会が形式的には設けられていたとしても、容易に形骸化しうるためである。本稿で取り上げるような意思決定への生徒代表参加も、形だけの参加や操り参加（cf. Hart 1997=2000）に転化しうるとの指摘もある（Brasof 2015）。

他方で生徒の意見表明の回路は、学校協議会等の公式的意思決定の場への代表参加だけに必ずしも限定されるものでなく、様々な形で生徒の声を学校改善に活かす試みも数多くある（古田2021b）。生徒参加の影響力は、このように意思決定の場の外側で行われる取り組みや、その蓄積を通じて形成される学校の風土等によって規定されることも考えられよう。

以上を踏まえ本稿では、米国シカゴ学区（Chicago Public Schools）における学校協議会（Local School Council：LSC）を事例として、生徒参加の影響力の実態や課題、阻害／促進要因を明らかにする。LSCは30年以上続くシカゴ学区独自の取り組みで、校長・教職員・保護者・地域住民のほか、高校（ただし後述の通り2022年度からは対象を拡張）では生徒代表を構成員とし、当該学校の重要な意思決定を行う。生徒参加を学区全体で制度化しているため、学校間での実態比較が可能となることに加え、近年ではLSC以外にも生徒の声を尊重した学校運営が学区政策で推進されており、そうした取り組みとLSCとの関係を考察する上でも恰好の事例といえる。

具体的な分析対象とするのは、校内警察官（School Resource Officer：SRO）の存廃をめぐり2020年夏に各高校のLSCで一斉に行われた意思決定である。その理由は、第一に、SROをめぐっては生徒間でも廃止を求める運動が広がるなど、アフリカ系などマイノリティの生徒が多いシカゴ学区では生徒にとって当事者性や切実性が高く、生徒の経験や声が聴かれることが重要な意味を持つという点、第二に、各校で共通のテーマで議論が行われ、学区全体で結果が公開されるなど、横断的な比較検討に適している点である。分析には、学区教育委員会の資料、LSCの議事録や公開されている録画・録音データ[2]、その他関連文献・資料等を用いるほか、補足的に学区教育委員会関係者に実施したインタビューデータ[3]も参照する。4節の事例分析では、対象校の録画データから作成したトランスクリプトを分析に用いたほか、事例の選定等にあたり、他の学校の録画・録音データ等も適宜参照した。

なお本稿において生徒参加とは、学校協議会等の公式的意思決定の場への生徒代表参加に加え、それ以外の場での参加、さらには代表生徒以外の多様な回路を通じた参加も含めるものとする。

2．シカゴ学区の学校協議会（LSC）と生徒参加の取り組み

　シカゴ学区では1988年のシカゴ学校改革法（Chicago School Reform Act）を受け、翌年各学校にLSCが設置された。LSCは、学校改善計画の策定・点検、予算の承認、校長の評価・選任といった権限を付与されている。構成員は校長、教員2人、教員以外の職員1人、保護者6人、地域住民2人で、高校では生徒1人も加わってきた（2022年度より高校の生徒代表は3人に増員、中学生段階相当の7・8年生を有する学校でも生徒代表1人を新設）。当初生徒代表は票決権を持たない構成員であったが、生徒の運動もあり1992年から人事関連の事項を除き票決権が付与された（Kaba 2000）。生徒代表の任期は1年で、全校生徒の投票を経て選出される[4]。

　LSCは米国の生徒参加の先駆的事例として紹介されてきた（坪井1992、1996、照屋2014）。他方で初期LSCに関する研究では、生徒代表の多くは自分の意見が他の大人の構成員から尊重されていると感じながらも、意思決定に変化をもたらす影響力は多くの場合限定的であったことが浮き彫りにされている（Kaba 2000）。当時1人のみの生徒代表に殆ど関心が向けられていなかった実情は他の文献でも指摘が見られる（Goldman & Newman 1998）。

　一方シカゴ学区では近年、生徒への市民性教育の一環で、LSCへの生徒代表参加にとどまらない多面的な生徒参加を推進してきた（古田2023）。例えば生徒が自校の問題解決に取り組むプログラム（Student Voice Committee）が学区全体で展開されているほか、学校改善計画策定の際に参照される学校自己評価にも、生徒の意見や参加に関する内容が追加されるなど、生徒の声を尊重する学校風土の醸成も目指されている。学区の生徒参加推進の担当者も2019年のインタビューで、LSCでは生徒代表が（当時）1人のみで影響力も限られ、形だけの参加（tokenism）に陥りやすく、LSCへの代表参加だけでない多様な参加の回路の重要性を強調していた。

3．校内警察官（SRO）存廃の背景と LSC における決定の概況

⑴　SRO の概要と背景状況

　校内警察官（SRO）は「学校の安全と犯罪防止の責務を負う宣誓した法執行官」であり、逮捕や出動要請への対応など一般の警察官に近い権限を有する[5]。1980年代以降の校内暴力の凶悪化、さらには1994年の銃規制の法制化や同年に発生した高校生の銃乱射事件を契機に、安全管理の重視から警察官を常駐させる学校が急増した（藤平2021）。ただし SRO 配置が安全に繋がる確証はなく、むしろ学校全体の風土や生徒の心理面での悪影響も指摘されてきた（Kupchik 2010, Mbekeani-Wiley 2017）。加えて、特にアフリカ系アメリカ人をはじめマイノリティの生徒の逮捕率が著しく高いなど、人種差別や抑圧と密接に関わる問題を孕んできた（Advancement Project & Alliance for Educational Justice 2018, Whitaker et al. 2019）。

　シカゴ学区も地元警察と長年の連携があり、2009年時点では学区の全高校が SRO を最低2人配置しており、2019年時点でも SRO の設置は各学校の判断に委ねられていたが93校中72校が2人配置していた[6]。

　SRO の配置は以前から論争的であったが、2020年5月のジョージ・フロイド氏殺害事件を契機に全米で警察への批判が広がり、SRO の存廃に関心が集まる。シカゴでも高校生を含め若者主導の SRO 廃止運動もみられた。だが翌月、教育委員会は警察との提携継続を決めた。市長も教育長も SRO を一律廃止するのではなく各校のローカル・コントロールを尊重したい意向があり[7]、各校の LSC には同年7～8月に当該校の SRO 存廃を決めることが要請された。決定に先立ち、LSC には学校関係者や住民との対話集会（town hall）の開催が強く推奨され、その上で最終的に LSC 構成員の投票で決定することとされた[8]。生徒代表にも票決権が付与され、この点に関して学区教育委員会作成資料では「この問題において生徒の声は不可欠だ」と説明されている[9]。なお2020年の投票後も、SRO 配置校では、配置の継続に

ついて毎年LSCで投票し検討しており、配置校数は徐々に減少してきた[10]。

(2) SROをめぐる2020年の意思決定の状況と傾向

2020年夏の各校の検討結果を概観すると、全体としてはSRO維持が多く、LSCがない学校や構成員不足で機能していない学校を除く63校の結果は維持47校、廃止16校であった[11]。内訳をみると、先行研究（古田2021a）で示唆される生徒の経済的背景との関連性は窺えないが、人種との関連では、アフリカ系の生徒が多い学校ではSRO維持が殆どであった（図1）。関係当事者の決定に委ねたにもかかわらず、マイノリティが多い学校でSRO維持が多数を占めた背後には、LSC構成員が生徒の人種構成に比べて相対的に白人系が多い傾向があるという構造的問題[12]との関連性も推察される。

生徒代表（2020年当時は各校1人）の投票傾向は、議事録等で確認できた中では、SRO維持2校、廃止6校、欠席3校、欠員10校であった。生徒代表がSRO維持に投票した2校では、LSCの決定も維持となったが、生徒代表がSRO廃止に投票した6校中2校では、LSCは維持を決めている。生徒代表欠員が多いのは、夏季休暇中で任期の切れ目であったこと、コロナ禍の影響で代表選挙が未実施や延期の学校もあったことなどが関係している。

以上はごく限られた概観に過ぎないが、LSCの決定が必ずしも当該学校

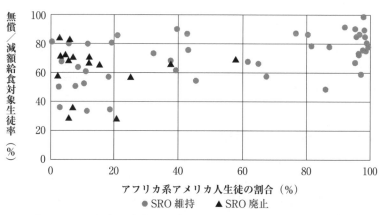

図1　SRO存廃の検討結果（2020年夏）の分布（筆者作成）[13]

の生徒の傾向や意見を反映していた学校ばかりではない可能性も示唆される。

4．SRO存廃検討における生徒参加と規定要因
　—2校の事例の比較から

　本節では、SRO存廃をめぐる議論の2校の事例を、生徒参加の影響やその規定要因に注目し比較検討する。事例とするのは、生徒代表は廃止に投票したがSROが維持されたA高校、生徒代表は不在（欠員）でSRO廃止を決めたB高校である。両校の概要は**表1**の通りである。B高校は前節でみた傾向に反して、アフリカ系生徒が比較的多い学校でSRO廃止を決めた少数事例で、生徒参加との関連性を含め注目に値する。一方A高校は、SRO維持という多数派の一例だが、白人系生徒も相対的に多く人種構成が多様である。

表1　事例校の概要[14]

		A高校	B高校
生徒数		2,208名	597名
生徒の人種構成	白人系	26.3%	8.2%
	アフリカ系	18.5%	37.5%
	ヒスパニック系	28.4%	40.7%
	アジア系	21.2%	10.4%
	その他	5.5%	3.1%
無償／減額給食対象生徒率		69.1%	66.3%
SRO投票結果		SRO維持	SRO廃止
生徒代表の状況		出席	欠員
生徒代表の投票		SRO廃止	ー

(1) A高校の検討過程と生徒参加

　A高校はシカゴ西部に位置する4年制公立マグネット・スクールである。設立当初はアフリカ系の生徒が過半数を占めていたが、その後生徒の人種構成は多様化した。現在では学区でも有数の進学校としても知られる。
　同校では、SRO存廃を決めるLSCの会議に先立ち、2回のLSC会議で存

廃について一般参加者からの意見が募られ、生徒・保護者・教職員・地域住民との対話集会も3回、計6時間以上実施された。

在校生・卒業生の意見はSRO廃止が大多数で、生徒へのアンケートでは93％が廃止に賛成、卒業生への意見募集に寄せられた声でも9割以上が廃止を望む内容であった。決議前日には緊急集会も開催され、複数の生徒が警官との苦痛な経験を語り、多くの生徒がSRO廃止を求めた。

存廃を決定するLSC当日は、まず一般参加者の発言機会が設けられ、その後LSC構成員が順に発言し、投票を行う流れで進められた（表２）。一般参加者の発言は挙手制で一人90秒以内とされ、タイマーも用い時間厳守とされた。発言した一般参加者の多くは在校生・卒業生で、また存廃の立場を明示した者の意見は全員SRO廃止であった。ある生徒(4)(10)は、自身は白人系であるが、「仲間のための発言」として、前日の緊急集会にほとんどのLSC構成員が現れなかったと指摘し、次のように問いかけた（傍点は筆者）。

> 昨日、あなたがたは私たちとともにいませんでした。あなたがたは私たちの声を聴いていません。（略）あなたがたは本当に私たちとともにあるのですか、それとも、ともにあるふりをしているのですか。

他にも、「私たちの声を聴いているというのなら、私たちの意見や感情には、私たちがSROについてどう感じているかについて正当性があるはずだ」(5)、「生徒の声をどうか聴いてほしい」(14)など、生徒からは自分たちの声に真剣に耳を傾けることを求める発言が相次ぎ、保護者(13)も「有色人種の生徒が、白人系が主である(15)LSCに対し聴いてほしいと嘆願しなければならないのを見るのは悲しい」と語った。

表２　A高校LSCでの参加者の発言（2020年8月）

一般参加者
(1)生徒 (2)卒業生 (3)卒業生 (4)生徒 (5)生徒 (6)卒業生 (7)卒業生 (8)卒業生 (9)生徒 (10)生徒 (11)元LSC構成員 (12)生徒 (13)保護者 (14)生徒 (15)生徒 (16)生徒 (17)生徒
LSC構成員
(18)校長 (19)教員 (20)教員 (21)職員 (22)生徒 (23)地域住民 (24)保護者 (25)保護者 (26)地域住民 (27)保護者 (28)保護者 (29)保護者 (30)保護者

LSC構成員の発言では時間制限は設けられず、最初に話した校長(18)の発言は11分近くに及んだ。校長は自身もアフリカ系の背景をもつことに触れ、生徒の意見を聴いているとも述べた。ただ、校長として最優先するのは全ての生徒の安全であるとし、過去の重大事案の際もSROと相談し停学にはなったが逮捕は避けるなど、A高校ではSROをめぐり大きな問題は生じてこなかったとしてSRO維持の立場を表明した。さらに生徒に「意見が合わないからといって怒ってはいけません。全ての人には意見や立場を持つ権利があります」と諭す場面もみられた。続く教員2名(19)(20)は、教員で投票を行った結果、意見がほぼ半々に割れたため、代表として維持と廃止に1票ずつ投じる旨を簡潔に述べた。一方生徒代表(22)は、全校生徒へのアンケートの結果や研究知見等をもとに、SRO廃止の立場を表明した。その後他の構成員からは、一連の検討過程が「分断した会話」に陥っているとの指摘(27)や、十分な支援のないまま重要な決定を各学校に委ねた学区教育委員会の問題への指摘(30)等もみられた。
　各構成員が意見を述べ終えた後、投票が行われ、維持8票・廃止5票でSRO維持が決定された。その後生徒発の署名運動が起きるなど結果は波紋を呼び、生徒会が「多くの生徒が自分たちの声が無視されたと感じ、権利剥奪と無力感の感情を抱いた」と、生徒の声が届かなかった問題を提起する声明を出すまでに至ったが、2023年度までA高校ではSROは維持されている。

(2)　B高校の検討過程と生徒参加

　B高校はシカゴ北部に位置する4年制公立高校である。市民性教育に精力的に取り組む学校として外部機関と州の認定を受け、学区が近年推進する生徒参加型予算のパイロット校として実践を行うなど生徒参加にも熱心である。
　同校でもSRO存廃を決めるLSCの会議に先立ち対話集会が行われたほか、前月のLSCでも議論がなされ、そこでも在校生・卒業生・教員・警備員・カウンセラー・スクールソーシャルワーカーなど多様な立場から発言があった。一方、生徒はLSCでの検討開始前から数か月にわたり、SROについて生徒間で学習や啓発を行い、廃止を求める活動を展開してきた。

存廃を決定する LSC 当日は A 高校同様、一般参加者の発言、構成員の発言と投票という流れで進められた（**表3**）。一般参加者の発言時間の制限はなく、挙手制で進められた。生徒では3名が発言し、いずれも反対の立場を表明した。生徒(2)は、自身も SRO の存在に恐怖を覚え、一部の生徒は自分よりも一層苦しい経験をしてきた旨を語るとともに、生徒有志で行われてきた活動にも言及した。そして、在籍生と卒業生の署名活動で SRO との経験に関する証言が数多く集まっているとし、3名の証言を読み上げ紹介した。

加えて目立ったのは、生徒の声を重視する大人の参加者の発言であった。例えば教員(3)は、SRO 廃止を求め精力的に動いてきた生徒たちの活動を共有し、生徒の声を聴く必要性を訴えた。また生徒の声の反映という観点で、LSC で（当時）生徒代表が1名のみであること、しかも B 高校を含め時期の問題で欠員の LSC も少なくない点の問題性も指摘した。別の教員(7)は、自身を含め教職員の過半数が白人系である中で、アフリカ系やヒスパニック系の生徒が経験する差別や抑圧に関わる決定を「私たちにはできない」とし、「彼らの声と経験を尊重する必要がある」と述べた。

表3　B高校LSCでの参加者の発言（2020年8月）

一般参加者 (1)保護者　(2)生徒　(3)教員　(4)卒業生　(5)部活動支援員　(6)教員　(7)教員 (8)スクールソーシャルワーカー　(9)教師　(10)生徒　(11)卒業生　(12)生徒
LSC 構成員 (13)保護者　(14)保護者　(15)教員　(16)地域住民　(17)地域住民　(18)校長

一般参加者の発言が(11)まで終わった後、進行役を務める校長が、「通例から逸しているかもしれないが」と断りを入れながら「生徒に（発言の）機会を与えたい。ここは彼らの学校だ、私のものではない」「生徒の声が優先だ」と述べ、生徒の発言を促した（その後生徒(12)が発言した）。

一般参加者の発言終了後、LSC 構成員の発言がなされた。ここでも生徒の声の重要性への言及が複数みられ(13)(17)、保護者の一人(13)は自身の考えが SRO 廃止に変わった旨を述べている。最後に発言した校長(18)は、SRO や警察については全米的に論争があること、LSC 参加の保護者2名の意見が割

れたことや教員間でも意見が分かれていることなどにも言及し、リーダーとして難しい立場にいることを語り、その場では自身の立場は表明しなかった。

　その後構成員の投票に移り、結果は維持2票・廃止4票であった。ただし規定の定足数に満たないため非公式投票（straw　poll）扱いとなり、投票結果を踏まえて校長が決定することとされ、最終的にSRO廃止が決まった。

(3)　両校の比較から―生徒参加の影響力の規定要因

　A・B両校の事例を比較すると、検討過程の様相や生徒参加の影響力の差異が浮かび上がる。A高校では、生徒代表はもとより一般生徒からもLSC内外で多くの声があげられたが、その声が決定に与えた影響は限定的と言わざるを得ない。他方B高校では、生徒代表不在という状況でありながら、一般参加の生徒やそれまでの活動で蓄積されてきた生徒の声が最大限尊重され、構成員の考えに影響を及ぼす場面もみられた。

　では、この逆説的とも思える帰結の違いはなぜ生まれたのか。考えられる要因を以下に挙げる。第一に、LSCの場における議論の構造である。A高校では、一般参加者の発言時間は厳格に制限されていた。生徒は「私たちに与えられた90秒という時間は、理解を得るには十分でなかった」とも述べている[16]。一方で直後の校長をはじめLSC構成員には長い発言もみられ[17]、一般参加生徒の再反論も困難であった。B高校ではこうした制約はなく、むしろ校長が生徒の発言を再度促す場面もみられたこととは対照的である。また時間制限が課されなかった結果、1人の生徒が他の生徒の証言を複数紹介するなど、より多くの生徒の声を議論の場に届けることが可能になっていた。

　第二に、LSC内外での校長や教員、その他大人の生徒の声に対する姿勢や関与の在り様である。例えばA高校では、存廃を決めるLSCの場で、校長は生徒の声を聴いていると強調したものの、生徒と立場や見解が異なることは述べられる一方、生徒の意見に対する直接的応答は殆どなかった。教員2名も既に投票意向を固めており、生徒の声を形式的には聴いたとしても、意向が変わる余地は残されていなかったに等しい。「（生徒と）ともにあるふりをしている」という生徒の言葉はこうした大人の姿勢を端的に象徴してい

る。

　また同校の事例では、LSC 構成員の多くが直前の緊急集会に不参加であった。このことは、緊急集会の位置を周縁化させるとともに、LSC の議論との接続を阻む一因にもなったと考えられる。逆に B 高校では生徒代表が不在であったが、一般参加の生徒に加え教員も、LSC の外で蓄積されてきた生徒の声や活動を LSC 内部に繋ぐ役割を果たしていた。校長も生徒の声の重要性を繰り返し強調するとともに、「通例から逸しているかもしれないが」と議論の構造を意図的に崩しながら、生徒の発言を積極的に促していた。

　第三に、ここまで述べてきた議論の場づくりや大人の姿勢や関与の違いは、従前から蓄積されてきた学校風土に起因する側面も推察される。A 高校では、校長が生徒の声の尊重や開かれた対話を学校運営の方針として掲げてきたが、2020 年にジョージ・フロイド氏殺害を機に高まった生徒の運動を抑え込むなど有名無実化していたとの批判もある。他方 B 高校は、先述の通り以前より生徒参加の様々な実践に取り組んできた学校でもある。そうした実践の蓄積により教職員の間に生徒の声を聴く必要性や意義について一定の理解が浸透し、それが上述のような教員の姿勢に繋がった可能性も考えられる[18]。

5．考察

　学校運営に関する種々の決定権を移譲された協議会の構成員に生徒代表が加わる LSC は、学校の意思決定への生徒参加において、米国でも画期的な試みである。本稿で取り上げた SRO 存廃決定の事例でも、生徒代表に票決権が与えられ、学区教育委員会も生徒の声を重視する姿勢を示すなど、生徒参加に向けた制度的・政策的環境は一定程度整えられていたようにも見える。ただ分析から見えてきたのは、必ずしも生徒参加が十分に機能した学校ばかりではなく、その影響力も学校間で大きく異なりうることであった。

　とりわけ重要な点は、LSC における生徒参加の影響力が、権力関係において優位に立つ大人の側に様々な形で左右されていたと考えられることである。この点で示唆的なのは、子どもの意見表明権をめぐる Lundy（2007）の

理論的考察である。彼女は、意見表明権が〈意見を表明する権利〉と〈その意見が正当に考慮される権利〉から成ることを踏まえ、それぞれの実質化における障壁や要因—例えば前者との関連では子どもが安心して自由に意見が表明できる環境、後者との関連では決定権を持つ大人が意見を聴き、意思決定で考慮され、適切に応答がなされる必要性等—を指摘した。これらに照らすと、A高校でみられた一般参加者の発言への制約、生徒の意見に対する応答の不十分性、意見の反映可能性の乏しさは、意見表明の実質化の条件において課題を含む。他方、生徒代表不在という生徒の意見が周縁化されやすい状況下で、生徒の声を価値づけ、一般生徒が発言しやすいよう校長自ら促し、教員もそれまで蓄積されてきた生徒の声を後押ししたB高校のように、大人の姿勢や関与次第では生徒参加の影響力が高まる可能性もある。ここには、阻害要因のみならず促進要因としての大人の姿勢や関与の在り様をも見出せる。

　一方、学区が近年推し進める多様な生徒参加の取り組みは、LSCでの生徒参加とどう結びつき、影響力を補完しうるのか。これは二つの側面から考えられる。第一に、B高校の事例から窺えるように、生徒参加を尊重する学校風土が醸成されることで、LSCでの大人の姿勢や関わりにも影響を及ぼし、間接的に生徒参加の影響力を補完しうると考えられる。一方第二に、LSC外部での参加で蓄積された生徒の意見がLSC内部で考慮／反映されるという、より直接的な意思決定への影響は条件付きといえる。A・B両校ともに生徒代表が1人または不在の中、LSCへの一般参加や対話集会に加え、A高校ではアンケートや緊急集会、B高校では生徒の継続的な運動など自発的な取り組みが参加に厚みを持たせていた。ただし両校の帰結の差異が示唆するように、そうした参加を意思決定の場にいかに接続できるか、いかにLSCの構成員や参加者が外部の声を議論の俎上に載せるかが鍵を握る。これは、LSCという公式的意思決定の場の内部と外部の権力関係の問題としても捉えられる。

　なお今回の事例では、SRO存続か廃止という二択で決定が迫られ、かつ重要で論争的な内容にも拘わらず短期間で結論を出すよう要請されるなど、

LSCの議論自体が、学区教育委員会のアジェンダ設定や決定手続きによる影響を少なからず受けていた点にも留意を要する。A高校でも、こうした構造的制約が対話的・応答的関係の構築を困難にさせていた側面もあろう。また本稿では十分に検討できなかったが、A高校の学校規模がB高校より大きいことも、意思決定の困難性や生徒参加の影響力の遠因となっていた可能性も考えられる[19]。このように生徒参加の在り様は、公式的意思決定の場における子ども―大人や生徒―教師の権力関係、そうした場の外部での非制度的参加との関係、それらを取り巻く学校風土や学校の環境条件、制度的・政策的要因との関係など、重層的な関係構造のもとに置かれているといえる。

6．まとめにかえて

　学校の意思決定の場に生徒代表を加える制度は、生徒を含めた共同的な意思決定への重要な試みである。だが生徒の声は構造的に周縁化されやすい。その影響力は日常的な関係性や風土も含め、関係当事者の間で生徒の声や参加がどれだけ価値づけられているか、議論の場や参加の機会がどう作られているか、生徒の意見を大人がどれだけ考慮し応答、支援しようとするかといった様々な要因に規定されることが、本稿の分析からは浮き彫りになった。

　これまで日本の生徒参加研究では、主に諸外国の制度や国内の学校協議会等の形式に焦点を当て、例えば生徒参加の会議体の位置づけや意思決定過程、生徒（代表）への決定権の付与、生徒が関与できる範囲など様々な視点から生徒参加を組み込んだ学校の意思決定の在り方について研究がなされてきた。ただ本稿を通じて明らかになったのは、そうした制度や形式を整えるだけでは生徒参加が必ずしも十分に機能するとは限らず、生徒に無力感を与える帰結さえ生じうるということであった。そのため、生徒参加の制度や実践の多様な帰結や、実効性を高めるうえでの条件を実証的に解明する研究の蓄積が今後一層求められる。その際、公式的意思決定の場のみならず、その外側に広がる参加や関係性も含めた多面的な力学を視野に入れた分析が肝要である。

　また本研究でみた生徒参加の規定要因の多くは大人の側に依存するもので

ある。子どもの意見表明権を、子どもの意見表明の自由の承認のみならず、権利行使に必要な環境条件の保障や意見への応答といった大人の責任の面から一層考究する必要性も、改めて示唆される（Lundy 2007, 大西 2019）[20]。

最後に本研究の限界と課題を挙げておきたい。まず今回取り上げた事例は、生徒の意見が比較的一致した事例であった。生徒の声が分かれる学校や生徒内でも論争性が高い事例の場合、異なる帰結や課題も考えられ、より複雑な排除／包摂の関係も生じうるが、こうした点まで検討はできなかった。また研究方法に起因する限界として、データの制約上、主としてSRO存廃決定当日の議論に焦点を絞った分析となり、そこに至る過程までは詳細に分析できなかった点や、事例選定においても、生徒（代表）がSRO維持を支持した事例を扱えなかった点も挙げられる。なお、2022年以降の生徒代表増員に伴い、LSCをめぐる力学や生徒参加の影響力に変化が生まれている可能性も考えられる。その検証もあわせて今後の課題としたい。

（筑波大学）

〈註〉

(1) 本稿で取り上げるシカゴ学校協議会に関しても、保護者や地域住民の参加、構成員の討議や相互作用等の在り様については、山下（2002）など詳細な研究があるが、生徒（代表）参加は制度の紹介にとどまる。なお、日本の高校の学校協議会における生徒参加については平田（2007）が、学校協議会が関係当事者に与える効果を詳細に分析しており、学校協議会が実際にどう機能しているかという内実に迫る点で本稿の関心とも重なるが、主に生徒のエンパワメントの視点での研究であり、生徒の声がどう位置づき影響力を持ち得るかの検討は十分でない。

(2) 2020年以降コロナ禍でLSCの会議がオンライン化され録画・録音が容易になったこともあり、透明性を高めるため、一部学校では自校のウェブページに録画・録音データがアップロードされ公開されている。分析対象のデータはいずれも2024年3月4日に最終確認をしている。

(3) 学区教育委員会で後述するStudent Voice Committeeの推進を当時担当していたCristina Salgado氏に、2019年3月7日に実施。

(4) ただし全校生徒の投票は拘束力のない諮問投票（non-binding advisory poll）であり、この結果を考慮して最終的には教育委員会が任命する（Chicago Public

Schools "Local School Council Election Guide - 2020 Election" p.14, 29)。
⑸　U.S. Department of Justice "Supporting Safe Schools" https://cops.usdoj.gov/supportingsafeschools/（最終アクセス：2024年3月4日）
⑹　2019年8月教育委員会での学区教委事務局安全・保安室長の報告資料 "Chicago Public Schools School Safety Update CPD School Resource Officers (SROs)" p.15。
⑺　"CPS Board Rejects Motion to Terminate Contract With Police Department"（WTTW）https://news.wttw.com/2020/06/24/cps-board-rejects-motion-terminate-contract-police-department/（最終アクセス：2024年3月4日）
⑻　Chicago Public Schools "School Resource Officer Local Council Toolkit (Summer 2020)", p.4.
⑼　*ibid.*, p.8.
⑽　なお2024年2月22日、SROを学区全体で廃止し新たな学校安全政策を6月27日までに打ち出す方針が学区教育委員会で決議された。
⑾　次のシカゴ学区公表の結果一覧をもとに筆者集計。Chicago Public Schools "School Resource Officer Program Information" https://www.cps.edu/about/local-school-councils/school-resource-officer-program-information/（最終アクセス：2024年3月4日）
⑿　現在のLSC構成員の学区全体の正確な人種構成比は不明だが、この問題は早くから指摘があり、Moore（2002）では、学区の白人系生徒が当時11％であったのに対しLSCの保護者・地域住民代表の40％が白人系であったことが示されている（山下（2002）も同様の調査に言及している）。2014年の次の記事でもLSC構成員の白人系の割合が相対的に多い旨の指摘がみられる。"Chicago's Local School Councils 'Experiment' Endures 25 Years of Change"（Education Week）https://www.edweek.org/leadership/chicagos-local-school-councils-experiment-endures-25-years-of-change/2014/10/（最終アクセス：2024年3月4日）
⒀　米国では家庭の経済状況に応じて給食が無償または減額で提供される。各校の同対象生徒率およびアフリカ系生徒の割合は、2020年度の学区統計による。
⒁　生徒数、人種構成、無償／減額給食対象率は、2020年度の学区統計による。
⒂　ただしA高校のLSCの人種構成については、白人系が5名いるが、残り8名は有色人種である旨、議長から補足訂正がなされた。
⒃　A高校でのSRO維持決定後の署名に書かれた趣旨文の一節より。
⒄　例えば、⒅校長：10分52秒、㉑職員：7分41秒、㉓地域住民：7分42秒、㉗保護者：6分19秒など。
⒅　様々な条件の違いもあり学校間で一概に単純比較はできないが、学区全体で毎

年実施されている学校風土調査での生徒調査の結果において、生徒の声に関するＢ高校の数値は学区の中でもきわめて高い。
⒆　生徒代表の投票内容が確認できた8校（3節参照）のうち、生徒代表の投票とLSCの決定結果が一致した6校（SRO維持2校、廃止4校）の学校規模は比較的多様であったが、生徒代表がLSC廃止に投じるもLSCは維持を決めた2校は、Ａ高校以外の1校も生徒数1,964名（2020年度）と学校規模はやや大きい。
⒇　この点は理論的には、子どもの権利（意見表明権）の要諦を大人との応答的関係に見出す関係的権利論（世取山2003、大江2004ほか）の視角にも通ずる。大西（2019）はLundyの議論等も参照し、大人の応答の責務の内実についてさらに掘り下げた考察を展開している。本稿では研究の射程や紙幅の関係でできなかったが、こうした理論的・規範的考察との接続も今後の課題としたい。

〈引用文献〉
・Advancement Project & Alliance for Educational Justice（2018）*We Came to Learn: A Call to Action for Police-Free Schools*, The Advancement Project.
・Brasof, M.（2015）*Student Voice and School Governance: Distributing Leadership to Youth and Adults*, Routledge.
・藤平敦（2021）「スクールポリス（School Police）」アメリカ教育学会編『現代アメリカ教育ハンドブック　第2版』198頁。
・古田雄一（2021a）『現代アメリカ貧困地域の市民性教育改革―教室・学校・地域の連関の創造』東信堂。
・古田雄一（2021b）「教育経営における「生徒の声」の意義と課題―近年の国際的動向の検討と考察をもとに―」『日本教育経営学会紀要』第63号、19-34頁。
・古田雄一（2023）「第2章　アメリカ」荒井文昭ほか『世界に学ぶ主権者教育の最前線―生徒参加が拓く民主主義の学び』学事出版、45-74頁。
・Goldman, G. & Newman, J. B.（1998）*Empowering Students to Transform Schools*, Corwin Press.
・Hart, R. A.（1997）*Children's Participation: The Theory and Practice of Involving Young Citizens in Community Development and Environmental Care*, Earthscan Publications.（＝木下勇・田中治彦・南博文監修、IPA日本支部訳（2000）『子どもの参画―コミュニティ作りと身近な環境ケアへの参画のための理論と実際』萌文社）
・平田淳（2007）『「学校協議会」の教育効果に関する研究―「開かれた学校づくり」のエスノグラフィー』東信堂。
・岩永定（2012）「学校と家庭・地域の連携における子どもの位置」『日本教育経営

学会紀要』第 54 号、13-22 頁。
・Kaba, M.（2000）"'They Listen to Me...but They Don't Act on It': Contradictory Consciousness and Student Participation in Decision-Making", *The High School Journal*, Vol.84, No.2, pp.21-34.
・窪田眞二（1993）「イギリスの学校理事会への生徒参加」『季刊教育法』第 92 号、84-91 頁。
・Kupchik, A.（2010）*Homeroom Security: School Discipline in an Age of Fear*, New York University Press.
・Lundy, L.（2007）"'Voice' is not enough: conceptualising Article 12 of the United Nations Convention on the Rights of the Child", *British Educational Research Journal*, Vol.33, No.6, pp.927-942.
・Mbekeani-Wiley, M.（2017）*Handcuffs in Hallways: The State of Policing in Chicago Public Schools*, The Sargent Shriver National Center on Poverty Law.
・Moore, R.（2002）*Chicago's Local School Councils: What Research Says*, Designs for Change.
・大江洋（2004）『関係的権利論──子どもの権利から権利の再構成へ』勁草書房。
・大西健司（2019）「子どもの意見表明権と大人の応答義務」『津田塾大学紀要』第 51 号、223-250 頁。
・大津尚志（2012）「フランスにおける生徒・父母参加の制度と実態──市民性教育にも焦点をあてて」『武庫川女子大学大学院教育学研究論集』第 7 号、21-26 頁。
・照屋翔大（2014）「学校づくりへの子ども参加に関する一考察──ネットワーク・ガバナンスの観点から──」『東邦学誌』第 43 巻第 1 号、107-120 頁。
・坪井由実（1992）「米国における教育政策決定過程への生徒参加──その法制と理論──」『季刊教育法』第 88 号、119-124 頁。
・坪井由実（1996）「アメリカ」喜多明人ほか編『子どもの参加の権利──〈市民としての子ども〉と権利条約』三省堂、262-277 頁。
・Whitaker, A., Torres-Guillén, S., Morton, M., Jordan, H., Coyle, S., Mann, A. & Sunn, W.（2019）*Cops and No Counselors*, The American Civil Liberties Union.
・山下晃一（2002）『学校評議会制度における政策決定──現代アメリカ教育改革・シカゴの試み』多賀出版。
・世取山洋介（2003）「子どもの意見表明権の Vygotsky 心理学に基づく存在的正当化とその法的含意」『法政理論』第 36 巻第 1 号、123-177 頁。

【付記】本稿は、JSPS 科研費（課題番号 22K13644）の研究成果の一部である。

The Influence and Challenges of Student Participation in the Local School Councils in Chicago Public Schools in the U.S.
: A Case Study of the Decision-Making Regarding School Resource Officers

Yuichi FURUTA, *University of Tsukuba*

It has become important to consider the way of school governance that repositions students as active participants in the decision-making process. While previous studies on student participation in foreign countries have explored the philosophies, principles and systems, we need further investigation on how students are actually positioned in the governing process, how much their participation has an impact on the decision-making, and what kind of conditions are necessary for the effective functioning of student participation.

This paper uses the case of Local School Councils (LSCs) of Chicago Public Schools in the United States to identify the realities and challenges of student participation, as well as possible determinants of students' influence on decision-making. Each LSC consists of the principal, faculty, staff, parents, community members, and in high schools, a student representative. As a specific example of the analysis, the study focuses on the decision-making at LSCs on whether to keep or remove the School Resource Officers (SROs) in their schools.

Specifically, the cases of two high schools were compared. In High School A, the student representative and most of the students wanted to abolish the SRO, but the LSC decided to keep the SROs. In High School B, although the position of student representative was vacant, the LSC tried to respect students' voices as much as possible and decided to remove the

The Influence and Challenges of Student Participation in the Local School Councils in Chicago Public Schools in the U.S.

SROs. There are a couple of different possible reasons that account for this difference: first, how discussions in the LSCs are structured and controlled by adults, second, the attitude and involvement of the principal, teachers, and other adults to support and react to the student voice, and third, the school climate that had been accumulating for a long time.

These imply that the influence of student participation is highly dependent on adults, who have more power than students in their power relationships. How adults create atmosphere and environments, how they encourage students' voices during discussions, and how they respond to students' opinions all affect how much students can have an impact on the decision-making process. In addition, daily interaction and relationships between students and adults, as well as school culture and climate may also influence the effects of students' participation. Therefore, simply inviting students to participate in school decision-making may not guarantee their voices being fully respected and taken into account. More research is needed to empirically elucidate the various possible consequences of student participation systems and practices, and the conditions for enhancing their effectiveness.

Key Words

student participation, Local School Council (LSC), School Resource Officers (SROs), The United States

公立学校教員の懲戒処分に関する厳罰化傾向の検証

―59自治体の処分件数と処分量定の変化に着目して―

村上　慧

1．はじめに

　本稿の目的は、公立学校教員に対する懲戒処分について、処分件数と処分量定に着目し各自治体の運用実態を明らかにすることにある。

　教員に対する懲戒処分は、近年、中央行政による統制が強まっている。一例として、各教員の在校等時間について校長等が虚偽の記録を残させた場合は懲戒処分となり得ることが文部科学省によって明文化されたほか[1]、2018年のいじめ防止対策推進法改正のための「たたき台」では、いじめを放置した教員を処分対象とする記述が盛り込まれていた。そして2022年には、児童・生徒等に性暴力を行った教員を原則懲戒免職とすべきとする指針を文部科学省が策定した[2]。しかし、地方公務員である公立学校教員の懲戒権は各自治体（都道府県及び政令指定都市）が有するのであり、その裁量は本来広範である（宮﨑2021：62）。そうであるにもかかわらず、中央行政が懲戒処分となる行為内容・量定に関して具体的な言及・要請を行うことは、地方教育行政への過度な「介入」であると同時に、教育行政管理の対象となる環境が一様でないことが前提にはされつつも、実際には地域や空間を均質で普遍的なものと想定している実態（本多・川上2022：3）が表れていると言える。

　公務員は、①法令に違反した場合、②職務上の義務に違反し又は職務を怠った場合、③全体の奉仕者たるにふさわしくない非行のあった場合のいずれ

かにおいて懲戒処分の対象となることが、国家公務員法第82条及び地方公務員法第29条で定められている。しかし、特に②・③は非常に曖昧であり、いかなる行為を懲戒処分の対象とする／しないのか、あるいはその処分の量定をどの程度とするのかは懲戒権を有する各教育委員会に委ねられている。

前述した2つの法律では、公務員の懲戒処分は公正でなければならないことも定められているものの、そのための基準は長らく存在しなかった。多くの自治体はこの間、過去の事例と他自治体の事例を参考にし[3]、両者を組み合わせることで処分の量定（種類）・程度の妥当性を担保してきた（中村 1990：29）。しかし、1990年代に続発した国家公務員の不祥事を背景に、2000年に国家公務員倫理法が施行され、懲戒権者（各省庁）が処分量定を判断するための指針として、「懲戒処分の指針」を人事院が作成・発出した[4]。これに追随する形で各自治体・教育委員会も独自の処分基準を作成したが、その際、多くの自治体において人事院の指針が参考とされた（小川 2010：104）。しかし、教員の不祥事に関する頻繁な報道から、厳正な処分を求める世論が高まっている昨今では各自治体は厳罰化を進めており（山田 2023：24）、処分基準は頻繁に改定されている（宮﨑 2021：68）。

こうした動向の中で、処分基準は各自治体の差異が拡大しつつある。山田（2023）は、特に2つの点からこの傾向を指摘している。1つは、同一自治体の中で、一般行政職者（首長部局職員）に対するものと比して教員にはより厳しい処分基準が設定されているか否かであり、約半数の自治体が違いを設けている。もう1点は、これらの自治体について、いかなる事由において基準の差異が見られるかである。教員により厳しい基準が設定されている自治体は、「飲酒運転」が13.5％、「性犯罪・性暴力」が48.6％であるなど、事由によって大きな開きが存在する。処分の「公正さ」を確保するべく各自治体（教育委員会）は基準を作成・修正してきた。これによって、各自治体内だけを見れば以前より一定の透明性が確保され、平等原則が保障されたかもしれない。しかし、自治体間の「公正さ」という意味では、かえってその差異が明瞭になってしまう事態に陥ったと言えないだろうか。

このように、教員の懲戒処分に関して、その基準に自治体間の差異がある

ことは、これまで十分とは言えないながらも明らかにされてきた。その一方で、次節で見るように、その運用実態に着目した研究は行われてこなかった。また、改定が繰り返される中で処分基準が多様になりつつあるという点を踏まえると、運用実態の分析においても、経年変化を考慮した検討が重要と言えるだろう。そのため本稿は、公立学校教員の懲戒処分に関して、処分量定と処分件数という観点から各自治体における運用実態の変化の分析を試みる。

2．先行研究

　地方公務員の懲戒処分に関して、自治体間の差異に着目して検討した例として、米岡・石田（2020）が挙げられる。職員の給与水準が低下した自治体では、職務上の義務違反を理由とする懲戒処分件数が増加したことを指摘し、地方公務員には効率賃金仮説が成立することを明らかにした。一方で、後述する通り、懲戒処分の検討にあたっては、一定の長さを持った分析期間の設定が不可欠である。しかし同稿は、東日本大震災に伴う給与政策の変更を事例に検討したため、2012～2013年度を分析対象としており、この期間をもって給与水準低下と懲戒処分発生の関係を結論付けるのは拙速と考える。また、米岡・石田は一般行政職者の地方公務員を分析対象とした。山田・坂田（2012）が指摘しているように、懲戒処分の検討にあたって、公立学校教員を対象とし体系的に論じた研究はほとんど見られない。ごく少数のこうした研究も、地方公務員一般に内包される形で行われてきたのである。

　山田・坂田は、一般行政職者よりも厳格な処分基準が教員に適用される要因を、裁判法理の抽出を通して検討した。職種間の差異の背景として、児童・生徒と直接ふれ合い、教育・指導する立場にあるという教員の「特殊性」を見出したのである。ただし、ここではあくまでも「一般行政職者」と「教員」という二項図式から職種間の差異を検討したため、自治体間の差異は捨象されているほか、懲戒処分の量的実態に迫ることは関心外であった。

　山田・坂田のように、教員の懲戒処分に関する研究の多くは判例研究が中心であり、この傾向はかつて岡村ほか（1988）が言及した頃から大きく変化

していない。岡村ほかによれば、教員の懲戒処分は、その後の訴訟などを含めた一連の過程を通して、教育行政のあり方に大きく関係する。よって同稿では、公教育における国家的支配の構造を検討するため、懲戒処分と裁判の連関に着目し、それに付随する法制整備を追跡した。しかし、懲戒処分は懲戒権を持つ各自治体の教育委員会によって運用されるが、この点への言及がほとんど見られない。つまり、各自治体が下した懲戒処分と政府の教育政策という、主体のスケールが大きく異なる事柄の関係性を論じる一方で、前者が見落とされているため、論の妥当性に疑問が残るのである。

岡村ほかは、教員の懲戒処分は「その時々の学校教育をめぐる緊迫した問題状況などと密接に関係しており、(略) どのような事態において「いつ」行われたのかということが重要な意味をもっている」とも指摘した（岡村ほか1988：302）。しかし、「いつ」「何人が」「どの程度の」処分を受けたのか、といった点に着目した検討はその後もほとんど行われてこなかった。村上（2023）はこのような分析を行った数少ない研究の１つであり、2000年代以降の懲戒処分件数の推移を、処分量定を含めて追跡し、他職種の公務員と比較した。その結果、公立学校教員の懲戒処分は20年間一貫して低水準であり、下げ止まりに近いことを明らかにした。一方で、同稿は懲戒処分を全国一律で検討したため、各自治体の経年変化は捨象されている。

以上から本稿では、公立学校教員に対する懲戒処分について、処分件数と処分量定に着目し、懲戒権を有する自治体間の運用実態の比較分析を行う。前節で確認した通り、各自治体の懲戒処分は従来、過去の事例及び他自治体の事例を参考にしてきた。その後、1990年代末から行政改革が進み、教育行政においても地域の実態を考慮する施策が重視された。この動きと公務員の不祥事続発が重なり、2000年代前半から処分基準が整備され、これに基づく運用がなされるようになったが、処分基準は適宜見直され厳罰化が図られてきた。この結果、処分基準と同様に、運用実態においても自治体間の差異が拡大した可能性も考えられる。よって本稿では、2010〜2019年度の10年間の処分件数・量定について、1990〜1999年度との比較分析を試みる。なお、10年間を単位とするのは、懲戒処分は年度間の処分件数の幅が大き

いため[5]、まとまった期間を単位とした分析が必要と考えられるためである。

3．分析方法

　本稿では、懲戒権を有する自治体を分析対象とするため、47都道府県に加えて、1990年代に政令指定都市であった12都市[6]における公立学校について、1990〜1999年度及び2010〜2019年度の各年度の教員数[7]と懲戒処分の件数・量定を把握する[8]。2010年代の処分件数は、文部科学省のHP上に掲載されたデータを利用し[9]、1990年代については、各年度の『教育委員会月報』[10]の特集からデータを入手した。また、教員数については、各自治体から直接入手したデータ（情報公開請求を含む）を用いるか、学校基本調査を基に各自治体が独自に公表している教育要覧等を参照し[11]、各年度の政令指定都市立の学校の教員数を把握した。これを学校基本調査の各都道府県の公立学校教員数から差し引くことによって、都道府県の懲戒権が及ぶ教員数と、政令指定都市の懲戒権が及ぶ教員数を区別した。

　懲戒処分の運用実態を分析するための着眼点は、①処分件数の変化、②処分量定の変化という2点である。ただし前者に関して、1990年代と2010年代では各自治体の教員数が大きく異なるため単純な比較はできないうえ、処分件数は年度間で著しく幅が見られる場合も多い。そのため、各自治体について、10年間の懲戒処分件数の合計値を、同じく10年間の教員数の合計値で除すことで、各年代における懲戒処分の対教員割合（すなわち懲戒処分の発生頻度）を算出した。また後者に関して、各自治体における1990年代と2010年代の処分量定の内訳（免職・停職・減給・戒告）を算出した。

　なお、広島県では1999年度に、勤務時間中の組合活動に関する調査に際して、職務命令違反を理由に県内の公立学校教員の7.6%にあたる1310名が一斉に戒告処分を受けた[12]。これは前年度の同県の懲戒処分件数の62倍であり、このような極端な値を含めると、全体の傾向の適切な把握に支障を来すことが懸念されるため、分析からはこの値を除いた。

4．分析結果

(1) 運用実態の現状分析

　59自治体について、1990年代と2010年代における処分件数の対教員割合と処分量定の内訳を示したものが**表1**である。また、**表1**について、各年代の対教員割合と処分全体のうち免職の構成比の関係を示した相関図が**図1**である。この図からは、懲戒処分の運用実態に関するこの間の変化が浮かび上がるだけでなく、現在では自治体間の差異が確かに存在することが分かる。

　まず、1990年代は全国的に対教員割合が低く、なおかつ免職処分が少ない傾向が確認された。対教員割合が0.10％未満、免職の構成比が20.0％未満の範囲内に収まる自治体は全59自治体中46自治体を占めた。つまり、発生頻度が低く、なおかつ軽度な処分にとどまる均質性がこの年代の特徴と言える。

　一方で、2010年代でこの水準に収まるのは3自治体のみとなり、各自治体は厳罰化を図ったと言える[13]。2010年代の対教員割合と免職の構成比の間には、強い負の相関関係が認められた（r＝-0.70296）。加えて、免職処分件数の対教員割合を算出すると、いずれの自治体も0.01～0.03％の水準に収まり、他の量定と比して自治体間の差異が小さいことも明らかになった[14]。すなわち、免職の構成比が低い自治体は、その他の軽度な処分が多いために全体の処分件数も多く、それが対教員割合の高さにつながっている。

　なお、処分基準の差異が拡大していることは前述の通りだが、特に重大な非違行為に関しては、世論や中央行政からの要請などを背景に、実質横並びに近い状態で免職が定められている。児童生徒等に対し性暴力等を行った場合は懲戒免職とする基準がすでに全ての自治体で整備されたほか[15]、各自治体の処分基準を参照すると[16]、飲酒運転では、酒酔い運転をした場合のほか、その旨を知りながら同乗した場合にもほとんどの自治体で免職を最高量定と定めている。同様に、体罰を事由とする場合、多くの自治体は生徒を死亡させた場合あるいは重傷・後遺症を負わせた場合に免職としている。こ

表1　自治体別の対教員割合と処分量定の変化

	1990年代					2010年代				
	懲戒処分件数 対教員割合	懲戒処分の構成比				懲戒処分件数 対教員割合	懲戒処分の構成比			
		(免職)	(停職)	(減給)	(戒告)		(免職)	(停職)	(減給)	(戒告)
北海道	0.37%	1.6%	5.8%	27.2%	65.4%	0.36%	7.7%	8.6%	33.9%	49.7%
青森県	0.26%	2.6%	16.0%	12.1%	69.3%	0.20%	10.9%	7.6%	13.4%	68.1%
岩手県	0.17%	1.5%	3.1%	30.9%	64.5%	0.15%	16.0%	9.6%	20.3%	54.0%
宮城県	0.04%	15.5%	50.0%	25.9%	8.6%	0.08%	34.0%	23.6%	25.5%	17.0%
秋田県	0.04%	11.1%	35.6%	35.6%	17.8%	0.10%	27.8%	18.9%	27.8%	25.6%
山形県	0.13%	3.9%	34.2%	17.8%	44.1%	0.18%	11.4%	8.5%	14.2%	65.9%
福島県	0.06%	5.0%	18.2%	46.3%	30.6%	0.12%	16.8%	10.7%	48.1%	24.3%
茨城県	0.02%	4.3%	55.3%	19.1%	21.3%	0.05%	47.9%	19.3%	17.6%	15.1%
栃木県	0.04%	5.1%	15.3%	72.9%	6.8%	0.04%	24.6%	31.1%	27.9%	16.4%
群馬県	0.05%	14.6%	14.6%	34.8%	36.0%	0.05%	36.7%	21.5%	24.1%	17.7%
埼玉県	0.03%	12.6%	10.5%	33.6%	43.4%	0.07%	45.8%	14.2%	18.5%	21.5%
千葉県	0.04%	11.3%	17.9%	21.2%	49.7%	0.05%	39.1%	23.7%	18.3%	18.9%
東京都	0.09%	5.1%	33.9%	11.9%	49.1%	0.16%	16.1%	17.3%	24.6%	42.0%
神奈川県	0.06%	10.6%	11.3%	45.0%	33.1%	0.07%	31.3%	27.1%	26.0%	15.6%
新潟県	0.07%	12.2%	15.2%	38.4%	34.1%	0.13%	14.7%	10.8%	30.4%	44.1%
富山県	0.05%	13.5%	1.9%	21.2%	63.5%	0.09%	11.7%	20.8%	29.9%	37.7%
石川県	0.04%	11.1%	13.3%	37.8%	37.8%	0.05%	27.5%	11.8%	33.3%	27.5%
福井県	0.07%	3.8%	11.5%	23.1%	61.5%	0.15%	6.4%	7.3%	1.8%	84.4%
山梨県	0.05%	2.6%	26.3%	5.3%	65.8%	0.06%	31.7%	26.8%	12.2%	29.3%
長野県	0.03%	7.8%	33.3%	52.9%	5.9%	0.08%	27.8%	18.5%	26.5%	27.2%
岐阜県	0.05%	8.4%	1.2%	18.1%	72.3%	0.05%	26.9%	22.6%	30.1%	20.4%
静岡県	0.03%	15.6%	6.5%	66.2%	11.7%	0.08%	34.9%	30.8%	17.1%	17.1%
愛知県	0.01%	32.7%	3.6%	9.1%	54.5%	0.06%	33.6%	42.7%	14.1%	9.5%
三重県	0.05%	3.4%	25.0%	46.6%	25.0%	0.06%	23.6%	19.1%	43.8%	13.5%
滋賀県	0.04%	8.7%	50.0%	10.9%	30.4%	0.05%	45.8%	39.0%	10.2%	5.1%
京都府	0.03%	13.8%	13.8%	27.6%	44.8%	0.06%	27.9%	29.4%	13.2%	29.4%
大阪府	0.01%	14.3%	23.8%	26.2%	35.7%	0.14%	19.5%	17.6%	36.0%	26.9%
兵庫県	0.06%	6.8%	7.9%	33.7%	51.6%	0.10%	18.4%	22.9%	37.4%	21.3%
奈良県	0.02%	7.1%	28.6%	60.7%	3.6%	0.06%	39.0%	44.1%	6.8%	10.2%
和歌山県	0.02%	4.8%	61.9%	9.5%	23.8%	0.06%	52.5%	27.1%	13.6%	6.8%
鳥取県	0.03%	0.0%	70.0%	10.0%	20.0%	0.08%	34.8%	19.6%	28.3%	17.4%
島根県	0.09%	1.3%	25.6%	28.2%	44.9%	0.06%	37.8%	24.4%	26.7%	11.1%
岡山県	0.01%	12.5%	20.8%	33.3%	33.3%	0.03%	54.8%	23.8%	9.5%	11.9%
広島県	0.05%	9.6%	14.5%	22.9%	53.0%	0.12%	21.3%	20.7%	17.2%	40.8%
山口県	0.03%	21.7%	8.7%	50.0%	19.6%	0.04%	34.0%	29.8%	27.7%	8.5%
徳島県	0.02%	50.0%	5.0%	30.0%	15.0%	0.04%	45.2%	12.9%	22.6%	19.4%
香川県	0.04%	5.1%	43.6%	30.8%	20.5%	0.12%	15.6%	20.8%	15.6%	47.9%
愛媛県	0.03%	5.5%	25.5%	49.1%	20.0%	0.06%	25.0%	25.0%	38.2%	11.8%
高知県	0.03%	27.6%	65.5%	3.4%	3.4%	0.08%	37.7%	26.2%	23.0%	13.1%
福岡県	0.05%	8.3%	20.0%	25.8%	45.8%	0.04%	54.4%	22.2%	15.6%	7.8%
佐賀県	0.08%	4.5%	43.3%	26.9%	25.4%	0.05%	45.0%	27.5%	7.5%	20.0%
長崎県	0.07%	5.4%	27.9%	18.9%	47.7%	0.05%	45.3%	14.1%	12.5%	28.1%
熊本県	0.03%	9.5%	33.3%	11.9%	45.2%	0.07%	30.4%	32.6%	17.4%	19.6%
大分県	0.07%	3.7%	25.6%	32.9%	37.8%	0.12%	11.0%	12.6%	24.4%	52.0%
宮崎県	0.13%	2.7%	8.8%	25.7%	62.8%	0.15%	17.1%	10.5%	21.1%	51.3%
鹿児島県	0.06%	4.7%	62.6%	9.3%	23.4%	0.09%	14.4%	16.3%	30.7%	38.6%
沖縄県	0.03%	6.8%	63.6%	11.4%	18.2%	0.09%	22.1%	49.3%	12.5%	16.2%
札幌市	0.14%	3.1%	14.5%	32.8%	49.6%	0.14%	11.3%	13.0%	45.2%	30.4%
川崎市	0.09%	5.9%	2.0%	11.8%	80.4%	0.05%	35.3%	32.4%	26.5%	5.9%
横浜市	0.03%	13.5%	21.2%	40.4%	25.0%	0.08%	28.0%	32.8%	18.4%	20.8%
名古屋市	0.03%	6.3%	6.3%	43.8%	43.8%	0.04%	20.9%	39.5%	27.9%	11.6%
京都市	0.01%	60.0%	0.0%	20.0%	20.0%	0.03%	45.0%	40.0%	5.0%	10.0%
大阪市	0.03%	14.3%	28.6%	22.9%	34.3%	0.23%	14.4%	33.3%	31.0%	21.2%
神戸市	0.01%	8.3%	50.0%	0.0%	41.7%	0.15%	21.8%	18.5%	21.0%	38.7%
広島市	0.03%	25.0%	37.5%	6.3%	31.3%	0.08%	23.3%	23.3%	23.3%	30.2%
北九州市	0.13%	4.3%	12.9%	35.7%	47.1%	0.15%	14.5%	15.8%	36.8%	32.9%
福岡市	0.08%	18.2%	13.6%	36.4%	31.8%	0.12%	12.6%	18.4%	19.5%	49.4%
仙台市	0.02%	18.2%	36.4%	9.1%	36.4%	0.08%	25.6%	15.4%	33.3%	25.6%
千葉市	0.03%	0.0%	0.0%	54.5%	45.5%	0.07%	29.0%	12.9%	38.7%	19.4%

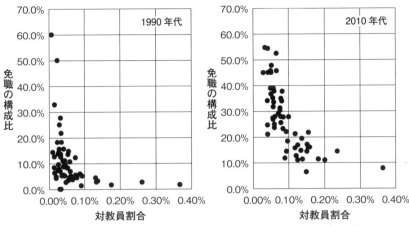

図1　1990年代（左）と2010年代（右）の対教員割合と免職の構成比

のように、厳罰が妥当と一般的に判断されるような非違行為は免職となり得ることがすでにどの自治体でも規定されている。他の量定と比して、免職処分について対教員割合の自治体間の差異が小さい要因はこの点にあると思われる。

本項をまとめると、各自治体では、対教員割合の上昇または最も重い量定である免職処分の増加のいずれかによって厳罰化が進んだと言える。一方で、その対応の程度に関して自治体間の差異が大きかったことも図1からはうかがえる。次にこの点について分析を試みる。

(2) 運用実態の変化に関する類型化

ここからは処分実態の差異の背景を、対教員割合と、処分全体のうち免職の構成比の変化量から分析する。図2は、各自治体における2つの指標に関して、1990年代から2010年代にかけての変化量を示したものである。全59自治体のうち約半数の29自治体は、対教員割合が0.00～＋0.10％、免職の構成比が0.0～＋20.0％と、いずれの変化も小さな程度にとどまった。一方、ここから漏れる30自治体は大きく5つに分類される。

まず、免職の構成比を大きく高めた自治体であり、これは、対教員割合が

低下した自治体（図2中の①）と上昇した自治体（同②）に大別される。このうち①の自治体は、1990年代の対教員割合が全自治体の中央値（0.04％）を大きく上回るという共通点を有する。また、2010年代の処分全体のうち免職の構成比は全国の中でも高水準にあると同時に、佐賀県を除けば1990年代から2010年代にかけて最も構成比が低下したのは戒告である[17]。これらからは、次のことが考えられる。1990年代は全国的に対教員割合（発生頻度）が低く、なおかつ各自治体は、過去の事例に加え他自治体の事例を互いに参考にしていたため、自治体間の差異は現在より小さい状況であった（図1）。しかし①に該当する自治体では、他の自治体と比して懲戒処分制度の積極的な運用がなされており、特に軽度な処分が多くを占めていたが、その後、新たに作成された基準に則り懲戒処分の運用がなされる中で対教員割合が低下した。これに関して、懲戒に満たない訓告についても1990年代から2010年代にかけての対教員割合を算出したところ、①に該当する5自治体の変化量の中央値は2.13倍であり、全59自治体の中央値である3.46倍を

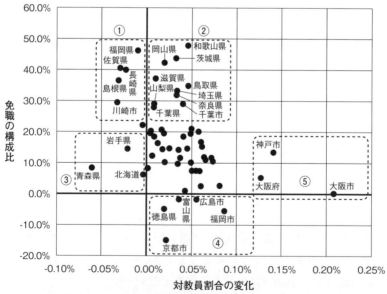

図2　対教員割合と免職の構成比の変化量（2010年代－1990年代）

大きく下回った[18]。以上からは、①の自治体では、処分基準が整備される前は非違行為に対し過度に厳しい対処がなされていたと言える。つまり、処分基準の整備により公正性が確保された結果として、対教員割合が低下したのである。

　次に②の自治体は、対教員割合が上昇しているものの、その変化量は小さい。なおかつ1990年代・2010年代ともに対教員割合が全自治体の中央値を下回っている。さらに、1990年代の免職処分の対教員割合を算出するといずれも0.00%であり、運用が見られない状態であった。しかし、前述した通り、今日では各自治体の免職処分の基準はある程度の統一性が見られ、そのため免職処分の対教員割合は自治体間で大きく乖離しない。こうした変化の中で、②の自治体でも自ずと免職処分が行われるようになり、処分件数が増加した。事実、②の自治体について処分件数の対教員割合を量定別に算出すると、1990年代から2010年代にかけて値が最も上昇したのは全自治体とも免職であり、変化量の中央値は＋0.02%と他の量定を大きく上回る結果となった[19]。つまり、免職以外の処分は軽微な増加にとどまったため対教員割合の上昇幅も小さく、処分全体のうち免職の構成比が相対的に大きく高まったのである。

　また③の自治体は、対教員割合が低下している一方で、免職の構成比の上昇幅は小さい。これらの自治体では、対教員割合が非常に高く、特に1990年代は全国で最上位を占めた。また、事由に着目すると、いずれも交通事故に係る当事者責任による懲戒処分が約9割を占めており、やはりこちらも全国で最も値が高い。一方で、免職の構成比は低い。

　この特徴は、各道県警の交通取り締まり方針に起因すると考える。都道府県別・違反行為別取り締まり状況の傾向を検証すると[20]、「最高速度（速度超過）」を事由とする取り締まりが全国平均を大きく上回る傾向が一貫して確認された。3道県は人口分布が希薄な地域が多く、車両がスピードを出しやすい（津國ほか2012：2）。そのため、各道県警が取り締まりに力を入れていたことに加え、速度超過は取り締まりが容易であり（津國ほか2012：3）、これらの結果、検挙者数が多かった。なおかつ速度超過は無免許や飲酒運転

と比して悪質性が低いため（国際交通学会 2011：25-29）、各自治体の処分基準でも軽度な量定が規定されている[21]。つまり、多数の教員が摘発され懲戒処分を受けたことにより対教員割合は高いものの、それらは免職に至らない処分であった。また近年、交通違反の取り締まり件数は全国的に減少傾向にあり、③の自治体もこれと連動する形で対教員割合が低下した。一方で、他の自治体と比較すれば依然としてこれらの処分（ただし免職ではない）が多い状況は継続している。そのため、飲酒運転や無免許運転、性暴力等による免職の構成比を相対的に押し下げており、変化量が小さいものと考えられる。

　次に、免職の構成比が低下している④の自治体には、1990年代の処分において2つの共通項がある。1つは、極端に運用が少ない量定（停職または減給）が見られる点であり、もう1つは、特定の事由において軽度な量定に偏向していた点である。つまり、軽度な量定となる傾向が強かった事由に対し、運用が極端に少なかった量定の採用が増えた結果、処分全体における量定の極端な不均衡が是正された[22]。例えば広島市では、1990年代は減給の構成比が6.3%だった。また、体罰を事由とする懲戒処分は戒告が3件のみで、24件が訓告であった。しかし2000～2009年度の同市の懲戒処分では減給処分が大きく増加し、そのうち事由が確認できたものは全て体罰による処分であった。同様に富山県でも、1990年代は停職が処分全体に占める割合は1.9%に過ぎず、あるいは交通違反を事由とする処分は減給または戒告しかなかった。しかし2000年代に、従来運用がほぼ見られなかった停職処分が増加し、なおかつ確認できたものは全て交通違反によるものであった。

　以上からは、従来のように過去の事例を重視し処分を決定する場合、前例の少ない量定が採用されにくかったことがうかがえる。処分基準の整備によって、いかなる行為がどのような量定に該当し得るのかが明文化され、この傾向が改善されたと言えるだろう。加えて、2000年代は飲酒運転の厳罰化が急速に進んだほか、文部科学省による通知の影響などから、体罰やわいせつ行為に対しても厳正な処分が行われるようになった。これらの2つの変化が同時期に生じたことで、従来運用の少なかった量定の処分が特定の事由で

増え、対教員割合は上昇し、免職の構成比は相対的に低下したのである[23]。

　最後に、対教員割合が大きく高まった⑤の自治体である。このうち神戸市は、1993～1996年度に発生した体罰57件を文部省に報告せず、これら全てを口頭注意とするなど、同年代の神戸市は本来懲戒処分として扱われるべき案件が見過ごされていたため対教員割合が低かった。一方で2010年代は、2015年度の教科書会社からの謝礼受領、2019年度の教員間いじめなど、複数の教員が処分対象となる事象が散発した。これらの結果、対教員割合が大きく高まったものと考えられるため、同市の変化は特殊なケースと言える。

　一方の大阪府と大阪市の変化は、2011年に大阪維新の会が府議会・市議会の第一党となったことと関係する。同党は公務員への「締めつけ」を進め、2011年度には国旗国歌条例（君が代条例）を制定し、式典等における君が代の起立・斉唱を教員に義務づけた。これと不可分の関係にあるのが、2012年に制定された職員基本条例で、同一の職務命令に3回違反した者を懲戒免職とすることなどが定められた。この結果、両自治体では、2010年代前半に国歌斉唱の取扱いに係る懲戒処分が急増する。これを事由とする両自治体の処分件数は、1990年代が0件、2000年代が7件だったのに対し、2010年代は64件となり、特に大阪府では処分全体の1割を占める形となった。つまり両自治体の対教員割合上昇の大きな要因は、2010年代に展開された地域政策であり、これによって処分基準に抵触する教員が増加したと考えられる。

　以上の5つの類型は、偏りの改善あるいは悪化による変化とまとめられる。軽度な処分が頻発していた自治体では基準整備によりこれが減少し、対教員割合の低下と免職の構成比の相対的な上昇が生じた。逆に、特定の量定がほとんど運用されていなかった場合、基準整備によってこれらが増加し、対教員割合や免職の構成比に変化をもたらした。あるいは、地理的特性から速度超過による処分者が多かった自治体では、摘発者減少という社会的な潮流と連動する形で対教員割合が低下した。一方、行政による「締めつけ」が強まった自治体では、対教員割合が大きく高まったのである。

5．考察

　ここからは、各自治体が有する裁量権と中央行政の関係という観点から考察を進める。1990年代から2010年代にかけて各自治体で生じた処分実態の変化からは、処分基準の整備によって、従来明確な基準がないまま運用される中で生じた課題が是正されたと言える。かつて文部科学省は全自治体に対し2006年末までに処分基準を整備することを要請したほか、特定の事由（性暴力や体罰など）について厳正に対処することをその時どきで求めてきた。過度に厳しく処分されていた傾向の緩和、運用されてこなかった処分量定の改善などから、中央行政の施策が果たした役割は大きいと言える。

　一方で今日では、軽度な処分ほど対教員割合の自治体間における著しい不均一性が確認され[14]、2010年代にかけて運用実態の自治体間の差異が拡大した（図1）。この要因として、自治体間で個別の事情を勘案する程度が異なる可能性が考えられる。各自治体が処分基準で定めた量定はあくまでも標準的なものであり、この他に個別の事情を勘案することが規定されている[24]。

　刑事処分でも重い量刑となる傾向が強い性暴力や飲酒運転などは、懲戒処分も厳罰とすることが社会通念上求められ、個別の事情が入り込む余地は小さい。事実、橋本（2016）が指摘するように、個別の事情を勘案せずに決定されていた飲酒運転に関する懲戒処分は、要配慮事項の考慮不足であるとして、その後取り消しを求める訴訟が相次いでいる。しかしこのような即時免職となり得る事案以外であれば、常習性や勤務実態、行為後の態度などが考慮され、自治体が行使できる裁量権が大きくなると言える。ただしほぼ全ての自治体において、そこに客観的な基準は存在しない。

　独自の処分基準に基づいて各自治体が懲戒権を行使している以上、類似した事案であっても自治体間で処分の有無や量定の軽重が異なることは一定程度認められる。しかし異なる処分基準が適用されているとはいえ、免職以外の処分において対教員割合がこれほど大きく異なる状況からは平等性に疑問が残る。その背景の1つに、このような曖昧性が関係しているものと考える。

「個別の事情の勘案」について、都立高校の国歌斉唱起立拒否をめぐる判決（最高裁平成24年1月16日）では、懲戒権者である各自治体には「相応の事情の存在」の立証責任があることが指摘されるなど（橋本2016：312）、近年そのあり方に大きな注目が集まっている。同判決によれば懲戒処分は「かなり情状の悪い場合」のみに行われるという特性を有すること、飲酒運転を事由とする免職処分の取り消しを求める訴訟が近年頻発していることを踏まえると、個別の事情の考慮は不可欠であり、これを無視した機械的な処分は不適切と言えるだろう。一方で、同判決で指摘されたように、「個別の事情」として、過去の処分歴を基に一律で単なる累積加重を行ってきた自治体も存在する。こうした仕組みの上に大阪府・大阪市のような事態が起これば、首長や議会第一党の施策次第で、行政の意向に沿わない教員を恣意的に繰り返し処分し重い量定を科し得ることとなる。これまで、個別の事情を処分量定の軽重にいかに反映させるかといった具体的な議論は存在しなかった。そのため、このような比例原則に違反する事態が実際に生じてきたのである。

　大阪市では「公務員天国」と揶揄される状態からの脱却のために2000年代以降綱紀粛正が進められた。このように、各地域特有の実態があり、これを度外視した中央行政による一律的な介入は最低限にとどめられるべきだろう。一方で都立高校や大阪府・大阪市の例も踏まえると、中央行政に求められるのは、地方自治体の裁量権を認めつつ、それが過度に運用されないようコントロールするための指針づくりではないだろうか。これは一般行政職者など、懲戒処分制度をめぐる中央―地方の関係全般に共通する課題と考える。

6．結語

　本稿では、公立学校教員に対する懲戒処分について、各自治体の運用実態を1990年代と2010年代の比較を通して分析した。この結果、2010年代にかけて、全国的に対教員割合や処分全体に占める免職の割合が高まり厳罰化が進んだと同時に、自治体間の運用実態の差異が拡大したことが明らかになった。各自治体が処分基準を作成したことで、運用される処分量定の偏りなど

の課題が改善された側面は確かに認められる。一方で、依然として裁量権は曖昧性を孕んでおり、それゆえに、同様の非違行為がいかなる処分となり得るのか、軽度な事案ほど自治体間での不平等性が存在する。各地域には特有の事情があり、それを考慮した懲戒制度の運用は維持されるべきである。つまり、冒頭で確認したような「何を」「どの程度の」懲戒処分とすべきかを中央行政が規定する事態は過度な「介入」と言える。しかし、各自治体には無制限の裁量権が保障されているわけではなく、自治体間において懲戒処分にある程度の平等原則を担保することに一定の合理性は見出せるだろう。このように、極端な地域差を是正するための調整弁としての役割を果たせるのは中央行政だけであり、それは認められるべき「介入」ではないだろうか。

　残された課題として、各自治体が定めた処分基準の精査が挙げられる。重度な事案に関して処分基準の共通性が高いことは確認した通りだが、各自治体が想定するこの他の処分事由とそれらに対する処分量定は極めて多岐に及ぶ。軽度な処分において対教員割合の差異が自治体間で顕著である一因には、このように処分基準が大きく異なる点が関係している可能性も十分考えられる。一方で、この検証は膨大な分析を要するため、今後別稿にて検討したい。

（名古屋大学大学院・院生）

〈註〉
(1)　文部科学省「公立学校の教師の勤務時間の上限に関するガイドラインの運用に係るQ&A」2019年、8頁。
(2)　文部科学省「教育職員等による児童生徒性暴力等の防止等に関する基本的な指針」2022年、9頁。ただし、同内容の要請は2001年9月にもなされている。
(3)　一例として沖縄県教育委員会は、この点を含め、処分基準作成の背景・経緯をまとめている（沖縄県教育委員会「「教職員の体罰等服務規律違反行為に対する懲戒処分等の基準」について」文部科学省初等中等教育局初等中等教育企画課（編）『教育委員会月報』第52巻12号、2001年、33-36頁）。
(4)　国家公務員退職手当の支給の在り方等に関する検討会（第9回）配布資料1－2「現行制度における懲戒処分の基準と運用について」2008年、4頁。
(5)　例えば2021年度と2022年度の懲戒処分件数は、奈良県が24件と6件、川崎市が8件と59件であるなど、連続した年度であっても著しい増減が見られる。

(6) 大阪市、名古屋市、京都市、横浜市、神戸市、北九州市、札幌市、川崎市、福岡市、広島市、仙台市に加えて、1992年に政令指定都市に移行した千葉市。

(7) 幼稚園・大学・短大・高等専門学校を除く一条校の校長、副校長、教頭、主幹教諭、指導教諭、教諭、助教諭、養護教諭、養護助教諭、栄養教諭、講師、実習助手、寄宿舎指導員のことを指し、非常勤講師は含まない。

(8) 監督責任による処分は除外し、当事者責任の懲戒処分件数のみを計上した。

(9) 文部科学省HP「公立学校教職員の人事行政の状況調査について」(https://www.mext.go.jp/a_menu/shotou/jinji/1318889.htm) 2024年5月21日最終アクセス。

(10) 文部省教育助成局地方課(編)『教育委員会月報』のこと。毎年秋〜冬に、前年度の各自治体における懲戒処分件数の調査結果が公表されていた。

(11) 学校基本調査でも2008年度以前の政令指定都市立学校のデータは永年保管対象外である。大阪府総務部『大阪の学校統計』、神奈川県教育庁管理部経理課『学校統計要覧』、北九州市教育委員会総務部総務課(編)『教育調査統計資料』、北海道教育庁総務政策局教育政策課(編)『北海道学校一覧』、広島市教育委員会事務局『教育要覧』、千葉県教育庁企画管理部教育政策課(編)『千葉県教育便覧』(それぞれ各年度版)のほか、京都市教育委員会HP「教育調査統計資料」(https://www.city.kyoto.lg.jp/kyoiku/page/0000171194.html 2024年3月28日最終アクセス)、名古屋市・神戸市・福岡市・仙台市提供のデータを用いた。

(12) 広島県教育委員会HP「教職員の懲戒処分について」(https://www.pref.hiroshima.lg.jp/site/kyouiku/02zesei-sankou-syobun12-1-19.html) 2024年3月23日最終アクセス。

(13) 村上(2023)では、厳罰化が始まった2000年代以降の懲戒処分の対教員割合が低下傾向にあることを明らかにした。これと表1が示す上昇傾向は一見すると矛盾するが、表1と同様の作業を2000年代でも試みたところ、1990年代から2000年代にかけて対教員割合は大きく上昇した後、2010年代にかけて低下した。

(14) この他の量定の2010年代における対教員割合は停職が0.01〜0.08%、減給が0.00〜0.12%、戒告が0.00〜0.18%と、軽度な処分ほど自治体間の差が大きい。

(15) 文部科学省、前掲、2022年、19頁。

(16) 文部科学省HP「2−7 懲戒処分に関する処分基準の内容(令和5年11月1日現在)」(https://www.mext.go.jp/a_menu/shotou/jinji/1411820_00007.htm) 2024年5月23日最終アクセス。

(17) 川崎市は−74.5%、福岡県は−38.1%、島根県は−33.8%、長崎県は−19.6%と、戒告の変化量は全自治体の中央値(−10.5%)を大きく下回った。なお、佐賀県で最も割合が低下したのは減給(−19.4%)であった。

⒅　長崎県は5.11倍であるが、大阪市立桜宮高校事件を受けて行われた体罰の実態把握調査で同県の件数が全国最多であったことによる。ただし、これは調査方法が各自治体の教育委員会で異なることが背景にある。
⒆　停職の対教員割合は＋0.005％、減給は＋0.003％、戒告は±0.000％と、免職と比していずれも横ばい～微増にとどまった。
⒇　公益財団法人交通事故総合分析センター『交通事故統計年報』各年版による。
㉑　例えば北海道教育委員会の場合、無免許または飲酒運転は対人・物損事故を問わず免職となり得るが、速度超過は対人事故でない限り免職とならない。
㉒　運用される／されない処分量定は、自治体間の差異も顕著であった。全自治体について、各処分量定の構成比から標準偏差を算出すると、1990年代は免職が0.1076、停職が0.1866、減給が0.1635、戒告が0.1986であったが、2010年代はそれぞれ0.1258、0.0972、0.1018、0.1680と特に停職・減給において運用の多寡に関する自治体間の不均衡が大きく改善された。
㉓　なお、④の自治体は1990年代の処分のうち免職の構成比が高水準である一方、免職の対教員割合は1990年代から2010年代にかけてほぼ上昇していない。
㉔　この規定は神戸税関事件判決（最高裁昭和52年12月20日）による。

〈引用文献〉
橋本基弘「地方公務員に対する懲戒処分とその統制」『法学新報』第122巻9・10号、2016年、299-329頁。
本多正人・川上泰彦（編著）『地方教育行政とその空間』学事出版、2022年。
国際交通学会『交通安全と交通取締りに関する基礎的研究報告書』2011年。
宮﨑秀一「いじめ事案における学校教職員に対する懲戒処分」『北里大学教職課程センター教育研究』第7号、2021年、59-76頁。
村上慧「公立学校教員の懲戒処分状況に関する一考察」『スクール・コンプライアンス研究』第11号、2023年、57-66頁。
中村博『公務員懲戒の研究』有斐閣出版サービス、1990年。
小川正「現行公務員制度における懲戒処分の位置づけと最近の裁量権濫用をめぐる裁判例」『自治総研』第36巻384号、2010年、85-106頁。
岡村達雄ほか「教員〈処分〉論の構成と課題」『日本教育行政学会年報』第14号、1988年、300-325頁。
津國翔太・森本章倫・加藤一誠・神谷大介「違反種別からみた交通取締りの地域的傾向に関する研究」『土木計画学研究・講演集』第46号、2012年（CD-ROM）。
山田知代・坂田仰「公立学校教員に対する懲戒処分の規定要因」『教育制度学研究』第19号、2012年、256-269頁。

山田知代「教員の人事行政とスクール・コンプライアンス」日本スクール・コンプライアンス学会（編）『スクール・コンプライアンス研究の現在』教育開発研究所、2023年、24-35頁。

米岡秀眞・石田三成「地方自治体における不祥事と職員給与の減額」『日本経済研究』第78号、2020年、35-61頁。

An Examination of the Trend toward Harsher Disciplinary Actions for Public School Teachers
: A Study on the Changes in the Number and Severity of Disciplinary Actions in 59 Local Governments

Kei MURAKAMI, *Graduate Student, Nagoya University*

The purpose of this paper is to clarify the changes in the implementation of disciplinary actions for public school teachers in different local governments from the 1990s to the 2010s, focusing on the number and severity of the disciplinary actions.

Each local government holds the discretionary power to discipline public school teachers, and each locality currently operates its own disciplinary action system based on its own standards. In the past, disciplinary actions were decided on in reference to previous cases and examples from other local governments, but since the 2000s, each local government has developed and frequently revised their own disciplinary standards. As a result, there are now differences in the standards of each local government, which may have resulted in variations of disciplinary practices among them. This paper collects and compares the number and severity of disciplinary actions and the number of teachers in each year from the 1990s and 2010s.

The results show that in the 1990s, the ratio of disciplinary actions to the number of teachers was low, and the ratio of the most serious disciplinary action, dismissal, was low, indicating uniformity. On the other hand, the 2010s saw an increase in either the ratio of the number of disciplinary actions to teachers or the ratio of dismissals to the total number of punishments. This suggests that local governments have been punishing teachers more severely, but to varying degrees, and this has widened the differences in the disciplinary practices.

The changes in the disciplinary practices can be classified into five categories. (1) local governments where excessive punishments had been given in the past but minor punishments decreased due to the establishment of standards, (2) local governments where dismissals had not been given in the past but they began doing so due to the establishment of standards, (3) local governments where severe punishments increased relative to the reduction in penalties for speeding violations, (4) local governments where suspensions or salary reductions were few, with a tendency towards lighter punishments for specific reasons, which were corrected by the establishment of standards, and (5) local governments where the number of teachers who violate the disciplinary standards has increased due to the policies set by the local leaders and ruling party.

These changes indicate that the bias that had existed in the past has been alleviated because of the clarification of the severity of disciplinary actions for various types of misconduct through the establishment of the disciplinary standards. On the other hand, today, we find that the number of minor punishments is more uneven among local governments in terms of the ratio of the number of disciplinary actions to the number of teachers. This may be due to the fact that individual circumstances are more easily taken into account in cases with minor assessments, and local governments have more discretionary power to exercise. Nevertheless, there is no objective standard for how individual circumstances should be taken into account in assessment in any of the local governments. Since each local government has its own standard for disciplinary actions, it is accepted to a certain extent that the existence or inexistence of disciplinary actions and the severity of disciplinary actions may differ even in similar cases. However, the current situation in which the ratio of the number of disciplinary actions to the number of teachers differs greatly in cases other than dismissal may violate the principle of equality. Therefore, it can be said that centralized administration is required to establish a standard to prevent excessive exercise of discretionary power.

Key Words

public school teachers, disciplinary actions, the number of disciplinary actions, the severity of disciplinary actions, discretionary power

「広域分散型」自治体における 公立通信制高校の機能と限界
―高校教育機会保障の視点から―

川本　吉太郎

１．研究の目的と問題の所在

　本研究の目的は、人口減少および学校の統廃合が進む「広域分散型」自治体における公立通信制高校の運用実態に注目し、その機能と限界を明らかにすることを通して、高校教育機会保障の在り方を考察することである。

　進学率が98％を超え[1]ほぼ全入化している今日の日本の高校教育段階における喫緊の課題として、少子化による高校入学者数の減少に伴う（公立）高校の再編整備（＝統廃合）の進行が挙げられる[2]。国レベルの高校教育政策の方針等を整理した「高等学校教育の在り方ワーキンググループ中間まとめ」（以下、中間まとめ）によれば、今後「15歳人口の減少によって、高等学校の維持が困難となる地域が全国的にさらに多く発生する」という。このことは、今後の高校教育の在り方を考えるうえで学校の再編整備、あるいは適正規模・適正配置に関する議論を避けて通れないことを示している。

　その他、中間まとめでは「生徒の通学可能な範囲を私立の高等学校の設置状況も踏まえて考慮し、適正配置を考えていくことも必要である」と述べられている。つまり、高校教育として一定の学校・学級規模の確保を前提としながらも、学習者が物理的に通学可能な範囲内に高校を配置する（存続させる）ことが重要視されていることがわかる。しかしながら、近年の公立高校の配置状況に注目すると、2019年度時点で公立高校の設置数が０ないし１

校である市区町村は1,088自治体（全体の62.5%）存在し、最も割合が高い都道府県では82.1%にも上っている[3]。本データは、今日における高校の全国的な偏在状況を示すものとして捉えられよう。

このような現状について滝沢（2023：99頁）は、「少子化の進行と市場メカニズムが進行する中で、実質的な高校教育機会が保障できなくなっている地域」が存在していることを指摘している。たしかに現行法制上、日本では市町村はもちろん都道府県レベルにおいても高校の設置義務は課されていない。その一方で、ほぼ全ての学習者が高校まで進学している現状に鑑みれば、高校教育の権利保障を担うべき主体として、公立高校の設置管理者である都道府県・政令市教育委員会（以下、都道府県教委）には注目すべきであろう。全ての学習者の通学可能圏内に高校を配置し続けられない場合も考えられる昨今において、都道府県教委は学習者の高校教育機会をどのように保障しようとしているのか。少子化に伴う公立高校数の減少（学校統廃合）により、数的・実質的に高校教育の多くを担ってきた（公立の）全日制課程を中心とする教育機会保障の在り方が変容していくことが予想される[4]。すなわち、高校教育機会の平等保障の在り方を考究するうえでは、従前、高校教育の傍流として等閑視されてきた通信制課程に注目し、全日制課程を相対化した視点で考察を行うことが必要であるといえよう。

そこで本研究では、公立全日制高校の配置・存続が困難となっている「広域分散型」自治体（以下、X県）における公立通信制高校の取組に注目する。本研究において「広域分散型」とは、人や学校が自治体内に広域に散在していることを意味する。実際にX県の公文書でも、同自治体が「広域分散型」であることが述べられている[5]。また後述する通り、X県は179の市町村で構成される自治体であり、地理的に非常に広域であるとともに人口分布が偏っている[6]。このような「広域分散型」自治体では、少子化の進行により個々の学校規模が縮小、すなわち一校あたりの生徒数が減少するなかで、従前の「通学」を前提とした全日制中心による高校教育の機会保障は、より困難を極めることが予想される。換言すると、X県は高校の統廃合が進む本研究の中心的な問題意識に関わる課題先進自治体として位置づけられる。

さらに、本研究が注目する通信制高校は、高校卒業単位の修得に日常的な「通学」を必要としない、いわゆる「非通学型」学校であり、X県のような「広域分散型」自治体の高校教育機会保障に大きな役割を果たしていると考えられる。そこで本研究では、「広域分散型」自治体における「通学」を所与とした高校教育機会保障の困難化の現状を明らかにしつつ、今後の機会保障の在り方を展望するため、都道府県教委が管理・運営する公立高校のうち、制度上「非通学」である通信制高校に注目し、考察を行うこととする。

２．通信制高校の概況と先行研究の検討

(1) 通信制高校をめぐる制度的・政策的動向

　通信制高校は「戦後、勤労青年に高等学校教育の機会を提供する[7]」ことを目的として制度化された。その一方で、近年では多様な課題を抱える生徒が多く在籍している状況にあり、多様な生徒の学びのセーフティネットになっていることが指摘されている[8]。現在、通信制高校は学校数・生徒数の大部分を（そのほとんどが私立である）広域通信制高校が占めており、これらの学校では、少子化にもかかわらず例外的に生徒数が増加している[9]。

　ただし、広域通信制高校は不透明な運用実態や不適切な学校経営が問題視されており、教育の質保証の観点から様々な議論がなされている。例えば、広域通信制高等学校の質の確保・向上に関する調査研究協力者会議（2016年7月～2018年2月）では「高等学校通信教育の質の確保・向上のためのガイドライン」の策定に向けた議論が展開され、その後の通信制高等学校の質の確保・向上に関する調査研究協力者会議（2019年10月～2021年3月）では「高等学校通信教育の質保証方策」が重点的に検討されている。このような議論を踏まえ、2018年には学校教育法施行規則が改正され、第4条第2項第3号に学則の変更事項に関する規定が追加された。次いで、2021年の高等学校通信教育規程改正では、「通信教育実施計画」の作成や連携教育施設の点検・評価の結果を公表する規定等が新設された。このように、近年では広域通信制高校に関する規制が強化される動向にあることがわかる。

一方、中間まとめによれば、公立通信制高校は「特に経済的な面にも課題を抱える生徒にとって重要な教育機関である」として「一層の魅力向上・機能強化を図っていく必要」性が述べられており、「生徒の多様な学習ニーズに応える柔軟で質の高い学びの実現に向けて」大きな関心が寄せられている[10]。

(2) 公立通信制高校の設置状況と在籍する生徒の特徴

　公立通信制高校は2023年現在、全国に77校設置されている。ここで注目すべきは、全都道府県に少なくとも1校は公立通信制高校が設置されている点である。ここに都道府県教委による「高等学校教育の普及と教育の機会均等の理念を実現する[11]」ための姿勢が窺える。他方、23道府県において公立通信制高校が（独立校・併置校合わせて）1校しか設置されていない。すなわち公立通信制高校への進学を希望する場合、全国のおよそ半分の都道府県では1校しか選択肢がない。言い換えれば、当該都道府県の公立としての高校通信教育機会は、1校のみで担われているのが現状である。

　公立通信制高校の生徒数は、2002～2021年度まで減少の一途をたどっている。このような動向は、高校全体の生徒数が減少傾向にあることに鑑みれば一定妥当な推移であるといえる。しかし、2022・2023年度には公立通信制高校の生徒数が微増している。このような例外的な動向は、公立通信制高校がなぜ・誰によって選択されているのかといった観点から注目すべきであろう。この点に関して、2023年度の学校基本調査によれば、通信制高校の学齢期（19歳）以上の生徒の割合は、全体で13.2％、私立で4.1％となっている一方、公立では43.4％（23,725人）となっている。また、前年度に単位を修得した生徒の割合は全体で81.0％、私立で88.6％であるのに対し、公立は55.4％（30,235人）と低い水準にとどまっており、公立在籍者のおおよそ半数が1年間に1単位も修得していない。さらに、退学者の割合も公立は7.5％（4,076人）であり、私立の3.7％よりも高くなっている。このように、公立通信制高校は、相対的に在籍者の年齢層が幅広く、単位修得や学修継続の観点で困難を抱えている学習者が多いことが窺える。ここから、近年、私

立広域通信制高校の生徒数が急増している一方で、より困難な学習者は公立通信制高校に集中していることが推察される。

(3) 公立通信制高校をめぐる先行研究の検討

　公立通信制高校に関する先行研究を整理すると次のようになる。まず土岐ら（2012、2014）や土岐（2018）、金井（2022）は、公立通信制高校の生徒支援体制について事例的に紹介・分析している。これらの研究は今後の公立通信制高校の支援体制の在り方を考察している点で示唆的であるものの、各自治体の高校教育全体の機会保障の在り方として考察したものではない。また、金井ら（2021：2頁）は、私立広域通信制高校における支援の取組を「市場化されたサービスの提供」として批判し、「困難を抱える若者に対して就学や学習の支援を行って、高校卒業という学歴を得ることのできる支援機関」として公立通信制高校に注目する必要性を見出している。このように、経済的な困難を抱える学習者をも包摂し、教育機会を保障する学校（支援機関）として公立通信制高校を前景化させる問題意識は本研究とも共通するものがある。しかしながら、自治体があらゆる進学（希望）者に対して保障すべき高校教育機会において、公立通信制高校がどのような役割・機能を果たしているのかに関する制度上の課題に注目した考察は、管見の限り見られない。

　以上のように、公立通信制高校に在籍する生徒の多様な学習ニーズに応えるための学習支援の在り方や、その充実に向けた方策を主張する先行研究が蓄積されてきた。そしてその背景には、公立通信制高校における多様なニーズを抱えた「困難な」学習者の存在がある。このような公立通信制高校について井上（2017：88頁）は、「重い生活課題を抱える生徒たちを支援しようとする」「高校教育における学びのセーフティネット」や「最後の砦」であると表現している。このことから、学習者の高校教育機会をひろく保障するために教育行政が採るべき方策を考究するうえでは、「多様」で「困難」な学習者の包摂機能を有するとされる公立通信制高校をめぐる制度・政策、あるいは、各校の取組の実態にこそ注目すべきであろう。

さらに、上述のように通信制高校は「運用当初から学校の「非通学性」と就学・修学範囲の「無限定性」といった制度的特徴」を有している[12]。したがって、全日制高校のような特定の「空間」「時間」による教育機会保障の在り方を相対化しうる対象として、換言すれば、通学を前提としない教育機会を教育行政がいかに保障しうるのかという教育行政学の重要課題に迫る対象として、公立通信制高校を位置づけることができる。

　そこで本研究では、「広域分散型」自治体（X県）における公立通信制高校（以下、A高校）の取組に注目する[13]。まずX県の高校の配置状況および存廃をめぐる教育政策の変遷、教育政策上の公立通信制高校の位置づけを整理・考察する（第三章）。そのうえでA高校の公開資料や聞き取り調査等の分析を通して、A高校の学校運営の実態に迫る（第四章）。以上を踏まえ、X県においてA高校が果たす機能とその限界性について論じるとともに、高校教育機会保障の在り方を総合的に考察する（第五章）。

3．X県における高校教育政策の動向と公立通信制高校の位置づけ

(1) X県における高校の統廃合と散在の状況

　まず、X県の概況について整理する。「広域分散型」の地域特性を有するX県は面積の半分を山地が占めており、179の市町村から構成される。2020年国勢調査によると、2015年からの5年間でX県の人口は約16万人減少している。人口密度は66.6人/km²で、全国平均（338.4人/km²）を大きく下回っている。X県内の市町村別で人口密度を比較すると、最大が1,760.0人/km²である一方、最低が1.8人/km²（町）となっており、市町村によって人口の分布に大きな違いがある（＝「広域分散型」である）ことがわかる。その他、X県の全市の平均人口密度は233.7人/km²、全町村の平均人口密度は15.3人/km²となっていることからも、人が散在して生活していることが窺える。

　次に、本研究が対象とする高校教育に注目する。X県は上述した「広域分散型」の地域特性を有するため、全日制普通科に19の通学区域が設定され

ている[14]。つまり、X県では全日制普通科高校に進学する場合、原則として保護者の住所がある学区内の高校へ進学することとなる。一方、全日制普通科以外の学科、定時制・通信制課程は通学区域の制限はなく、X県全域からの就学が可能である。

　X県の2022年度の中学卒業者数は41,178人であり、2012年度（48,907人）と比較すると約15.8ポイントも減少している。ここからX県では少子化が急速に進んでいることがわかる。このような状況に伴い、X県では公立高校数も減少の一途を辿っている[15]。さらに、X県の公立全日制普通科高校の配置状況[16]に注目し、19ある学区の通学区域（面積）を学区内に存在する公立全日制普通科高校の数で割ると、X県全体の平均は393.50㎢／校となり、数値が最も大きい学区は1416.58㎢／校となっている[17]。この数値が最大の学区では、8499.48㎢（広島県の総面積である8478.94㎢に相当）に対して6校（全18学級）しか配置されていない状況にある。ここから、X県では非常に広域的に分散した高校配置状況となっていることがわかる。

　X県では「過疎化による小・中学の学校統廃合が進む中で高校の統廃合は比較的避けられてきた[18]」ものの、2006年に「新たな高校教育に対する指針」（以下、2006年指針）が発表された。2006年指針はX県の高校再編に向けた新たな基準を示し、結果として高校の統廃合を推進した。一方で、都市部「以外」に所在する高校の再編整備基準を別枠で設けるなど、地域に高校を残そうとする政策（地域キャンパス校制度）も併せて実施したことには注目すべきであろう。篠原（2018：163頁）は、2006年指針を「高校再編整備の強化と共に極小規模校の救済の両輪が示された指針であった」と評している。

　地域キャンパス校制度は、2018年に名称を地域連携特例校へと改称した。地域連携特例校制度では「5月1日現在の第1学年の在籍者数が2年連続して10未満となった場合には再編整備を進める[19]」ことが明言されている。ここから、2006年指針の基本的な政策の方向性を引き継ぎながらも、さらに顕在化・深刻化した課題に対応するべく、地域の高校再編基準を緩和し存続を可能とする政策（地域連携特例校制度）を打ち出したことがわかる。

2023年には2018年指針の改定版（以下、2023年指針）が発表された。2023年指針では、地域連携特例校同士の連携強化やICTを活用した遠隔での教育活動を推進する方針が述べられた。また2021年からはA高校内にX県高等学校遠隔授業配信センターを開設し、地域連携特例校等で学ぶ生徒の興味・関心、進学希望等に応じた教科・科目の遠隔授業を配信している。このように2023年指針では、地域の高校再編整備基準の弾力化に加え、地域の高校教育機会をいかに充実していくか（学校間の連携による開講授業数の増加、大学進学希望者に対応するための遠隔授業の配信など）が示されている。

(2) X県における公立通信制高校の位置づけ

　X県の高校教育機会は地域の（全日制）高校をできる限り存続させようとする高校再編基準の緩和政策によって図られてきた。他方で公立通信制高校は、X県の高校教育政策においてどのように位置づけられているのだろうか。2023年指針によれば、通信制高校は学習時間や時期、方法等を自ら選択して自分のペースで学ぶことができるといった特長があり、全日制課程以外の学習スタイルを求める生徒に対応しているとする。また、通信制高校の在籍者には全日制課程の中途退学者や不登校経験者など様々な入学動機を持つ生徒がおり、生徒一人一人に寄り添った指導・支援を行うための取組や人員配置、ICTを活用した指導方法の在り方の検討を進めることが挙げられている。

　ここで注目すべきは個々に応じたきめ細やかな指導が求められている点である。このような方針は上述した様々な入学動機を持つ生徒が通信制高校に在籍しているとの認識によるものであろう。ただし、通信制高校は現行法令上、他の課程（全日制・定時制）と比較して少ない教員配置規定となっており[20]、養護教諭の必置規定もない。このような規定のもとで「個々に応じたきめ細やかな指導を行うこと」が困難であることは想像に難くない。

4．A高校の運用実態の分析

　本章では、X県に所在する公立通信制高校であるA高校の公開資料および管理職のB氏への聞き取り調査等の分析を通じて、A高校の学校運営の実態に迫る。なお、A高校への訪問調査は2023年9月23日午後に行った。また、B氏への聞き取り調査は半構造化インタビューの形式で2回（2023年9月23日に対面で約2時間、2024年3月21日にオンライン（Zoom）で約1時間）実施している。質問項目は①A高校の概要（沿革、特徴、配置状況）、②学校運営上の工夫や困難、③協力校等との連携状況、④自治体内のA高校の役割認識、の4点である。聞き取りの対象であるB氏はA高校に5年以上勤めており、管理職としての経験も有している。B氏には調査趣旨を説明したうえで、音声データおよび回答を研究利用することについて同意書にサインをいただいている。加えて、分析内容を事前に明示し、事実関係等に齟齬がないことを確認している。

(1) A高校の概要

　まず、A高校の沿革について述べる。X県の高校通信教育が開始されたのは1948年である。その後、1957年には生徒定員5,000名、協力校[21] 60校を指定し、X県全域に高校通信教育を展開している。このように、A高校は通信制課程として長い歴史を有しており、X県における高校通信教育の機会保障を担う唯一の高校となっている。つまり、X県における公立通信制高校の配置はA高校1校のみであり、A高校に類する学校は見られない。

　2023年5月現在、A高校には3,639名が在籍している。在籍生徒数は増加傾向にあり、前年度同時点での在籍生徒数（3,001名）と比較して638人増加している[22]。2022年度の卒業者数および2023年度の入学者数に注目すると、2022年度の卒業者数は512人、2023年度の入学者は598人であった。ここからA高校の在籍生徒数の増加は、年度当初の入学者以外によるもの、すなわち年度内の転・編入学者数が大きく影響していることが窺える。この

ような在籍生徒数の増加に関して、B氏は次のように語る。

　新入生の出願がなんと今日まで、昨年よりも入学生数は100人以上増えている状況です。そして、他校で、他校の公立高校、私立高校をいわゆるいろいろな形で学校に行けないと、そちらの公立高校私立高校では進級できないといった子供たちが、リセットしようとして、本校に4月1日付の転入学をしようとする生徒が既に165名が決まっております。私立の広域の学校から、（A高校へ）転学する子が増えてるんですね。いわゆるコマーシャルやSNS等で大々的に宣伝をしているような学校や、とにかく自由だよっていうことを前面にしていろんな学びがあるよっていうことでやってる学校も、多様なスタイルを用意してるところもありますよね。登校タイプとかスポーツに力を入れたり、いろんな学校があると思うんですけども、そういった学校へ行ってみてちょっと違う、ということで本校を受けなおす生徒も実は多いんです。通信制を選択する生徒がかなり増えているというのは、この10年前とは全く違うことだと思います。（括弧内筆者加筆,下線部は筆者が引く）

　上記の語りから、様々な理由でA高校への（編・転）入学を希望する生徒が増えていることが窺える。特に、全日制・定時制高校からだけではなく、生徒数が急増傾向にある広域通信制（私立）高校からの転学者が増えていることは看過できない実態である。さらに、公私にかかわらず通信制を選んで入学する生徒が増えていることは10年前と大きく異なる点として語られた。

　また、A高校はX県全域から生徒を募集しているため、A高校の本校（実施校）に物理的（距離的）に通うことのできない生徒も在籍している。そのためA高校では、X県立の協力校32校と連携し、面接指導等の単位認定に関わる教育機会を保障している。A高校の生徒は、定められた期間内にリポート（報告課題）を本校へ持参あるいは郵送し添削指導を受けること、そして本校あるいは協力校において面接指導と試験を受けることで単位を修得できる。

(2) A高校の運用実態

　以下ではA高校の注目すべき取組として、①協力校制度の活用、②学校外との連携、③国レベルの実証研究事業への参画の3点に焦点化して叙述する。

①協力校制度の活用

　A高校では、X県全域から生徒募集を行い、X県立の協力校32校と連携することで面接指導や試験といった「通学」を要する単位認定に関わる教育活動を実施している。学校要覧によると、A高校の在籍者のうち協力校で面接指導等を受けている生徒数は1,653人であり、全体の45.4％の割合を占めている。このように「広域分散型」のX県において、協力校の存在はA高校に就学・修学するうえで大きな役割を担っていることがわかる。

　次に、32校の協力校の配置状況をX県における高校の通学区域を参照に概観する。既述の通り、X県には19の学区が設定されている。2023年5月現在、A高校の協力校は19の学区に少なくとも1校は配置されている（本校を含む）。ここからA高校では、通学区域の観点からX県内のどこからでも通うことができる体制が一定程度整備されていると評価できる。一方で、1957年には60校あった協力校が現時点では約半数の32校に減少している。このことは「いつでも、どこでも、だれでも[23]」を標榜する通信制高校において、また様々な入学動機を持つ生徒が在籍するA高校において、高校卒業に関わる教育活動を実施する「場所」の確保に関わる重要な問題である。協力校が減少している要因として、B氏は次のように語っている。

> 　高校が協力校を絞り込んだのではなく、設置者が絞り込んだという表現が正しいと思います。いわゆる、僕は人件費的なものを、そしてそれぞれの学校のいわゆる土日の部活動をやっぱり中断しなきゃいけない。（中略）そういったことで実態に合わせた形で絞り込んだ設置者の意向だと考えております。（括弧内筆者加筆、下線部は筆者が引く）

　このように協力校の事情（部活動など）や、面接指導のための講師派遣

（人件費）を主たる要因として、設置者（X県）の意向により協力校数が減少している可能性が見て取れる。その他、協力校における面接指導のコーディネートを担っているのが、本校であるA高校の教諭ではなく、協力校を本務校とする教諭であることには注目すべきである。

> 協力校ですね。32校あります。実施校（本校）に担任がいて、ここ（協力校）には地方指導員がいます。32の協力校の担任は実施校（本校）にいます。（本校の）担任は、それぞれの協力校の地方指導員にコンタクトを取って、何かあったら言ってくださいという連携をします。地方指導員は、1年間の時間割を作って、何月何日に、何時間目はこうだからってことで、面接指導、スクーリングする先生を探します。この地方指導員が、スクーリングの講師をやってもいいんですけど、面接指導講師。これは時間給でお金を払うんですけども、この方々を用意します。こういった位置づけです。（括弧内筆者加筆、下線部は筆者が引く）

上記の通り、協力校の教員はX県からの兼務発令により「地方指導員」として協力校での面接指導をコーディネートしている。すなわち、本務校の職務に加えて、土日の面接指導日の講師を探したり、別途、面接指導に従事したりしているのである。これらの地方指導員としての業務は「手当」として給与に加算される仕組みとなっている。現在、A高校の協力校には総勢80人の地方指導員が充てられている。ただし、地方指導員のみでは最低限必要な教科・科目の面接指導を実施できない場合もあるため、2022年度には51人の面接講師（非常勤職員）を併せて配置している。

このように、通信制高校としての教育機会をX県全域で保障するために協力校制度を活用し、実際に全学区で協力校を設置しているA高校の実態は、各協力校先の教員（＝地方指導員）の協力がなければ成り立たず、A高校の教員・学校施設のみで教育活動を展開することが困難（事実上、不可能）な人員配置となっていることが窺える。

②学校外との連携

　A高校ではX県内の全日制高校（以下、連携校）からの要望により、現在１校と学校間連携制度[24]を活用した単位の修得を行っている。すなわち、連携校では開講していない教科・科目について、A高校で単位を修得する運用がなされている。具体的な単位修得のプロセスを示すと次のようになる。希望者は連携校に在籍しながら、履修したい教科・科目のレポートを自宅等で進め（添削指導）、最寄りの協力校等で必要な回数の面接指導を受けたのちに試験を受ける。このような学校や課程を越えた単位相互修得制度の活用は、今後の高校教育の展望の一つとして注目すべきであろう。とりわけ公立高校が学校や課程を越えて、学習者が求める高校教育の機会を保障することは、都道府県等教委が担うべき重要な役割であるといえる。

③国レベルの実証研究事業への参画

　A高校は、令和５年度「多様性に応じた新時代の学び充実支援事業」に採択されている。本事業で目指されるのは、学校生活において円滑な人間関係を築けない生徒に対する支援体制の構築と自立と社会参加へつなげることである。B氏は、本支援事業に応募した前提となる問題意識として、特別な配慮が必要な生徒がA高校全体の３割を超えていること、そのような（特に協力校の）生徒に向けた支援体制が不十分であることを述べられた。

　具体的な取組には、個別支援計画の策定やスクールカウンセラーの増員配置、カウンセリングのための生徒情報のデジタル化、協力校の教育相談体制の強化に向けた研修会の実施などがある。その他、ICTの活用による本校・協力校における開設科目の増設や使用可能教室数の拡大などの学習環境の改善を掲げている。このようにA高校では、在籍する生徒の多様なニーズに対応することで広く高校教育機会を保障しつつ、さらなる質の向上を図るため、国の事業に応募し、条件整備にかかる財源を確保していることがわかる。ただし、ここで注目すべきは、以上に述べた積極的な教育環境整備に向けた取組はA高校の強い要望とイニシアティブによって実現しているとB氏が語っていることである。すなわち、本事業は教育委員会主導で進められたものではなく、あくまでA高校の現場教員（特に管理職）の問題意識から事

業計画が策定され、予算が獲得されたものであることが推察される。

5．総合考察

　以上の考察を踏まえ、A高校がX県の高校教育において果たしている機能として、X県内に散在する多様なニーズを抱えた高校進学（希望）者の教育機会を保障し、包摂していることを指摘できる。換言すれば、A高校はX県内唯一の公立通信制高校として、様々な取組により各地に散在する生徒の教育機会を保障している。特筆すべきは、A高校が32校もの協力校を設置（連携）していることであろう。協力校は各学区に一校以上配置されており、自治体全域からのA高校への就学（修学）を可能にしている。また、学校間連携制度を活用することで学校や課程を越えた教育機会（単位修得）を可能にしている。さらに、国の事業に応募することでより多くの学習者のニーズに対応するための学習支援体制（研修制度）の構築・充実を志向している。これらの取組は、全日制や私立広域通信制高校等からの転学を余儀なくされた学習者の「切実」で「多様」な要求に応えようとする「最後の砦」機能として評価できる。

　一方、高校教育の機会保障をめぐるA高校の限界性として以下の2点が指摘できる。1点目は、A高校の取組がX県内の全日制を中心とした高校教育政策の動向に大きな影響を受けることである。主に第三章で論じたように、A高校が所在するX県では高校進学者数の減少を受け、高校の再編整備（統廃合）が進行しているものの、現状では、地域連携特例校制度等の活用を通じて（過疎）地域の高校を存続させようとする動向にある。しかしながら、篠原（2018：164頁）が地域連携特例校制度の「基準においてもX県全体の少子化傾向と急速な過疎化を前にしてその有効性をいつまで保てるかは不明である」と指摘しているように、いつまで現状の公立高校の配置を維持できるかはわからない。このような状況はA高校が連携する協力校も例外ではない。すなわち、協力校として連携している高校がなくなれば、もちろんその協力校としての機能も失われる。このようにX県では主に全日制

高校の配置をめぐる高校教育政策の動向に、公立通信制高校の教育機会保障の在り方も大きく依存していることが分かる。そのうえでA高校の設置管理者たるX県教育委員会は、A高校の教育機会保障の在り方や（教員配置等の）条件整備を進める必要がある。A高校が主導して獲得した国の事業による財政支援が終了したのち、そこで培われたノウハウや整備・拡充された教育環境をどのように維持していくのか。現状、多様で切実なニーズを有する学習者（転学者）の「最後の砦」機能を有するA高校や協力校による個別支援の在り方を含め、学習者の権利保障主体としてのX県教育委員会の自覚と責任が問われている。

　しかしながら、こうした自覚と責任はX県教育委員会のみに求められるものではない。なぜなら、教育機会保障をめぐるA高校の限界性は、現行制度を要因として生じているとも考えられるからである。すなわち、限界性の２点目は、公立通信制高校にかかる法令上の条件整備がいまだ不十分であることである。協力校における地方指導員登用の実態は上述した通りである。このような「綱渡り」の体制によって現在のA高校の教育機会は支えられている。A高校が協力校に教員を配置できない根本的な要因には、公立高校における教員配置に関する現行法令の規定が挙げられる。公立高等学校の適正配置及び教職員定数の標準等に関する法律は、全日制高校では最低でも生徒21人につき一人の教員配置を規定している。しかしながら、通信制高校では生徒600名までは46.2人に一人、1,201人以上になると100人に一人の教員配置規定となっている。すなわち、A高校は生徒数が3,500人を上回っているため、生徒が100人増えても１人しか教員加配されない計算となる。加えて、公立通信制高校には養護教諭の配置規定（法的根拠）がない。実態上、また政策的にも「全日制課程の中途退学者や不登校経験者など様々な入学動機を持つ生徒」の入学が増加しつつあるA高校の現状に鑑みれば、公立通信制高校への教員配置の在り方は、通信制のみの課題ではなく、広く高校教育機会を保障するうえで問われるべき喫緊の課題といえよう。

　以上、「広域分散型」自治体のとりわけ公立通信制高校（「非通学型」学校）に注目し、その機能と限界性を明らかにした。本研究の成果に基づけば、

「通学」を前提とする従前の高校教育機会保障のみならず、多様な学習者を包摂しうる新たな高校教育システムの構築が必要であるといえよう。換言すれば、全日制中心の「通学」を前提とした機会保障の在り方を相対化し、都道府県教委や各校の努力に依存しない制度構築や条件整備が早急に求められる。

(広島大学)

〈註〉
(1) 令和4年度学校基本調査の「全日制・定時制　生徒数別課程数」および「通信制　都道府県別生徒数」より筆者算出。
(2) 生徒減少期における高校教育機会保障に関わる問題について、香川・柳(2016)は「質的に多様なニーズを満たしつつも規模を縮小させることが必要」となっており「拡大期とは異なる位相の問題が孕まれている」と述べる。
(3) 2020年7月9日「新しい時代の高等学校教育の在り方WG(第9回)」配付資料6「関係資料(公立高等学校の配置・高等学校卒業後の状況)」を参照。
(4) 例えば、滝沢(2023:98頁)は「県域を超えた機会保障を可能とする私立広域通信制の存在感が増す中で、都道府県教育行政がその多くを担ってきた全日制・定時制といった通学を前提とする高校教育の機会保障が相対化されつつある」と述べる。
(5) X県教育委員会「これからの高校づくりに関する指針」2023年3月、1頁。
(6) X県の70.4%が人口1万人以下の小規模自治体である。(e-Stat【総計】市区町村別人口、人口動態及び世帯数」(2023年7月26日公開)より筆者算出。)
(7) 「令和の日本型学校教育」の実現に向けた通信制高等学校の在り方に関する調査研究協力者会議「「令和の日本型学校教育」の実現に向けた通信制高等学校の在り方に関する調査研究協力者会議(審議まとめ)」2022年8月29日、1頁。
(8) 中間まとめを参照のこと。
(9) 学校基本調査によると、通信制高校の生徒数は2020〜2022年度で31,319人増加している。なお同年度間の高校全体の生徒数は103,836人減少している。
(10) 中間まとめを参照のこと。
(11) 「令和の日本型学校教育」の実現に向けた通信制高等学校の在り方に関する調査研究協力者会議、前掲、1頁。
(12) 川本(2022:2頁)を参照のこと。
(13) 以下、調査校および対象自治体の匿名性を担保するために、本文、注、参考文

献等における自治体名はX県として、高校名はA高校として統一して記す。
⑭　X県立高等学校通学区域規則（令和元年6月25日教育委員会規則第2号）。
⑮　2023年度のX県の公立高校数を10年前（2013年度）の統計と比較すると、高校全体で17校減少していることがわかる。
⑯　高校数はX県教育委員会「公立高等学校配置計画（令和5年度（2023年度）～7年度（2025年度））」2022年9月、面積は国土交通省　国土地理院「令和5年　全国都道府県市区町村別面積調（7月1日時点）」を参照し、筆者算出。
⑰　例えば、大阪市の総面積は223.0㎢、静岡市は1411.9㎢である。
⑱　髙橋（2011：237頁）
⑲　X県教育委員会「これからの高校づくりに関する指針」2018年3月、5頁。
⑳　公立高等学校の適正配置及び教職員定数の標準等に関する法律第9条。
㉑　協力校とは、実施校（本校）の行う通信教育について連携協力を行うものとしてその設置者が定めた高等学校を指し、面接指導又は試験等の実施について連携協力を行うことができる（高等学校通信教育規程第3条）。
㉒　A高等学校「令和4年度（2023年度）学校要覧」を参照。
㉓　手島（2020：75頁）
㉔　学校間連携制度とは、在籍校の校長が認めた場合に他の高等学校等で開設されている科目等を履修し、修得した単位を卒業に必要な単位数に加えることができる制度である（学校教育法施行規則第97条）。

〈引用文献〉
井上恭宏（2017）「公立通信制高校」手島純編著『通信制高校のすべて：「いつでも、どこでも、だれでも」の学校』彩流社、65-88頁。
A高等学校「令和4年度（2023年度）学校要覧」2023年。
香川めい・劉語霏（2016）「生徒減少期の高校教育機会　―日台比較から見る公私分担と多様性の確保の課題―」『教育社会学研究』第99集、5-25頁。
金井徹、後藤武俊、下村一彦（2021）「公立通信制高等学校に関する基礎的研究：都道府県毎の設置状況と独立校における支援システムを中心に」『尚絅学院大学紀要』第81号、1-15頁。
金井徹（2022）「通信制高校における学習支援の取り組み　―公立通信制高校独立校の事例から―」横井敏郎編著『教育機会保障の国際比較：早期離学防止政策とセカンドチャンス教育』勁草書房、178-198頁。
川本吉太郎（2022）「高等学校通信制課程における特例の運用実態　―単位認定に係る教育活動に注目して―」『教育行政学研究』第43号、1-13頁。
篠原岳司（2018）「X県の高校再編に見る人口減少社会の学習権保障：「地域キャン

パス校」制度の検討を中心に」『公教育システム研究』第17号、159-171頁。
高橋亜希子（2011）「X県の高校統廃合をめぐる状況：「新たな高校教育に対する指針」後の動向」『X県教育紀要　教育科学編』第62巻第1号、237-246頁。
滝沢潤（2023）「高等学校における公私間・課程間関係の変容と機会保障の展望―小規模校の存続・活性化の取り組みに注目して―」『日本教育行政学会年報』第49号、85-104頁。
中央教育審議会初等中等教育分科会　個別最適な学びと協働的な学びの一体的な充実に向けた学校教育の在り方に関する特別部会　高等学校教育の在り方ワーキンググループ（2023）「高等学校教育の在り方ワーキンググループ中間まとめ」。
手島純（2020）「通信教育・遠隔教育と教育の機会均等」『星槎大学紀要　共生科学研究』第16巻、75-81頁。
土岐玲奈（2018）「公立通信制高校における包括的生徒支援」『平成29年度　日本通信教育学会研究論集』4-21頁。
土岐玲奈（2021）「通信制教育の今後のあり方　―教育の質保証に向かって―」『星槎大学紀要　共生科学研究』第17巻、34-40頁。
土岐玲奈・保坂亨（2012）「学習にブランクのある生徒に対する学習支援の現状と課題　―通信制高校における調査から―」『千葉大学教育学部研究紀要』第60巻、191-195頁。
「令和の日本型学校教育」の実現に向けた通信制高等学校の在り方に関する調査研究協力者会議（2022）「「令和の日本型学校教育」の実現に向けた通信制高等学校の在り方に関する調査研究協力者会議（審議まとめ）」。

【付記】本研究にあたって、関連資料のご提供や聞き取り調査にご協力をいただきました先生方に心より感謝を申し上げます。なお本研究は、JST次世代研究者挑戦的研究プログラムJPMJSP2132の支援を受けたものであり、JSPS科研費（23H00919）の研究成果の一部です。

The Functions and Limitations of Public Correspondence High Schools in "Widely Dispersed" Municipalities
: From the Perspective of the Guarantee of Opportunities for High School Education

Yoshitaro KAWAMOTO, *Hiroshima University*

The purpose of this study is to investigate the operational realities of public correspondence high schools in "widely dispersed" municipalities, where population decline and school consolidation are progressing, and to clarify their functions and limitations.

In Japan, the high school enrollment rate exceeds 98%, and universal high school education is advancing. However, the number of high school entrants has decreased, leading to the reorganization and consolidation of public high schools. Therefore, it is crucial to focus on correspondence high schools when envisioning the future of high school education. This is because correspondence high schools, which do not require regular attendance, play an important role in ensuring educational opportunities in "widely dispersed" municipalities facing significant challenges.

For this study, I selected X Prefecture, a representative "widely dispersed" municipality, and analyzed the initiatives and operational realities of A High School, the only public correspondence high school in X Prefecture. X Prefecture consists of 179 municipalities, with a large geographical area and uneven population distribution, leading to wide commuting distances for full-time high schools and a trend toward smaller school sizes. In this context, A High School is collaborating with 32 partner schools to conduct educational activities. It has also developed initiatives in partnership with other programs and external organizations.

Given this situation, it can be noted that A High School functions to ensure and include educational opportunities for high school aspirants with diverse needs scattered throughout X Prefecture. In other words, as the only public correspondence high school in X Prefecture, A High School, guarantees educational opportunities for students dispersed across various locations through its various initiatives.

However, A High School faces two main limitations:

(1) The initiatives of A High School are significantly influenced by the trends in high school education policies focused on full-time high schools within X Prefecture.

(2) The legal conditions governing public correspondence high schools are still insufficiently developed.

Specifically, the regulations for teacher allocation are less stringent compared to full-time high schools. Given the increasing number of students with diverse enrollment motivations, such as those who have dropped out of full-time programs or have experienced school refusal, the current situation at A High School highlights the fact that the allocation of teachers to public correspondence high schools is not just a correspondence-specific issue but a pressing challenge for ensuring broader high school educational opportunities. Based on the findings of this study, it is necessary to establish a new high school education system that includes diverse learners, beyond the traditional model based on regular attendance.

Key Words

population decline, educational opportunity guarantee, high school, correspondence course, cooperative school system

Ⅲ　大会報告

●シンポジウム　公教育保障の外延を見極める
趣旨　　　　　　　　　　　　　　　　　　　　　　　　　貞広　斎子
千葉市初の夜間中学校　真砂中学校かがやき分校　　　　　山﨑　二朗
不登校政策は設置・配置主義からインパクト志向への転換を
　　―カタリバの現場から見えること―　　　　　　　　今村　久美
公教育の外延拡張が意味するもの
　　―形式的平等・公正・ケイパビリティの観点から―　　後藤　武俊
総括　　　　　　　　　　　　　　　　　　　　　　　　　貞広　斎子

●課題研究Ⅰ　教育行政の専門性・固有性の解体と変容（1）
　　―官邸主導改革と教育行政―
趣旨　　　　　　　　　　　　　　　　　　　　石井　拓児／谷口　聡
教育政策と中央教育行政の変容をどう捉えるか　　　　　　谷口　聡
権力の集中とその空洞化の中で進む既成事実への屈伏　　　磯田　文雄
科学・学術研究と政府の関係はどう規律されるべきか
　　―「日本学術会議の在り方問題」を中心に―　　　　勝野　正章
総括　　　　　　　　　　　　　　　　　　　　宮澤　孝子／石井　拓児

●課題研究Ⅱ　令和の日本型学校教育下における教師の職務の変容と教師をめ
　ぐる専門性の再定位
趣旨　　　　　　　　　　　　　　　　　　　　吉田　武大／柏木　智子
空洞化する教師の「専門家としての学び（professional learning）」
　　―「令和の日本型学校教育」を担う教師の養成・採用・研修等の在り
　　方について〜「新たな教師の学びの姿」の実現と、多様な専門性を
　　有する質の高い教職員集団の形成〜（答申）（中教審第240号）にお
　　いて―　　　　　　　　　　　　　　　　　　　　　鈴木　悠太
「学習化」する教育における教師の役割
　　―教育方法学の視座から―　　　　　　　　　　　　　熊井　将太
「令和の日本型学校教育」下の教員業務を展望する　　　　神林　寿幸
総括　　　　　　　　　　　　　　　　　　　　吉田　武大／柏木　智子

●若手ネットワーク企画
若手ニーズ調査からみる日本教育行政学会のゆくえ　　　　前田　麦穂

■シンポジウム■

公教育保障の外延を見極める

貞広　斎子（千葉大学）

1．企画趣旨

　我が国の初等中等教育は、同年齢・同時期に空間を共有し、同じ方法で教育を行う学年制を前提とすることで、全体の底上げに貢献してきた歴史を持つ。加えて、教育義務が就学義務として履行されることで、学校（一条校）で、対面・集団の中で学ぶことも重要視されてきた。しかし現在、何らかの理由で就学、つまり学校に通わない・通えない小・中学校の不登校児童生徒の数は、2023年度現在、約30万人（299,048人、前年度244,940人、約2割増）に上る。この数や伸び率は、例外的に学校に馴染めない子どもがいるというレベルを超えているだけではない。むしろ、現在の学校システムに、システム自体の歪み、社会や生育プロセスとのミスマッチが存在することを示しているともいえよう。

　上記の様な状況認識の下、大会時シンポジウムでは、一条校内外のグラデーションを伴う教育の質保証を実現するため、どこまでの多様な教育ニーズに応答して保障しうるのか、するべきなのか、外延を拡げた場合、どのような質保証のシステムが想定されるのか等をテーマとして設定した。

2．御登壇者と新企画

　お願いした御登壇者はお三方、本学会員から後藤武俊会員、認定特定非営利活動法人カタリバ代表理事の今村久美氏、千葉市立真砂中学校・市立公立夜間中学、かがやき分校校長（当時）の山﨑二朗氏である。

この構成自体に、まさにシンポジウム開催趣旨が反映されている。まずは目前で排除されている子どもを如何に包摂するかという観点から、とりわけ、既存の学校の枠組みの中での包摂の実践の観点から山﨑氏（公立夜間中学校校長、同校の設立に教育委員会事務局で関わり、開校に導く）に、更に、既存の学校も前提としながらも、株式会社やNPOといった新たな主体の参入や官民協働の在り方等、多様な担い手による実践から学び考える視点から今村氏（主にNPOの立場から官民協働にも関わり、子どもの居場所づくりや不登校支援に関わる）に、それぞれ御登壇者をお願いした。加えて、そもそも、教育における包摂・排除や（公）教育における社会的公正とはどのような状態を指し、今後、政策上いかなる保障、更に質保証を見据えるのかという観点から、関連する内外の研究蓄積をお持ちの後藤会員にご登壇をお願いした。

それぞれのご報告内容については、本稿に続く各御登壇者からの報告を、ご参照頂きたい。また、当日の議論については、後段のシンポジウム総括にまとめている。

なお、本シンポジウムでは、新たな試みとして、シンポジウムから派生するエクスカーションも企画・運営した。具体的には、学会大会翌日の2023年10月16日（月）の夕刻、山﨑氏が校長を務められる千葉市立真砂中学校・市立公立夜間中学に、会員の参加希望を募って伺った。これは、夜間中学の実際の姿をつぶさに共有させて頂きたいというこちらの厚かましい希望による企画である。エクスカーションの受入を快くお引き受けくださった山﨑氏を始め、授業の参観をお許し頂いた先生方、生徒の皆さんに、改めて御礼をお伝えしたい。なお、大会翌日とはいえ、平日の実施であることから、「大変参加したいのであるが、本務の関係上、残念ながら参加できない、別日にも企画して欲しい」との声を多数頂戴した。この点については、こちらのパワー不足から、十分にお応えできなかった。この場をお借りして、改めてお詫び申し上げたい。

■シンポジウム■
《報告1》

千葉市初の夜間中学校
真砂中学校かがやき分校

山﨑　二朗（前千葉市立真砂中学校・校長）

1．はじめに

　令和5年4月18日、千葉市初の夜間中学が真砂中学校分校としてスタートした。年齢も国籍も多様な中、生徒の「学びたい」という意欲に応え「学べてうれしい・教えてよかった」といえる学校づくりを目指すものである。
　まだ成果と呼べるものは少ないが、現場での取り組みの実態を示す。

2．果たすべき最大の責務「学びの保障」

　「学びたい生徒が安心して学べる」ことが重要であり、そのために保障されなければならない事柄があり、私たちはそれを「学びの保障」と呼んでいる。具体的には「学べる環境の保障・学びのプロセスの保障・学びの結果の保障」の3つの柱で構成し、本校の担う最大の責務との認識の下、日々の教育活動に取り組んでいる。

(1)柱その1：学べる環境の保障

　「安心して学べること」を最優先とし、そのための環境整備をしている。
　まず「人」、教える側＝教職員配置である。
　各学年1学級の計3学級の規模に対し、数はもちろん、多様な生徒実態にも対応できる教職員配置である。
　具体的には、夜間中学専任の教頭、正規教員10名、会計年度教員6名が配置されており、免許外教科は生じていない。加えて、日本語指導教員も含

まれており、外国籍生徒対応にも備えている。
　また、教職経歴も多様で、小学校教員経験者や海外日本人学校経験者、小中学校での管理職経験者もいる。また、養護教諭・事務職員・スクールカウンセラー・教員業務支援員・ICT支援員もおり、恵まれた配置である。
　次に「もの」である。高齢の生徒や障害のある生徒に対応するエレベーターや多目的トイレの設置、ギガタブの一人一台配布はもとより、教材・教具も開校に際して通常の学校同等に導入されている。
　教室は、昼間に使用している組織とタイムシェアする形であるが、夜間中学生徒の居場所として「ホームルーム」を別途新規に設置して、はじめの会（夕礼）や喫食、交流の場として利用している。
　「時間」に関しては、17時20分登校、21時終了としている。これは就労後に登校して来ることや下校時のバス時刻等への配慮である。
　「お金」に関しては、通学定期や学割の発行に加え、就学援助制度も導入しており、市内一般校と同等の援助の仕組みを整えている。

(2) 柱その２：学びのプロセスの保障

　夜間中学においては特別な教育課程の編成ができることを生かし、1日4コマ（1コマ40分）とし、外国籍生徒への対応として「日本語指導の時間」を設定している。ここでは2名の専属教員を中心に、基礎的な内容を学べるようにしている。
　また、全授業TTで実施しており、中にはマンツーマンに近い形での展開もあり、生徒の理解・習熟に合わせた学習指導・支援となっている。

(3) 柱その３：学んだ結果の保障

　本校の定められた課程を修了すると「真砂中学校の卒業証書」を授与することができる。これは「頑張って学んできた結果の証明」であり、その後の上級学校への進路選択の基礎的条件ともなる。
　今年度、3年生6名全員が進学希望である。進路面談はじめ出願に関するサポート、進学希望校への事前説明など「卒業後の進路」への支援も実施している。

3．教育活動の実際

(1)学習活動

　入学時の生徒数は38名であり、国籍は日本を含む7か国、年齢も10代から60代までと多様である。また、今までの学習歴や日本語に関する理解・習熟度もさまざまである。

　そこで「特別な教育課程」で展開している。週20コマとし、教科時数は「国語4・社会2・数学4・理科2・音楽1・美術1・保健体育1・技術家庭1・外国語3・特別活動／道徳／総合1」としている。

　加えて「日本語指導の時間」を取り入れ、1・2年生では「日本語基礎コース」を設定し、国語・社会・理科の8時間分を充当している。

　また、「わかりやすい授業」を展開すること、実態に合わせることが肝要であると考えている。しかし、教科書に沿って進めることはかなり難しい。

　そこで、各教科担当が「手作り教材」を作成し、それをベースに指導している。手間はかかるが必要なことであり、教員の力量発揮の場面でもある。

　授業においては、習熟度に応じた対応が必要であり、そのためにTTは欠かせない。そのため、全て「TT」で展開しており、最大T5まで入ることもある。教員数が多いことのメリットを活かしている。

(2)学校行事

　教科学習以外にも一般校と同様の「様々な経験ができる」機会を提供していくことは大切である。特に、これまで集団での活動経験の少ない生徒も多くいるため、敢えて企画・実行することは意味があると考えている。

　そこで、校外学習（日帰り）・学習発表会等を実施している。どちらも実行委員を募り、できうる限り生徒自身のアイデアを取り入れながら進めてきている。校外学習（日帰り）は、就労先の勤務との関係もあって半数程度の参加とはなったが、教室では見られない笑顔や表情を見ることができた。

　また、学習発表会では「お国自慢・お国の紹介」のプレゼンテーションを行い、相互理解を深める機会とした。発表内容ももちろんだが、「人前で話す経験」を積むこと自体にも非常に大きな価値が含まれている。

4．見えてきた「今後の課題」

　開校前に一定程度の課題が生じることは見込んでいたが、実際の教育活動を展開し、学校運営をしていく中で見えてきたものもある。

　これからも「学びの保障」の責務を担った学校であり続けるため、以下に示す「今後の課題」を認識し、取り組んでいくことが求められる。

　　(1)生徒数の安定的・継続的な確保
　　(2)入学学年決定における客観的判断基準の作成
　　(3)実態を踏まえた「年間指導計画」の策定
　　(4)評価・評定の算出に関する指針の策定
　　(5)原級留置・退学の客観的基準の明確化
　　(6)教職員の継続的な確保

　特に(1)は(6)とも連動するものであり、「一過性の人気」に留まっていてはいけない。夜間中学の魅力を一層アピールするとともに、教育委員会関係部署とも協働して幅広い周知を図る必要がある。必要に応じて近隣自治体への働きかけも視野に入れることが求められる。

　(2)については、日本語能力が大きく関係することがわかってきた。外国籍生徒が半数以上を占める現状に鑑みて、生徒の希望だけに拠らず、客観的な判断基準を早急に作成し、「学習内容と在籍学年とのミスマッチ」をなくすことが必須である。(4)(5)は他市夜間中学とも情報交換し、示唆をもらいながら進めてきており、早期決定を目指したい。

5．終わりに

　多くの期待と役割を背負って開校した夜間中学、それに応えるために目指すは「学べて良かった・教えて良かった」を実感できる学校である。

　この認識を全教職員が共有し、より充実した教育活動を実践していく。

■シンポジウム■
《報告2》

不登校政策は設置・配置主義から
インパクト志向への転換を
―カタリバの現場から見えること―

今村　久美（認定特定非営利活動法人カタリバ）

1．UPDATEが求められる不登校政策

　認定特定非営利活動法人カタリバ（以下、カタリバ）は、2001年から、学校に多様な出会いと学びの機会を届け、社会に10代の居場所と出番をつくるための活動に取り組んでいる団体です。力を入れて行っている事業の一つが不登校支援であり、島根県雲南市、東京都足立区に不登校支援の拠点をもつほか、オンライン教育支援センター（room-K）を運営しています。カタリバの実践現場を通してみえてきたことをお話したいと思っています。

2．ラストワンマイルで支援がとどいていない具体ケース

　ここでは、実践現場で実際に出会ったラストワンマイルで支援がとどいていないケースについて、取り上げたいと思います。
　まずは、長期不登校にも関わらず支援につながっていないAさんの事例です（匿名性を保つため複数の事例を混ぜています）。小学校から不登校状態のAさんは中学2年生となりましたが、学区外から不登校の生徒の多い中学校に進学したことにより、生徒情報の引き継ぎがなされず、学校とのコミュニケーションが希薄となってしまっています。そのことにより、自宅近くの支援機関の情報が得られず、どこにもつながれていない状態が続いています。
　次は、保護者が多忙で支援先につながれていないCさん（中2）のケースです。支援先につながるためには、保護者からの相談や教育支援センター

での面談等のステップが必要ですが、ひとり親家庭ということもあり保護者は仕事が忙しく、そのための余裕がなく支援先にもつながることができていません。教育支援センター側も逼迫している状態で、面談が1ヶ月先のスケジュールとなるなど、多忙な保護者との調整が難航してしまうケースです。

3．設置・配置主義からインパクト志向へ

　前節で取り上げた事例から得た学びは、不登校政策はUPDATEが求められる段階に入っており、"設置・配置主義"から"インパクト志向"へとUPDATEが求められているのではないかということです。
　ここでいう設置主義・配置主義は「不登校特例校を〇〇校つくる」「スクールカウンセラーを〇〇人配置する」といった設置数・配置数によって不登校を解決しようとする考え方であるのに対して、インパクト志向は、設置・配置数を政策の一部と捉え、社会全体のデザインによって、誰ひとり取り残していない状態をつくることを考える志向を指しています。
　設置・配置主義による現状の課題は、第一に、保護者に対して、不登校の児童生徒が利用できる居場所や学びの機会を紹介・マッチングする機能がなく、民間を含めた受け皿を活用しきれていないという点です。そして第二に、不登校の児童生徒が、どこでどのような学びに接続しているのか・できていないのか、学校も行政も把握できていない点にあります。
　インパクト志向で取り組むべきことは、まず教育支援センターを軸に、不登校の児童生徒全員の状況をバイネームで把握、学びの機会から取り残されてしまっている子どもを明らかにすること。そして、明らかとなった学びの機会から取り残されてしまっている児童生徒の家庭に、アウトリーチ支援を行うことではないかと考えています。
　次節では、このように考えるきっかけとなった、島根県雲南市の教育支援センター「おんせんキャンパス」の事例についてご紹介します。

4．インパクト志向の取り組みで成果が出ている不登校支援事例

　島根県雲南市にある「おんせんキャンパス」は、カタリバが島根県雲南市

から委託をうけ運営する教育支援センターです。廃校となった旧温泉小学校の校舎を活用し、2015年6月から不登校支援の取り組みを始めました。おんせんキャンパスで最も大切にしていることは、まずは子どもたちが安心して集まれる"居場所"と、何でも相談できる大人との関係性をつくることです。安心できる環境をつくるために、学校の教員や地域コーディネーター、心理職など多様な経験を積んできたスタッフが、子どもたちの日常を支えています。心の安心のうえで学校への登校や進路実現ができるように、基礎的な学力を身につけるための学習支援や、規則正しい生活習慣や人間関係の構築力を養う体験学習プログラムの実施なども行っています。さらに、おんせんキャンパスでは、施設を利用する子どもたちを待つだけでなく、スタッフが家庭へ訪問する「アウトリーチ」や、学校の別室にユースワーカーを派遣する事業も行っています。

　おんせんキャンパスの事例からわかってきたことの一つに、拠点をもった児童生徒の学校への再接続の割合が高いというものがあります。おんせんキャンパスに通う70％ほどの児童生徒が学校に再接続できている背景には、個別最適な学びへの接続を可能にしていることがあげられます。おんせんキャンパスに通う児童生徒は、家庭、学校、教育支援センターなど様々な学びの場を併用しながら、その子に合った学びを続けることができています。

　事業運営の基本的な考え方として、①子どもだけでなく、保護者、学校との関わりをバランスよく行うこと、②アウトリーチ（訪問支援）により、「つながりにいく」「伴走する」こと、③重層的な課題への対応と長期的な支援を視野に入れ、関係機関とつながることを意識しています。子ども・学校・家庭が互いの関係性の再構築・調整を行うことが、結果的に子どもの成長、自立への近道になるということがわかってきたからです。

　例えば、おんせんキャンパスのアウトリーチ（家庭訪問支援）では、長期的なひきこもり状態にある子どもや、外出などに困難がある子どもに対して家庭を訪問して相談援助支援を行っています。

　アウトリーチは、児童生徒と接触することを目標に、週1～2回訪問を実施していますが、初期段階の信頼関係の構築・回復期では、家庭との信頼関

係の構築に力をいれます。そのうえで、児童生徒と接触を図り、会話を行ったり、一緒に遊んだりなどをしてともに時間を過ごします。次の段階である、自立に向けた伴走期に入ると、学習や学校について話をしたり、外出の練習をしたり、登校の伴走を提案していきます。

　このように、子どもを中心に、支援者・伴走者（家庭、学校、教育支援センターなど）がチームとして支援できる状態を目指しています。学校の先生、保護者や家庭と協働して、子どもにアプローチすることが大事だと考えているからです。

5．誰ひとり取り残さない不登校支援政策とは

　最後に、誰ひとり取り残さない不登校支援政策となるために、設置・配置主義からインパクト志向へのUPDATEのために必要と考えている具体策について提示しておきたいと思います。

　まずは、教育支援センター等、不登校支援の軸となりハブとなる機関を置くこと、そしてハブとなる機関が不登校児童生徒の情報を集約することです。そのうえで、民間も含めた地域のあらゆる支援先と連携を行うこと、行政と支援団体との連絡会議を設置することです。それでも居場所や学びの機会につながっていない児童生徒に対しては、アウトリーチ支援を行い、状況を把握し、適切な支援団体等と接続することです。そして接続先の支援団体からは学校に対して積極的に情報共有を行い、子どもを中心に、家庭・学校・支援者がチームとして支援できる状態をつくること。まさに社会全体をデザインすることによって、不登校の児童生徒が誰ひとり取り残されない状態を作り出していくことが重要だと考えます。

〈引用文献〉
今村久美（2023）『NPOカタリバがみんなと作った不登校―親子のための教科書』ダイヤモンド社

■シンポジウム■
《報告3》

公教育の外延拡張が意味するもの
―形式的平等・公正・ケイパビリティの観点から―

後藤　武俊（東北大学）

１．はじめに

　不登校児童生徒の急増傾向を受け、文部科学省では「学びの多様化学校」（不登校特例校）や校内教育支援センターの設置促進、教育支援センターの機能強化、多様な学びの場・居場所の確保などの施策で構成される「COCOROプラン」を前倒しして推進する方針を打ち出した。同プランは福祉部局と教育委員会の連携を含む「チーム学校」による早期支援や、学校を障害や国籍言語等の違いにかかわらず共生社会を学ぶ場にすることなども挙げている。このように、様々な困難を抱える子どもたちへの、より手厚い教育機会保障の動きが「公教育の外延」において生じている。
　では、このような「外延」の動きは、従来の「中心」における教育機会保障のあり方との関連でどう捉えられるだろうか。一条校への就学義務を前提に、教員免許を有する教員が全国に配置され、その教員が学習指導要領に基づいた教育内容を学年制のもとで教えていく体制＝「日本型公教育」（大桃・背戸2020）が「中心」であるとすると、これは個別の有利・不利に関わらず一律に財を分配することを重視する「形式的平等」原則に立っていると考えられる。一方、上記のような「外延」の動きは、個別の不利・困難に応じて一部の人に財を優先的に分配することを重視する「公正」（equity）原則に立つと考えられる。だが、近年の動きを直ちに「形式的平等」原則から「公正」原則への移行と評価することは拙速に過ぎる。そこで、以下では、

セン（Amartya Sen）のケイパビリティ概念を応用して日本の公教育制度の背後にある財の分配原則の関係構造を描きだし、それが意味するものと問題点を指摘する。次に、公正原則を重視することが、今後どのような制度・政策の実施を要求することになるのかを論じる。

2．日本の公教育制度・政策の背後にある財の分配原則

ケイパビリティとは、様々な「機能」（人が財を用いて実現しうる様々な状態や行為）の組み合わせの達成を通じて自らの望む人生や目的が実現可能な状態にあること＝「生き方の幅」が保障されていることを指す（セン1999：59-60）。これは、ロールズ（John Rawls）のような財の平等な分配にのみ焦点を当てる理論では不十分であるとし、財を実際に利用して目的を実現できる状態にあることを重視するものである。このように、財の平等分配を重視するがいかなる機能を達成するかは問わない立場と、財を用いて達成すべき機能（の組み合わせ）が存在すると考える立場の二つがあるとする

機能を特定しない

財の分配における公正	財の分配における形式的平等
例）「格差原理」(Rawls 1971) ［教育機会の文脈：就学奨励制度、へき地教育振興策、高等学校就学支援金，etc.］	例）「平等な自由」＆「公正な機会均等」(Rawls 1971) ［教育機会の文脈：義務標準法に基づく教員配置，学習指導要領，etc.］

公正 ---- II / I ---- 形式的平等
　　　　　III / IV

機能達成における公正	機能達成における形式的平等
例）ケイパビリティ保障 (Sen 1992) ［教育機会の文脈：特別支援学校・学級，児童生徒支援加配，校内・校外教育支援センター，SC，SSW，夜間中学，学びの多様化学校，フリースクールへの公費補助，etc.］	例）New Public Management（大桃2020） ［教育機会の文脈：全国学力・学習状況調査，学校評価制度，PDCAの強調，etc.］

特定の機能の達成を重視

図：日本の公教育制度・政策における財の分配原則

と、先の形式的平等と公正の区別と合わせて次のような図を描くことができる。

　図の各象限についての説明は紙面の都合上、Goto（2024）に譲る。4つの分配原則の関係構造が示すものは3点である。第一に、日本の教育制度・政策は、教育に関する財の分配において形式的平等を最も重視し（Ⅰ）、それだけでは対応できない、一部の子どもが抱える経済的・地域的な不利に対して追加配分で対応してきたことである（Ⅱ）。言い換えれば、インプットの基準に即して形式的に財を分配し、それでも十分ではない場合に追加配分を行ってきたのである。しかし、第二に、近年では経済的・地域的不利だけでなく、学習・生活面での個別の困難や多様性に応じること（＝特定の機能達成）の必要性が理解され、多様な学びの場・支援の提供や、それらの質保証、利用可能性の拡大が求められるようになってきたことである（Ⅲ）。そして、第三に、通常の学びの場では、高度な資質・能力＝機能の達成が目標化され、それを既存の財・資源のPDCAとカリキュラム・マネジメントで達成させようとする傾向が強くなっていることである（Ⅳ）。つまり、大多数の子どもたちには限られた資源で全国一律に高度な機能の達成を求める一方で、一部の困難を抱える子どもたちには基礎的なニーズに相当する機能の達成を重視するようになっているのである。

　この関係構造が抱える問題として、第一に、Ⅳの要求の高まりがⅢでの対応拡大を生み出している可能性である。具体的には、高度かつ多岐にわたる資質・能力の達成要求それ自体がもたらす直接的影響（学習についていけない）と間接的影響（現有資源で資質・能力の達成を過剰に求められ、教員が十分に個別対応できない）の両面が考えられる。第二に、ⅢとⅣで求める機能に大きな差があることが示すように、基礎的なニーズへの対応が多様な「別の学びの場」においてなされることで、困難を抱える子の境遇への想像力を一般の子どもたちが身につけにくい状況を生み出してしまうことである。Ⅳに軸足を置き続ける限り、こうした「多様な学びの場」は、一般的な子どもたちにとっては「よく知らない」「隠された」場所として存続することになる。

3．公正原則に軸足を置く教育制度・政策へ

　では、Ⅲに軸足を置き、困難を抱える子どもたちとそれ以外の子どもたちを切り分けない制度・政策のあり方とはどのようなものか。論理的に導かれるのは、ⅢとⅣの間に連続性を持たせることである。例えば、武井（2021）は、ニーズ＝「切実な要求」への応答にあたって、まずは「共通の学びの場」である通常の学校・学級における同質性の前提が見直されるべきだと述べ、「切実な要求」に応える限りにおいて「共通の学びの場」と「別の学びの場」の間に区別を設けるべきではないとする。「共通の学びの場」自体が「切実な要求」に応答できるようになることの要請であり、こうした方向で「共通の学びの場」の変革を求めることと同時並行で、「別の学びの場」の多様性を確保していくことが求められる。その際に重要となるのが、多様な場・支援の質保証と利用可能性の拡大である。質保証に関しては貞広（2018）が指摘したように、「育成する視点をビルトイン」したグラデーションのある支援制度が求められる。また、利用可能性の拡大の点では、校内教育支援センターの柔軟な運用や、福祉部局と教育委員会の連携がより一層求められる。公教育の「中心」と「外延」の連続的な捉え直しが求められているのである。

〈引用文献〉
大桃敏行、背戸博史編（2020）『日本型公教育の再検討』岩波書店。
武井哲郎（2021）「新しい日常における学習機会の多様化とその影響」『教育学研究』88（4）、545-557頁。
ロールズ、J.（川本隆史他訳）（1971=2010）『正義論』紀伊国屋書店。
貞広斎子（2018）「教育主体の多様化に対する公財政支出の公共性確保—制度設計の観点から」『教育学研究』85（2）、162-173頁。
Goto, T. (2024) Analysis of the Relational Structure of "Equality" and "Equity" in the Japanese Educational System and Policies: An Application of the Capability Approach and Theory of Caring. *Educational Studies in Japan: International Yearbook*, No. 18, pp. 17-28.
セン、A.（池本幸生他訳）（1992=1999）『不平等の再検討—潜在能力と自由』岩波書店。

■シンポジウム■
《総括》

公教育保障の外延を見極める
シンポジウム総括

貞広　斎子（千葉大学）

　シンポジウムの後半では、それぞれのご報告に応答して、多様且つ本質的なご意見やご質問を多数頂き、実りの多い議論が行われた。ここでは、全てを網羅することはできないものの、参加者間で意見の往還が行われたものを中心に、そのエッセンスをお示ししたい。

１．質保証に関連して

　最も基本的且つ重要な論点として、質保証の問題が議論された。
　そもそも、質保証とは何を指すのかという問いや、形式的平等が充足されない状況をどう捉えて、どこまでを保障するべきなのかという問い、外延に拡がって保証される質と中心となる質をどのように整理するのかという問い等がフロアから提出された。登壇者からは、そもそも形式的平等すら充足されていない現状を鑑みるに、今日の政策やそれを支える思考が、何らかの手立てを講じたら必然的にその結果を問うという罠にはまっているのではないかといった問いかけがなされた。加えて、質保証に関しては、インプット保障とアウトプット保障の両面から考えることができるが、後者の保障に関しても、オルターナティブが想定されるのではないかといった応答がなされた。
　更に、不登校支援を設置・配置主義からインパクト思考へ転換し、子どもをバイネームで把握し、着実に包摂していく結果を思考する試みが必要であるというご登壇者からの提案に関連しても、その際の教育の質保証とは何（どこまで）を想定するのかというご質問や、インパクト思考は自治体の目

シンポジウム

標値の設定や暴走をもたらす可能があり、それらを制御する必要があるのではないかといったご質問、更に、学習権の行使に消極的な子どもについては、インパクト思考に基づくアウトリーチに暴力性があるのではないかといった意見が出された。これらについて登壇者からは、自治体の暴走や暴力性といった危険性があることを想定した上で、だからこそ、いきなり学びの保障は現実的ではなく、本人のやりたい気持ちが中心であり、基本的理念であること、更にそうしたレディネスの無い家庭への訪問は負のハレーションが大きいこと、しかしながら細くても繋がり続けながら「待つ」という姿勢が必要ではないかという応答がなされた。

加えて、学び・教育に繋がる以前に、まず①支援に繋がる、②相談につながる、③居場所に繋がるという前段のステップが必要であり、それぞれのペースでステップを着実に経る必要があるといった意見が述べられた。更に、学校教育の中で保証する質の中には、何を知っているか、何ができる様になうのかといういわゆる到達以外にも、集団生活や協働性があるのではないかという応答もなされた。

2．グラデーションシステムとデュアルシステム

不登校支援を、既存の学校教育からのグラデーションとして連続的に捉えるのか、それとも別立てのデュアルシステムとして設計するのかという点も、議論された。同論点については、夜間中学の様に、一条校でありながら既存の学校とは別の仕組みとして存在しつつ、その実践を既存の学校教育に還元していく方向性や、明確なデュアルシステムとしての別の仕組みも設計しつつ、学校教育の中にも、校内支援センター（居場所）の様なグレーゾーン・余白を作っていく必要性、更に複数のオプション（学校、教育支援センター、フリースクール等）同士が繋がっている必要性等が指摘された。これらは、学校内外で多様な学びの在り方が許容され、子ども各々の学びの保障を社会で拡張していくことを指す。同議論に先行して、フロアからは、ここで指し示すグラデーションが、諸課題の程度なのか種類なのかという提起もなされたが、複合的なグラデーションとして議論では引き取られたと考える。

ただし、同時に、日本で最大の教育資源を有しているのがいわゆる学校であること、更に現在の学歴秩序が学校を中心として成立している現実に照らしてみると、学校機能のデュアルシステム化は、新たな排除や下層を創出するだけになるのではなかという危惧も提示された。この点について登壇者からは、確かにそうした危険性は否定できないものの、下層を問う以前に、今まさに生存の危機にある子どもたちには、フリースクール等のオルターナティブが緊急的にも必要ではないかという言及がなされた。また、夜間中学に関しても、現状より数が増えていけば、状況や意味づけは変化するのではないかという見通しも示された。

　なお、フリースクールに関しては、皆が選べる様になることは歓迎であるが、選べる人（リソースのある人）だけの選択肢になり、公立学校が「残った人の残念な選択肢」となるのは避けるべく、手立てが講じられるべきという意見も出された。この点は、そのリソースを誰（どこ）がどのように負担するのかという課題にもつながっている。

3．人的・物的資源（リソース）

　関連して、既存の学校・学級が多様な学びを保障し、包摂性を高めるために、必要となる人的・物的資源の問題への言及も複数なされた。

　シンポジウムで報告された新設の夜間中学に関しては、市内第1号であることもあり、少人数や外国語指導加配、非常勤講師等も含めて、標準法を大幅に上回る人員配置がなされている。この事例の様に、多様な学びをより手厚いリソース配分で実現する試みは、対象者が一部の少数者であり、それ故に必ずしも広範な社会的合意を必要としない場合には可能であるが、今後、より多くの対象者への保障を考えるとき、持続可能ではない側面もある。既存の学校教育からのリソース付け替えが必要になることも想定され、結果的により配分されるものと現行よりも少なく配分されるものとの間のギャップを白日の下にさらすことになる。こうした状況でも、政治的・社会的合意が調達できるのか。社会的公正との関係からの国民的議論が必要とされよう。

　同様に、既存の学校の中で、多様な学びに対応しようとする場合、とりわ

けリソースが相対的に不足する小規模学校での困難性が想定される。この点については、オンライン等のネットワークも活用し、小規模校同士のリソースシェアに可能性があることが示され、一部実例も紹介された。

4．既存の資源との関係姓

　既存の資源との関係姓も議論された。既存のシステム内でのグラデーションを考える場合も、外延を拡げてグラデーションを考える場合も、既存の資源（適応指導教室や教育相談施設）の活用は最初の選択肢となる。今後、アウトリーチを拡大していく際も、有望な担い手として期待されるであろう。

　ただし、フロアからは、教育相談センター等の既存システムは、職員が学校的な価値観に立つ傾向があり、不登校への理解が十分ではなかったりすることから、利用率も低く、評価されていないという意見が出された。これに対して登壇者からは、内面化された価値を乗り越えて行くことの困難性はあるものの、少しずつでも変化していくことへの期待と手応えが表明された。関連して、参加者からは、当時者の声の反映や代表性確保の道筋に可能性を求める意見も出された。目下、こども基本法が成立し、子どもの声、当事者の声を、制度や政策決定に如何に組み入れるのかが問われている。教育におけるオルターナティブな包摂だけでなく、一条校の問い直しも含めて、「声」を掬い上げ、反映させる仕掛けを、早急に作り上げる必要性が示唆された。

　今後は、試行錯誤しつつ、多様な実践が展開し、積み重ねられるであろう。学校のあり方にも学校外の学びにも、多様に方策が存在し、当事者が選び取り、学びが保障される道が求められる。本学会には、そうした取組全体を理論的にどのように捉えるのかが、重要な研究課題として残されるであろう。

■課題研究Ⅰ■

教育行政の専門性・固有性の解体と変容(1)
―官邸主導改革と教育行政―

石井　拓児（名古屋大学）
谷口　　聡（中央学院大学）

１．課題設定の趣旨

　新たに発足した今期の研究推進委員会（2022年10月～2025年10月）では、3年間を貫いて追究する研究テーマとして「教育行政の専門性・固有性の解体と変容」を設定した。包括的子ども行政の本格的な始動、さらにその背景にある中央行政機構の構造的な変容といった状況を念頭に、こうした状況は、教育行政の専門性あるいは固有性といったものの解体過程とみるべきかそれとも変容過程とみるべきか、あるいはそれは解体的変容のもとでのまったく新しい質的変化をもたらしているとみるべきなのか。教育行政をめぐる今日的な現象について、それぞれ異なる方法や立場でとらえた場合には、その評価もまた多様なものとして把握される。
　とはいえ、私たちが直面している教育行政をめぐる現段階が、従来のものとは明らかに次元を異にしつつあるとみられる以上、教育行政学研究の総力を結集してこの問題の解明に着手する必要がある。こうした新しい段階において、私たちはいかなる研究課題に向き合わなければならないのか、これまで探究されてきた教育行政学研究における基礎概念や重要命題はどのようなチャレンジを受けているのか、教育行政学研究の今後のあり方や方向性を学会全体として議論する場を提供できればと考えた。以上のことは、前期研究推進委員会の主題「教育行政学における基礎概念および重要命題の継承と発展」で蓄積された研究成果を引き継ぐことをねらいとするものでもある。

2．今年度の課題設定と企画の構成

　課題研究Ⅰの初回となる今年度は、「官邸主導改革と教育行政」に焦点をあてることとした。教育行政の専門性・固有性の解体ないしは変容といった現局面は、内閣主導・官邸主導の政治・行政改革の長い歴史的系譜のなかに生み出され、いくつかの段階をともなって形成されたとみられるが、今日的段階をどのようにとらえるべきであろうか。こうした点を検証するために、①現代日本の教育政策における他省庁の影響力とその構造をどうとらえるか、②中央教育行政の構造変容をいかにとらえ、どう評価するか、③一般行政ならびに教育行政の原理・原則（分担管理原則と教育行政の一般行政からの独立性）とは何か、④それらの原理・原則は今日もなお行政機関間関係あるいは政府間関係を規律しうるのか、といった論点を用意し準備をすすめてきた。報告者は以下の方々である。

　谷口聡会員（中央学院大学）には、2001年の中央省庁再編以降の官邸主導改革の進展をいくつかの段階としてとらえ、各省庁と内閣府との関係性がどのように変容してきたのか、政策決定過程の構造的変容とはどのようなものであったのかを検討していただいた。とりわけ教育DX政策の進展とデジタル庁の発足が、教育行政・教育政策にどのような影響を与えているのかが焦点となる。次に、磯田文雄氏（花園大学）には、文部科学省内部に所属してきた立場から、内閣・官邸への権力の集中過程、そのもとでの「法の支配」「分担管理」といった原則がいかにして揺らぎつつあるのかの検証を通じ、教育行政の役割変容について検討をお願いした。さらには、教育行政学研究の重要命題のひとつである学校の自主性・自律性原則についても言及をお願いした。最後に、勝野正章会員（東京大学、日本教育行政学会会長）には、日本学術会議問題を念頭に、学術行政と政府の関係性はいかにして規律されるべきかを検証し、そのうえで教育行政と政府との関係性を規律する制度原則である「分担管理」「独立性」の今後の有用性・有効性について論じ、民主的統制のメカニズムを組み込む新しい制度確立に向けた課題を提起していただくこととした。

■課題研究Ⅰ■
《報告1》

教育政策と中央教育行政の変容を
どう捉えるか

谷口　聡（中央学院大学）

1．はじめに

　2001年の中央省庁再編以降の政策は官邸主導と評されてきたが、近年、教育領域におけるその強度は一段高まったように見える。また、デジタル庁、こども家庭庁の新設など、府省庁間の連携にとどまらない行政機関の再編も進行している。2010年代半ば、首長主導改革や地方教育行政法の改正によって地方教育行政（教育委員会制度）のあり方が問われたように、官邸主導の教育政策が進行する現在、中央教育行政のあり方が鋭く問われている。
　本報告は、同じく官邸主導と評された2000年代前半（小泉政権）と2010年代（第2次安倍政権）以降の比較から中央政府における政策決定過程の構造変容を明らかにし、それが教育政策にいかに現れているかを分析する。その上で、中央教育行政を規律する原理について課題提起する。

2．官邸主導と府省庁連携による政策決定

　戦後日本の中央行政は、日本国憲法の権力分立に則った「分担管理」を基本原則としてきた。すなわち、主任の大臣を長とする各省が個別の行政事務を担い、内閣は各省大臣の行政権を統轄する権限のみを有するとされてきた。しかし、中央省庁等改革基本法（1998年）は、分担管理原則を緩和し、政策の企画立案や総合調整に関する官邸の機能を強化した（閣議における首相の発議権の明確化、内閣官房の最高調整機関化、内閣府の新設など）。これ

により2000年代前半の政策決定において、公共事業（教育、医療、道路など）の規制改革・民間開放ないし縮小を志向する官邸―内閣府（規制改革系会議など）―財務省と、それを所管する各省（文科省、厚労省、国交省など）―自民党族議員との「対立」構造が形成される。構造改革特区における民間事業者の学校設置、義務教育費国庫負担制度の改正、学校選択制の導入などに、その対立構造は現れた。

　2010年代以降、官邸の統合機能の強化がさらに進められる（内閣人事局の新設、閣議決定に基づく本部・会議設置の多用など）。併せて、官邸・内閣府の主導性を維持した上での分担管理原則の後退が進められる。2015年の内閣官房・内閣府見直し法（通称）により、各省大臣は、内閣の重要政策について、閣議において決定された基本的な方針に基づいて内閣・内閣官房を助けること、また、行政各部の施策の統一を図るために必要となる企画、立案、総合調整を担うことになった。加えて、リーマンショックによる市場原理（行財政の縮小と民間開放）の限界が顕になったことから、国家主導による産業政策への重点移動が起こる。結果、各省は、縮小対象ではなく官邸・内閣府（CSTIなど）が設定する枠組み（産業政策としての科学技術・イノベーション政策など）の中で新たな役割・貢献を求められ、また、府省庁間および官民の連携を求められるようになる。

　このような「分担」から「対立」、そして、「連携」および「従属」とも言いえる政策決定過程の構造変容は、中央行政における総合調整と分担管理はいかにあるべきか、という課題を浮上させる。

3．公教育で進行する官邸主導と府省庁連携

　公教育領域における官邸主導かつ府省庁連携は、教育のデジタル化政策に顕著に現れている。産業政策の一環として官民連携による社会全体のデジタル化（「Society 5.0」構想、デジタル社会形成基本法、デジタル社会の実現に向けた重点計画）が進められているが、それは、あらゆる領域におけるデータの標準化および規制・制度改革として展開されている。周知の通り「GIGAスクール構想」によって児童生徒への1人1台情報端末の整備が実

現した今、教育政策の課題はそれをいかに利活用するかに移行している。デジタル庁、総務省、経産省、文科省は、協働で「教育データ利活用ロードマップ」（2022年1月7日）を作成し、また、CSTIは中教審と産業構造審議会の委員を含む「教育・人材育成ワーキンググループ」を設置し、各府省庁を横断する政府全体の政策ロードマップ「Society 5.0の実現に向けた教育・人材育成に関する政策パッケージ」（2022年6月2日）を作成した。そこでは、カリキュラム、評価手法、学び方などの教育の根幹部分、また、学年、教室、教育費など学校制度の根幹部分に関して、文科省、デジタル庁、総務省、経産省、内閣府の分担実施体制で取り組むことが定められた。府省庁連携による教育政策の立案、決定、実施の過程において、教育と教育行政の専門性が発揮される条件が減退していくことが懸念される。

4．中央教育行政を規律する原理とは

　従来、教育行政の制度原理として「教育行政の一般行政からの独立」が存在し、その具体化として教育委員会制度があると理解されてきた。上記の通り官邸主導および府省庁連携による教育政策が進行する中で、この原理を地方教育行政に固有のものと捉えるのではなく、中央教育行政への適用可能性を検討する必要が生じている。

　教育行政の一般行政からの独立の前提には、「教育と教育行政の区別」という基本原理が存在する。1947年制定の教育基本法は、第10条において「教育」を主語とする1項と「教育行政」を主語とする2項とを書き分け、教育と教育行政との原理的および制度的な分離を確認した上で、1項において教育の自主性と直接責任性の原理を、2項において条件整備作用としての教育行政を規定していた。2006年に改正された同法は、旧法にあった「教育」と「教育行政」の区別を第16条1項の前段と後段において維持しつつ、教育の自主性の法的根拠としての「不当な支配」の禁止規定を保持した。教育基本法の全面改正においてもなお、教育の自主性確保と教育行政による条件整備を旨とする「教育と教育行政の区別」が堅持されたのは、教育が子どもの内面形成（価値）と真理（科学）に関わり、かつ、学習者と教育者の相

互的関係において成立するという本質的性格＝条理を踏まえてのことだと解される。教育と教育行政の区別は、教育条件整備における一般行政からの影響を限定するために「教育行政の一般行政からの独立」原理を導く。したがって、同原理は、「中央教育行政および地方教育行政の区別なく適用される」[1]ものと捉えるべきだろう。

5．おわりに

　中央教育行政（文科省）が一般行政から独立して（官邸主導の政策に従属させられることなく）条件整備作用を担うことは、いかに可能だろうか。再考に値するのが、日本国憲法の権力分立に則り政官関係を分権的なものとした分担管理原則である。同原則は閉鎖的・専権的な行政との批判のもとで後退させられてきたが、教育政策の実態に照らした場合、問題の本質は分担管理原則にあるのではなく、教育と教育行政の区別を無視した中央集権的で上位下達な教育政策にあると考えられる。すなわち、子ども、保護者、地域住民、民間団体、教職員、地方教育行政職員、研究者など、それぞれの実態や実践あるいは立場や専門性に即した要求や提言を集約・反映する制度が、学校、地方、国のいずれの段階においても不十分であることが、教育行政の閉鎖性・専権性の要因なのではないだろうか。その構造を維持したまま、教育の統治主体が文科省から官邸を中心とする府省庁連合に移った場合に起こりうるのは、経済財政や科学技術イノベーションの論理に根ざした政策と、教育現場が求める施策とのさらなる乖離である。今、中央教育行政がすべきは、各主体の要求・提言を集約するのため制度構築と、それを条件整備施策に具体化する専門性の発揮なのではないだろうか。

〈註〉
(1) 世取山洋介「新自由主義教育改革、教育三法、そして教育振興基本計画」『日本教育法学会年報』第38号、有斐閣、2009年、12頁。

■課題研究Ⅰ■
《報告2》

権力の集中とその空洞化の中で進む既成事実への屈伏

磯田　文雄（花園大学）

1．権力の集中

　塩野宏が、『行政法Ⅲ〔第五版〕』（2021）で警鐘を鳴らしているように、「法解釈の名において実務は進行し、学説もこれに対応して、行政組織法論が展開されるという状況にある」。現状追認の法解釈が行われているのである。また、第二次安倍内閣以降、「内閣官房の業務見直し方針が示されたにもかかわらず、その後も内閣官房における総合調整業務の追加を見ている」（塩野宏、前出）。権力の官邸への集中はとどまる所を知らない。

　この官邸への権力の集中は、橋本龍太郎内閣が主導した2001年の中央省庁等改革を嚆矢とする内閣機能及び内閣総理大臣の権限の強化の結果である。各省の重要政策は、首相官邸の意向の下、内閣官房、内閣府等で企画立案され、各省にはその政策を施行する任務だけが与えられる。各省の官僚の機能も重要政策の企画立案は求められなくなる。各省大臣の裁量権も大幅に縮小され、その能力に対する期待も大きくない。すなわち、首相官邸を中心とした大統領制的行政運営が行われているのである。

　磯田文雄は、「カリキュラムの行政学的研究」（2019）の中で、教育行政が内閣の統括下に置かれるようになったことを明らかにしている。今日の教育行政について、教育再生実行会議が教育行政施策の決定権を有するようになり、文部科学省や中央教育審議会がその下請け機関と化したこと、その原因を内閣人事局の誕生等に求める議論が広く展開されている。

しかしながら、このような分析だけでは現状を是正することはできない。権力の集中が何をもたらしているのか、その権力の中枢では何が起きているのか、その現実を冷静にとらえ、その処方箋を考えなければならない。

2．分担管理原則の崩壊

2020年2月27日、安倍晋三首相は全国の全小中高等学校等の一斉休校要請を行ったが、この要請は分担管理原則を否定し、「法の支配」（rule of law）の原則を揺るがすものであった。

内閣総理大臣は内閣の代表である。日本国憲法は、議院内閣制をとり、第5章内閣の冒頭第65条で「行政権は、内閣に属する。」と規定している。大統領制をとるアメリカ合衆国憲法は、第2章［執行部］第1条［第1項］で「執行権は、アメリカ合衆国大統領に属する。」と規定されているのとは大きな違いがある。

次に、憲法72条は、「内閣総理大臣は、内閣を代表して議案を国会に提出し、一般国務及び外交関係について国会に報告し、並びに行政各部を指揮監督する。」と定めている。法学協会『註解日本國憲法下巻』（1954）は、「内閣の下にある行政各部に對する監督は内閣の權限に属するのであるが、これも、内閣總理大臣が内閣を代表してこれを行うこととなる」と解説している。

「憲法第74条に「主任の国務大臣」という観念が見られることから各国務大臣が何らかの行政事務を主任として分担するという思想を憲法が前提としていることが窺われ」（佐藤功、1885）る。内閣法第3条第1項や国家行政組織法第5条第1項にいう「分担管理」規定も分担管理原則の根拠となる。

佐藤功（1885）が論ずるとおり、内閣法第6条が「内閣総理大臣は、閣議にかけて決定した方針に基いて、行政各部を指揮監督する」と定めている以上、「内閣総理大臣が行政各部に対する指揮監督権を行使するには予め閣議で決定された方針に基づくことを要し、閣議決定がなされていないにもかかわらず（すなわち内閣の意思とは無関係に）単独で指揮監督権を行使することはできない。その意味で内閣総理大臣の指揮監督権は閣議に拘束される。すなわち内閣総理大臣は内閣の首長ではあるが、なお内閣の構成員であり、

内閣から独立した地位（内閣の上位の段階の地位）にあるものではないからである。」

　分担管理原則の崩壊は、市橋克哉（2020）が論じているように「これまで主に行政庁が有する裁量権コントロールを使命としてきた行政作用法も、現状ではその規律の枠から外れてしまった内閣の総合的調整に関わる裁量権をいかにコントロールするかへの対応が求められている」。分担管理原則は崩壊し、内閣官房、内閣は法の支配の外で活動しているのである。

3．権力中枢の空洞化

　ところが、権力が集中しつつある権力中枢ではその空洞化が進んでいる。全国一斉休業要請は、首相と一部側近補佐官等とのわずか5時間前の打ち合わせで「政治判断」として打ち出される。アベノマスク、Go Toトラベルなど官邸のコロナ対策は場当たり的であり混乱している。なぜなら官邸の中枢が空洞化しているからである。

　分担管理原則の下での行政であれば、それぞれの行政分野の知見と経験の蓄積の上に、そして、関係者のネットワークの中で行政が企画され展開されるが、官邸に勤務する少数の経産官僚だけで日本の行政を行うとすれば、それは日本の官僚システムの経験の蓄積と能力を使わないということであり、少数の経産官僚の能力が我が国の行政能力とイコールとなるからである。

　休校要請について、安倍総理は直接専門家の意見を聞かない政治決断だったことを国会で答弁している（2020年3月2日参議院予算委員会）が、東条英機が「人間たまには清水の舞台から眼をつぶって飛び降りることも必要だ」（丸山眞男、1964）といって対米宣戦布告をしたときと同様の状況に日本の官邸は今ある。

4．既成事実への屈伏

　このコロナウイルス禍の混乱期において、文教行政の方針は一貫している。それは、学習指導要領行政体制の堅持である。文部科学省は、令和2年5月15日付け初等中等教育局長通知において、当該学年で指導すべき事項を次

学年または次々学年に移して教育課程を編成することを認めることとした。

　しかしながら、現場では全く異なる展開を見た。「学校行事の重点化」の名のもとに学校行事は「不要不急」のものとして取り扱われ、ほとんど中止または大幅な簡素化の憂き目を見た。一方、学校の授業は教科学習に集中した。特に算数・数学及び理科である。これらの教科内容を教え残すことのないよう教科学習は流れるように進んだ。その結果、意外にも多くの学校で、算数について小学校6年生が12月には小学校全ての学習内容を終えている。形だけの学習指導要領体制が維持された。

　丸山眞男は、「軍国支配者の精神形態」（前出）のなかで「既成事実」への屈伏とは「既に現実が形成せられたということがそれを結局において是認する根拠となることである」と定義している。我が国は、最高権力の掌握者たちが実は右翼浪人や「無法者」の作った「既成事実」に喘ぎ喘ぎ追随していき、大戦の惨禍をもたらすことになったのである。

　今日の我が国も、官邸の権力の空白の中で積み重ねられる「既成事実」に屈服し、本来の国民の利益や福祉は等閑視されている。教育行政で大切なのは子どもの学習権の保証であるが、コロナ禍では学習指導要領体制の堅持が目的と化してしまった。

〈引用文献〉
塩野宏『行政法Ⅲ〔第五版〕』有斐閣、2021年4月20日、ⅰ頁、52頁
磯田文雄「カリキュラムの行政学的研究」日本カリキュラム学会編『現代カリキュラム研究の動向と展望』教育出版、2019年、334〜335頁
法學協會『註解日本國憲法下巻』有斐閣、1954年、1072頁
佐藤功『行政組織法〔新版・増補〕』有斐閣、1985年、87頁、306頁
市橋克哉『アクチュアル行政法〔第三版〕』法律文化社、2020年4月、ⅱ頁
丸山眞男「軍国支配者の精神形態」『現代政治の思想と行動』（増補版）未来社、1964年、89頁、106〜116頁

■課題研究Ⅰ■
《報告3》

科学・学術研究と政府の関係はどう規律されるべきか
――「日本学術会議の在り方問題」を中心に――

勝野　正章（東京大学）

1．はじめに

　2020年10月、菅義偉首相（当時）は日本学術会議が推薦した第25期新規会員候補者のうち6名の任命を見送った。日本学術会議は、その理由の説明と6名の速やかな任命を強く求めたが、政府は「一連の手続きは終了している」との見解を示し、要望を拒否し続けた。21年4月、日本学術会議は「日本学術会議のより良い役割発揮に向けて」を総会決議するも、総合科学技術・イノベーション会議（CSTI）の「日本学術会議の在り方に関する政策討議」（21年5月～22年1月）では、科学的助言機能、科学者間のネットワーク構築と会員選考等、財務及び組織形態等の「在り方問題」が議論された。
　22年12月、内閣府は「日本学術会議の在り方についての方針」を示した。これに対し日本学術会議は、自律的かつ独立した会員選考への介入となるおそれがあることなどの方針に関する懸念事項を挙げ、声明「内閣府『日本学術会議の在り方についての方針』（令和4年12月6日）について再考を求めます」を発出した。さらに、上記方針に即した日本学術会議法の改正案の準備を進めた政府に対し、日本学術会議は23年4月、改正案の国会提出を思いとどまり、「日本学術会議のあり方を含め、さらに日本の学術体制全般にわたる包括的・抜本的な見直しを行うための開かれた協議の場を設けるべき」とする勧告「日本学術会議のありかたの見直しについて」及び声明「『説明』ではなく『対話』を、『拙速な法改正』ではなく『開かれた協議の場』

を」を公表した。これを受けて、政府は法案の国会提出を見送り、同年8月、内閣府特命担当大臣決定により、日本学術会議に求められる機能及びそれにふさわしい組織形態の在り方について検討することを目的として、「日本学術会議の在り方に関する有識者懇談会」を開催した。

2．日本教育行政学会の対応

　日本教育行政学会は、2020年10月、日本教育学会による「日本学術会議第25期新規会員任命に関する緊急声明」に会長名で賛同した。この声明は、任命見送りは、日本学術会議の独立性を脅かし、「学問の自由」を侵害する重大な事態であるとし、任命見送りの経緯及び理由の説明と任命見送りの撤回を求めていた。あわせて、人文社会系学会との共同声明にも同じく会長名で賛同した。

　これらの対応は、当時の古賀一博会長のもと、常任理事会、全国理事会における丁寧な検討と議論を経て決定された。さらに古賀会長は、日本教育行政学会年報第47号に論文「我が国の学術行政及び教育行政の現状と諸問題—日本学術会議の任命拒否問題の分析を通して」を寄稿し、「学問の自由」、日本学術会議法、内閣法、行政手続法の観点から任命拒否の違憲性・違法性を論じるとともに、任命拒否問題が人事・予算を通じての「大学の自治」に対する干渉、教育に対する政治的統制強化と通底するものであると指摘した。

　2023年1月、日本学術会議が声明「内閣府『日本学術会議の在り方についての方針』（令和4年12月6日）について再考を求めます」を発出したことを受けて、会員任命拒否への対応の際に採られた手続きに則り、日本教育行政学会は会長名で賛同を表明した。

3．Science for Policy

　日本学術会議問題は、首相による会員候補者の任命拒否を発端として、その在り方全般に係る論点に及ぶこととなった。日本学術会議は、「日本学術会議のより良い役割発揮に向けて」（21年4月）において、ナショナルアカデミーの5要件（①学術的に国を代表する機関としての地位、②そのための

公的資格の付与、③国家財政支出による安定した財政基盤、④活動面での政府からの独立、⑤会員選考における自主性・独立性）を示したが、その後も政府との議論は十分にかみ合うことなく、平行線をたどった。

日本学術会議の政府からの独立性をめぐる、その議論の根底には「学問の自由」、すなわち科学・学術研究に対する権力、とりわけ国家権力、政治権力はどう規律されるべきかという問いがある。

2002年12月の内閣府方針には、「政策判断を担う政府等に対して科学的知見を提供することが期待されている日本学術会議には、政府等と問題意識や時間軸等を共有しつつ、中長期的・俯瞰的分野横断的な課題に関する質の高い科学的助言を適時適切に発出することが求められている」とある。ここで述べられている政府への科学的助言について、日本学術会議は「政府等との協力の必要性は重要な事項であるが、同時に、学術には政治や経済とは異なる固有の論理があり、『政府等と問題意識や時間軸等を共有』できない場合があることが考慮されていない」と懸念を表面した（声明「内閣府『日本学術会議の在り方についての方針』（令和4年12月6日）について再考を求めます」）。

アカデミアによる科学的助言（Science for Policy）については、近年、国内外において、政策形成における科学と政府の役割及び責任に関する原則・指針・行動規範を定めようとする動きが見られた。日本では、2011年に独立行政法人科学技術振興機構（JST）研究開発戦略センターが戦略提言「政策形成における科学と政府の役割及び責任に係る原則の確立に向けて」を公表した。そこでは、「科学的助言者の独立性の確保」について、「政府は、科学的助言者の活動に政治的介入を加えてはならない。科学的助言者は、政府を含め、科学的助言に恣意的な影響を及ぼす可能性のある組織ないし個人に影響されることなく、客観的で公平な姿勢で科学的助言を行う」と述べられている。

4．科学技術・学術政策の変容

2001年の中央省庁再編により、「重要政策に関する会議」の一つとして、

内閣府に総合科学技術会議が設置された（2014年より、総合科学技術・イノベーション会議（CSTI）に名称変更）。2020年には科学技術基本法（1995年施行）が科学技術・イノベーション基本法に改正され、新たに人文のみに係る科学技術、イノベーションの創出が振興対象に追加された。この間、CSTIの「司令塔」機能、独自の予算配分により、文部科学省が学術政策、内閣府等が科学技術政策を担うとする「分担管理原則」の形骸化が進んだ（小林2018）。そのうえ、他の「司令塔」との連携強化のもと、科学技術・学術政策の政府による成長戦略の「下位戦略化（用具化）」が進行している（小林2018）。

　「分担管理原則」の形骸化は、政策領域（「縄張り」）を規律していた原理・原則のなし崩し的な無力化をもたらした可能性がある。「学問の自由」（「大学の自治」）は、従来的な意味での規範としての有効性を失いかけているように見える。学問・研究に対する国家権力による禁止、弾圧は許されないことが規律の中身として重要であったのに対し、軍事的安全保障研究のように、制約からの解放を唱える「自由にする権力」との関係も検討されなくてはならなくなっている。「日本学術会議の在り方問題」は、誰のための、何のための学問・科学なのかを再帰的に問う（民主的統制のメカニズムを組み込み）、科学技術・学術研究と政府の関係を規律する原理・原則を再構築するという課題を提起している。

〈引用文献〉
小林信一（2018）「総合科学技術・イノベーション会議の変質と用具化した政策」『科学』Vol.88, No.1

【謝辞】本報告の準備において、東京大学の阿曽沼明裕教授より、日本の科学技術・学術政策の歴史及び現代的課題についてご教示いただきました。ここに記して感謝申し上げます。

■課題研究Ⅰ■
《総括》

教育行政の専門性・固有性の解体と変容(1)
―官邸主導改革と教育行政―

宮澤　孝子（宮城教育大学）
石井　拓児（名古屋大学）

１．各報告の概要

　谷口聡会員（中央学院大学）「教育行政と中央教育行政の変容をどう捉えるか」では、2001年の中央省庁再編以降の内閣主導・官邸主導改革の歴史的経緯を概観しつつ、デジタル庁やこども家庭庁の新設によって、改革は新しい段階に入ったと分析する。とりわけ2012年の第二次安倍政権の発足後、内閣人事局の新設（2014年）によって官邸が人事を通じて各省庁をコントロールするようになり、さらには閣議決定など政府の決定に基づいて本部・会議が多数設置されてきたことにより、結果として分担管理原則の後退を招いていると指摘した。2014年の内閣府設置法改正によって設置（改組）された総合科学技術・イノベーション会議（CSTI）が中心となり、内閣・内閣府・経産省が主導して政策枠組みが形成され、各省庁はこの枠組みを前提に政策を立案せざるをえなくなっているとする。教育政策領域におけるその典型は、教育DX政策の形成過程にみられるとし、デジタル庁・総務省・経産省・文科省の協働による「教育データ利活用ロードマップ」（2022年１月７日）が作成されていること、CSTIが各府省の政策領域を超えて政府全体の政策ロードマップ「Society5.0の実現に向けた教育・人材育成に関する政策パッケージ」（2022年６月２日）を作成していることなどを挙げ、カリキュラム、評価手法、学び方など教育の根幹部分、また、学年、教室、教育費など学校制度の根幹部分に関する内閣や他省庁の政策的関与が、従来にはな

い次元に到達していると指摘した。

　磯田文雄氏（花園大学）「権力の集中とその空洞化の中で進む既成事実への屈伏」でも、谷口報告と同様の認識が示された。すなわち、2014年の内閣人事局の誕生により官邸が人事権を掌握し、このことによって各省と官邸との権力関係は一変したという。内閣官房の定員は中央省庁等改革前の377人（2000年）から1,024人（2014年）に、各省庁からの併任は445人（2000年）から1,905人（2014年）と大幅に増員され、内閣及び内閣府の機能は肥大化し、その一方、各省の政策形成機能の低下をもたらしたとする。そのうえで磯田氏は、「法の支配（rule of law）」の原則が揺らいでいるのではないかとして、その具体的な問題のひとつにコロナ禍の2020年2月27日の安倍晋三首相（当時）による全国の全小中高等学校等への一斉休校要請を挙げた。学校設置者に対して一斉休校を要請する権限は、「分担管理原則」（内閣法第3条1項）にもとづき総理にではなく文部科学大臣にあるからである。さらに、磯田氏は、権力が集中しつつある権力中枢において、その空洞化が進んでいるという。官邸の権力の空白の中で「既成事実への屈伏」が進み、本来の国民の利益や福祉が等閑視されていると指摘した。

　勝野正章会員（東京大学）の研究報告「科学・学術研究と政府の関係はどう規律されるべきか―「日本学術会議の在り方問題」を中心に―」では、2020年に起きた日本学術会議会員の任命拒否問題の延長に、「論点のすり替え」のなかで「日本学術会議の在り方問題」へと展開し、学術行政と政府の関係をどう規律するべきかが鋭く問われている現状が示された。勝野会員は、2022年12月21日に発出された日本学術会議の声明において、法改正を必要とすることへの理由（立法事実）が示されていないこと等の懸念が表明されていることに加え、学術には政治や経済とは異なる固有の論理があり、「政府等と問題意識や時間軸等を共有」するということが常に予定調和でなされるわけではない点を強調し、地球温暖化、環境破壊、感染症、格差等のグローバルかつ日常生活に身近な諸問題に対する価値判断とともに科学的知見による根拠づけを伴った政治対応が求められるなか、政策形成における科学・学術研究と政府それぞれの役割と責任が問われているとした。

勝野氏は、2000年頃から世界各国で政府による科学に対する介入、不当な政治的圧力の顕在化が問題となってきたと指摘しつつ、各国であらためて政策形成における科学と政府の関係性をめぐる原則・指針・行動規範として「独立性」「透明性」「公開性」「科学的助言の公正な取扱い」等が確認されてきているとした。CSTIをはじめとする内閣・内閣府の司令塔機能の強化、独自の予算配分、バックキャスト（未来像・社会像の提示と共有＝強制）、その結果としての教育政策への強い波及力について言及しつつ、現行法のなかにどのような手掛かりがあるか問題提起した。

2．討論のまとめ

　討論では、次のような点について質疑応答がなされた。
　第一に、教育行政の専門性と独立性にかかわってである。質問者からは、行政の専門性の確保のためには、執行機関の政治的独立性とともに行政組織内部における行政官自身の政府からの独立性が必要であり、行政官の身分保障を含めどのように現状を把握すべきかとの質問が出された。登壇者からは、内閣人事局の誕生により、内閣府への官僚の出向・併任は政治的任用にさらされてきており、固有の行政領域の専門性を代表するという自覚が弱まりつつあるのではないかとの認識が示された。
　第二に、「官民連携」「府省間連携」をどう評価するかという点である。質問者からは、連携そのものが批判されるべきなのか、あるいは、「教育行政の一般行政からの独立」にたった上での連携が模索されていくのかといった質問がなされた。登壇者からは、連携そのものは否定されるべきではないが、今のように原則なき連携をとると従属に陥ることを踏まえると、原則からあるべき組織や法規定をまず見直すことを考えるべきとの応答がなされた。
　第三に、こども家庭庁設置をめぐる現状をどう把握するかという点である。質問者は、こども家庭庁創設過程における国会議事録等をみる限りは、「司令塔機能」「調整機能」といった点が過度に強調される内容となっているとみられ、谷口報告が指摘する内閣主導・官邸主導改革の一環に位置づけてとらえるべきではないかとの意見が出された。

第四に、「Society5.0」「スマートシティ」という未来像（バックキャスト）をもとに内閣・官邸を中心とする政策形成がなされ、これが各省庁の政策に影響力を及ぼしている点についてである。質問者からは、「Society5.0」「スマートシティ」といったものがいずれも曖昧あるいは無内容なものとなっているのではないか、あるいは科学的根拠の疑わしい多くの政治的言説がみられることについての意見が出された。登壇者からは、あらためて科学の役割が強く要請される社会段階にあること、民主主義社会を維持するうえで科学が果たす役割についてそれぞれの見解が示された。

　第五に、国民自身の自発的な「権力への従属」「抵抗の放棄」がみられるのではないかとの質問が出された。権限の分担管理あるいは下方移譲をどうすすめるのか、権力の空洞化からいかにして回復するのか、直接民主主義・市民参加の仕組みを行政や社会の内部にどのようにして組み込んでいくのかなど、検討すべき課題について議論が交わされた。

3．今後の課題

　今回の課題研究では、官邸主導・内閣主導の政治改革の現段階をどのような構造として把握するのかを中心に、分担管理、教育行政の一般行政からの独立、学校の自主性・自律性といった諸原則に照らして考察と分析を行った。しかしながら、こども家庭庁の行政組織的特質はどこにあるのか、そのもとで文部科学省（教育行政）の役割はどのように変容することになるのか、制度発足から十分な時間が経過していないこともあってその具体的な内容については検証できなかった。こども基本法・こども政策大綱のもつインパクト、地方自治体における総合行政化の動向と課題、自治体レベルですすむ子どもの権利条例の制定普及状況等々についてさらなる検討と分析を行い、総合的な考察をすすめることが今後の課題となる。

　最後に、精巧な分析とともに原理原則の観点から鋭く現状の問題を告発し、極めて重要な問題・論点を提起いただいた報告者のみなさんと、積極的に討論にご参加いただいた会員のみなさまに、記して心より感謝申し上げることとしたい。

■課題研究Ⅱ■

令和の日本型学校教育下における教師の職務の変容と教師をめぐる専門性の再定位

吉田　武大（関西国際大学）
柏木　智子（立命館大学）

【趣旨】

　近年、学校現場においては、ICTの活用や自由進度学習の導入が進められるなど、子ども一人ひとりの興味・関心や発達の状況等に応じた学習方法が実践されつつある。一方で、民主的な社会の形成に向け、学びにおける他者性を重視する見解もかねてより示されている。

　こうした状況の中、2021年1月26日に中央教育審議会から「『令和の日本型学校教育』の構築を目指して〜全ての子供たちの可能性を引き出す、個別最適な学びと、協働的な学びの実現〜（答申）」が発表された。同答申では「令和の日本型学校教育」の姿として、「個別最適な学び」や「協働的な学び」が示されている。「個別最適な学び」と関わっては、「子供一人一人の特性や学習進度、学習到達度等に応じ、指導方法・教材や学習時間等の柔軟な提供・設定を行うことなどの「指導の個別化」が必要である」[1]と指摘されている。この「指導の個別化」は、従来の学校教育のありよう、とりわけ、一斉授業を行ってきた教師の職務のあり方に大きな影響を及ぼすものであることが考えられる。しかしながら、同時に「協働的な学び」が求められる背景には、多様な他者との相互作用を通じて創造される学びへの敬重がある。

　教育行政を対象とする本学会として、今後の学びの有り様に教育行政がどのように向き合うべきなのかを検討することは、教師の職務と専門性のあり方を考えていく上で重要な意義を有するといえる。ただ、「個別最適な学

び」に関する施策は実施され始めたばかりであり、これらの施策が教師の職務にいかなる変化と帰結をもたらすものであるのかについては慎重に見極めていく必要があるだろう。

　以上の問題意識のもと、本課題研究Ⅱでは、鈴木悠太会員（東京工業大学）、熊井将太氏（安田女子大学）、神林寿幸会員（明星大学）の3名に報告を依頼した上で、次の事項を検討していくことをねらいとして企画された。

　教師の職務のあり方を追究していく前提として、そもそも教師の専門性が現在の政策でどのように措定されているのかを明らかにすることが求められよう。鈴木会員には、中央教育審議会が2022年12月19日に発表した「『令和の日本型学校教育』を担う教師の養成・採用・研修等の在り方について〜『新たな教師の学びの姿』の実現と、多様な専門性を有する質の高い教職員集団の形成〜（答申）」等を手がかりとして、そこで示されている「教師の学びの姿」はいかなる特徴を有するのかについて報告いただくこととした。

　「個別最適な学び」の推進に当たっては、ICTの活用が推奨されたり、学習教材が経済産業省主導のもとで作成されたりするなど、従来の一斉授業方式による授業運営とは異なる動きがみられつつある。このような動向は教育の実践者としての教師の職務に大きな影響をもたらすことが考えられる。したがって、その展開について、教育方法学の観点からの検討が不可欠である。熊井氏には、上記の動向が教師の役割にいかなる変容をもたらすのかについて、教育方法学の視座から報告していただくこととした。

　「個別最適な学び」が推進されることによって、子ども一人ひとりへの対応が求められる以上、教師の職務はこれまでよりも増加する可能性もある。神林会員には、教師の業務をめぐる変化や子ども一人ひとりへの指導・対応が教師に及ぼす影響を踏まえ、教師の業務のあり方について報告していただくこととした。

〈注〉
(1) 央教育審議会「『令和の日本型学校教育』の構築を目指して〜全ての子供たちの可能性を引き出す、個別最適な学びと、協働的な学びの実現〜（答申）」2021年1月、17頁。

■課題研究Ⅱ■
《報告1》

空洞化する教師の「専門家としての学び（professional learning）」
―「令和の日本型学校教育」を担う教師の養成・採用・研修等の在り方について〜「新たな教師の学びの姿」の実現と、多様な専門性を有する質の高い教職員集団の形成〜（答申）（中教審第240号）において―

鈴木　悠太（東京工業大学）

1．問題

　本稿は、令和4（2022）年12月19日の中央教育審議会（中教審と略記）にてまとめられた「『令和の日本型学校教育』を担う教師の養成・採用・研修等の在り方について〜『新たな教師の学びの姿』の実現と、多様な専門性を有する質の高い教職員集団の形成〜（答申）」（「答申」と略記）を、その中心的な主題である「教師の学び」に焦点化し特徴づける試みである[1]。

　まず、「答申」に至る中教審の議論について次の3点に注目しよう。第一に、「教師の学び」の主題が、「新たな教師の学びの姿の実現」の用語と共に前景化したのは、「『令和の日本型学校教育』を担う新たな教師の学びの姿の実現に向けて（審議まとめ）」（令和3年11月15日）（「審議まとめ」と略記）であった。第二に、その「審議まとめ」は、「教員免許更新制」についての「抜本的な見直しの方向について先行して結論を得ていただきたい」との要請のもと作成された（「答申」、p.3）。すなわち、「教師の学び」についての根本的な見直しが求められたかのような主題は、「教師の学び」に関する諸制度の一つに過ぎない「教員免許更新制」の「抜本的な見直し」について急がされた議論の中で前景化した。そして第三に、「『令和の日本型学校教

育』を担う教師の養成・採用・研修等の在り方について〜『新たな教師の学びの姿』の実現と、多様な専門性を有する質の高い教職員集団の構築〜（中間まとめ）」（令和4年10月5日）（「中間まとめ」と略記）の副題に「『新たな教師の学びの姿』の実現」と「多様な専門性を有する質の高い教職員集団の構築」の二本柱が現れ、その2か月後の「答申」でも健在であった。

以下では、鈴木（2022b）による「審議まとめ」の5つの特徴づけを基に「答申」の特徴づけに向かう。それは、①「要素」としての「教師の学び」、②「教師の学び」として特別な説明のないままに適用された「個別最適な教師の学び」と「協働的な教師の学び」、③「個別最適な教師の学び」という用語の指示内容、④「協働的な教師の学び」という用語の指示内容、そして⑤教師の「専門家としての学び」の概念（鈴木、2018）の不在である。

2．「答申」の特徴

本節では「答申」にて「教師の学び」が中心的に記される「第Ⅰ部総論」の「4．今後の改革の方向性」に注目する。それは、「⑴『新たな教師の学びの姿』の実現」と「⑵多様な専門性を有する質の高い教職員集団の形成」の2項目であり、先の通り、これらは「中間まとめ」以降の二本柱を成す。

第一に、まず注目したいことは、先の③と④である。「答申」に、それらは、「新たな領域の専門性を身に付けるなど強みを伸ばすための、一人一人の教師の個性に即した『個別最適な学び』」と、「他者との対話や振り返りの機会を確保した『協働的な学び』」と明記される（「答申」、p. 22）。これらは、「答申」自体が「審議まとめ」に依拠することからも、その指示内容はほぼ同一である。それゆえ、それ以上に読み込むことは避けられるべきであり、先の⑤教師の「専門家としての学び」の概念の不在の問題は引き続いている。

②については、「答申」に加筆がある。「主体的に学び続ける教師の姿は、児童生徒にとっても重要なロールモデルである。『令和の日本型学校教育』を実現するためには、子供たちの学びの転換とともに、教師自身の学び（研修観）の転換を図る必要がある」（p. 23）。ここで見過ごせないのは、「児童生徒」にとっての「ロールモデル」であるがゆえに「教師」に「個別最適な

学び、協働的な学び」が適用されるという唯一の説明である。ここに、「教師の学び」の概念的な検討の不在は明らかであり、ましてや教師の「専門家の学び」の概念も不在である。

　そして①の問題である。ここで「答申」における「も」という助詞の多用という特徴を指摘しよう。例えば、「養成段階において『新たな教師（教職志望者）の学びの姿』を実現する際の視点として、『理論と実践の往還』も重要である」(p. 23、強調は引用者）という。ここで「教師の学び」の新しい「要素」が付加されている。そして、それほどまでに強調される「理論と実践の往還」の指示内容にも留意しよう。「『理論と実践の往還』を実現するためには、理論の実践化と実践の理論化の双方向が必要である」とし、「つまり、単に学んだ理論を学校現場で実践するのみならず、自らの実践を理論に基づき省察することが必要になってくる」という（p. 23、強調は引用者）。これが、「理論の実践化と実践の理論化」の「双方向」には至らず、「理論の実践化」に留まることに注意しよう。ましてや、「実践の中の理論」(佐藤、1996）や「活動の理論」(Schön & McDonald, 1998；鈴木、2022a；Suzuki, 2022）といった教師の「専門家としての学び」について考える上で重要な概念とも大いに異なる。

　第二に、まず、「多様な専門性を有する質の高い教職員集団」を「形成」する理由に注目しよう。それは、「学校組織のレジリエンスを高めるために、教職員集団の多様性が必要」と明示される（「答申」、p. 24、強調は引用者）。すなわち、教師の「専門家としての学び」の概念の発展上に「多様な専門性」が位置づけられているわけではない。事実、ここで言うところの「新たな領域の専門性」とは「データ活用、STEAM教育、障害児発達支援、日本語指導、心理、福祉、社会教育、語学力やグローバル感覚なども含まれる」とされる類の「要素」であり、「大学生のうちに」「身に付ける」ことが可能な程度の「要素」である（p. 33）。先の通り、「多様な専門性」がすぐに「多様性」と言い換えられる理由もここにある。

3．考察

　以上、本稿では「教師の学び」に焦点化し「答申」を特徴づけてきた。「答申」でも多用された「個別最適な教師の学び」と「協働的な教師の学び」の指示内容は、「審議まとめ」以降ほぼ同一であり、それゆえ、それ以上の内容を読み込むことは避けられるべきであり、同時に、教師の「専門家としての学び」の概念の不在という問題は引き続いていた。さらには「児童生徒」の「ロールモデル」であるがゆえに「教師」に「個別最適な学び、協働的な学び」が適用されるという唯一の説明からも、教師の「専門家としての学び」の概念の不在が明らかとなった。「教師の学び」の「要素」の問題も引き続き、それは「も」という助詞の多用という文章様式にも明らかであり、「理論と実践の往還」という「答申」が強調する用語の検討が示唆する「答申」自身が謳う概念（「理論の実践化」と「実践の理論化」の「双方向」）すら不在である問題は、教師の「専門家としての学び」の空洞に留まらず、「教師の学び」の空転する危うさを指摘しなければならないだろう。この問題は、「多様な専門性」の用語が使われた「教職員集団」の記述にも同様であり、「多様な専門性」の必要が「学校組織のレジリエンス」の要請からのみ論じられることも、この「多様な専門性」は「大学生のうちに」「身に付ける」ことが可能な程度のそれであることも「答申」の特徴として見逃せない点であった。

〈註〉
(1)　なお、本報告の分析の基礎理論である「活動の理論（theory of action）」については、Schön & McDonald, 1998；鈴木, 2022a；2022b；Suzuki, 2022。

〈引用文献〉
Donald A. Schön and Joseph P. McDonald, 1998, *Doing What You Mean to do in School Reform: Theory of Action in the Annenberg Challenge*, Annenberg Institute for School Reform Occasional Paper Series, No. 4, Providence, RI.

佐藤学、1996、「実践的探究としての教育学―技術的合理性に対する批判の系譜―」、日本教育学会、『教育学研究』、第63巻、第3号、pp. 66-73。

鈴木悠太、2018、『教師の「専門家共同体」の形成と展開―アメリカ学校改革研究の系譜―』、勁草書房。

鈴木悠太、2022a、『学校改革の理論―アメリカ教育学の追究―』、勁草書房。

鈴木悠太、2022b、「中央教育審議会の審議まとめ『「令和の日本型学校教育」を担う教師の学びの姿の実現に向けて』の『理論』―空洞化する教師の『専門家の学び』―」、中部教育学会、『中部教育学会紀要』、第22号、pp. 31-40。

Suzuki, Yuta, 2022, *Reforming Lesson Study in Japan: Theories of Action for Schools as Learning Communities*, Routledge, London and New York.

■課題研究Ⅱ■
《報告2》

「学習化」する教育における教師の役割
―教育方法学の視座から―

熊井　将太（安田女子大学）

1．「個別最適な学び」が描く教育実践と教師の姿

　この数年来、矢継ぎ早に教育改革ヴィジョンが提示される中で、教室実践を変革させるキーワードとして中心的な役割を果たしてきたのが「個別最適な学び」である。「個別最適な学び」は、単なる授業実践における個別化という問題を超えて、教育におけるICT活用、データ駆動型教育、官民連携、エビデンスに基づく教育といった諸政策と連動する形で従来の教育・教師のあり方に変革を迫っている。総合科学技術・イノベーション会議（2022）「Society 5.0の実現に向けた教育・人材育成に関する政策パッケージ」においては、「主体」「学校種・学年」「空間」「教科」「教師」「教職員組織」の各項目において、これまでの教育とこれからの教育のあり方が（極めて単純化された形で）対比的に示されている。ここで示された論点はいずれも重要であるが、特に教師の役割をめぐって注視すべき点は、「TeachingからCoachingへ」の転換が提起されていることである。「令和の日本型学校教育」答申においても、教師に求められる資質能力として「ファシリテーション能力」が掲げられ、教師の役割として「伴走者」という表現が選択されていることからも分かるように、これからの教育において教師は「指導者」としての役割ではなく、子どもの学習に伴走する役割へと転換することが求められているのである。このような転換のレトリックは歴史的には何度も繰り返されてきたものでもあるが、今日ではEdTechやAI型教材の登場がその

訴求力を高めている。特定の知識を教えるということに関してはデジタルテクノロジーの方に強みがあり、これからの教師の役割は、人間にしかできない強みを生かすためにコーチやファシリテーターになるべきだとする論調は、多くの「個別最適な学び」を推進する論者に共有されているところである（例えば、佐藤2018）。確かに、これまでの教育学研究や教育実践の中で、ファシリテーションやコーチングといった概念は、旧来の教育実践のあり方を問い直すうえで重要な働きをしてきた。しかしながら、教育政策の中で公的に教師の役割を「伴走者」と強調することは過剰なものとなってしまわないか、むしろ従来教師が担ってきた「教える」という部分が空洞化されていかないかという問題については慎重な検討が必要となるだろう。

2．「ティーチャーから伴走者へ」というレトリックの批判的検討

「教師＝伴走者」論を批判的に検討する上で、一つの補助線となるのが、Gert Biestaによる「学習化」（Learnification）概念である。「学習化」概念で問題視されるのは、①教育という仕事が子どものニーズを充足することに限定され、教師の役割を従属的なものとしてしまうという問題、②何を何のために教えるのかという問いが見えにくくなり、学習者のニーズにどう応答するかという技術的な問題ばかりに目がいってしまうという問題である。こうしたBiestaの問題提起は、「個別最適な学び」を推進する動きにも重ね合わせることが可能であり、そこからいくつかの論点が浮かび上がってくる。

まず一つの大きな論点として挙げられるのが、「個別最適な学び」が進展していく中で教師が教育課程や教育内容にアクセスする余地が縮減しないかという問題である。元来、ファシリテーションはコンテンツを相手にゆだねてプロセスの舵取りに従事するものだが、教師のファシリテーター的側面が強調されるとき、教師の役割や資質が教育内容編成や教材研究に関わるものよりも、狭い意味での教育方法や技術に限定されていくことが危惧される。

教育をめぐる語りの中で、「何を」「なぜ」教えるのかという問題が消失することは国際的にも問題となっている。例えば、Zongyi Dengは教育内容論の視点から教師の専門性を再定位する議論を展開している。Deng（2021）

は、教師の任務を、生徒の既存の経験や既知の枠組みを超えて「教える」という仕事にあるとする。もちろん制度的に定められた教育課程のもとで教師は仕事を行うわけであるが、教材と子どもとの意味ある出会いを演出するためには、国のカリキュラムを解釈し、翻訳するという専門性を教師は発揮しなければならないというのが Deng の議論の要点である。

　もともと日本の教師においてもカリキュラム的思考が希薄な点は指摘されてきたが、それでもなお「教科書で教える」といった言葉に代表されるように、教育内容を主体的に吟味し、教室実践に落とし込むための教材研究が教師の重要な専門性の一つとみなされてきた。しかし、教科書に学習活動が例示され、スタンダードや指導書が授業の基本的な構成を指し示す状況下で、教師の教材研究が空洞化されている状況があるのではないか。とりわけデジタル教材や AI ドリルのような外注化・パッケージ化されたコンテンツの使用が半ば義務づけられた時にこの動向は一層顕著となる。本来は、子どもの個性に応じて教育実践を豊かに、多様にしていくものであったはずのテクノロジーが、転じて教師の自律的判断や教材選択の自由を介さず、結果的に画一的な実践を量産することにつながらないかについては注意が必要である。

　さらに、このことは教育実践の質という問題に加えて「教育の自由」をめぐる議論にも接続していく。堀口（2023）は、教師による教育の自由を、①公権力によって特定の意見のみを教授することを強制されない自由、および②教授の具体的内容及び方法についての裁量の自由の二点から捉える。その上で、EdTech があくまで道具であるならば教育の自由に抵触する恐れは小さいが、EdTech が「教師抜き」で教育を行えることになれば、政府や企業が教育内容に不当に介入するリスクを生じさせることを危惧している。現在すでに教師がこうした「防波堤」としての役割を果たしえているのかどうかという問題も含めて、「より自由で自律性をもったカリキュラム・デザイナー」（安彦 2000）としての教師の専門性を検討することが重要だと思われる。

　また、「教師＝伴走者」論をめぐるもう一つの論点として、「学校の福祉的機能」あるいは「全人教育」の継承の問題がある。「令和の日本型学校教育」答申では、学校の福祉的機能や全人教育は依然として高く評価されてい

る一方で、学習テクノロジーにインストラクション的機能を委託し、教師の役割をコミュニケーション能力や社会性の教育、あるいは子どものケアといった役割に限定することで、学習指導と生活指導の分業的切り分けといった問題が生じてくることも考えられる。教育方法学の領域では、論争的な課題を孕みながらも、学校における教授機能と福祉的機能の関係は「生活と学習の統一」「陶冶と訓育の統一」「授業づくりと学級づくりの相互浸透関係」といった形で、統一的把握のもとで検討されてきた。柏木（2023）が提起する「共存在の人間である子どもを統合的に捉え、学びとケアを結合させる」ゼネラリストとしての教員の役割をあらためてどのように評価し、実現していくのかもまたあわせて問われている。

　本報告は、悲観論・警戒論に偏りすぎたものだったのかもしれない。「個別最適な学び」や「教師＝伴走者」論が広がることで、従来の教育実践がもっていた硬直的な面や画一的な面が問い直されていく可能性ももちろん存在しうる。また、以上の報告は、教師がその能力を十全に発揮することが可能な状況を前提に構築されたものであるが、当日の議論でも問題となったように、もはや学校現場が「それどころでない」状況もありえる。こうした状況の中で本報告の内容がどれほど現実に立脚したものになりうるかはさらに検討を重ねていく必要がある。

〈引用文献〉
安彦忠彦（2000）「カリキュラム・デザイナーとしての教師」『現代教育科学』明治図書、2000年8月号。
ビースタ著、上野正道監訳（2018）『教えることの再発見』東京大学出版会。
Deng, Z. (2021): Bringing content back in. rethinking teaching and teachers. In: Krogh, E., Qvortrup, A., Graf, S. T. (Ed.): *Didaktik and curriculum in ongoing dialogue*. Routledge, New York, pp. .
堀口悟郎（2023）「データ駆動型教育と教育の自由」『教育』旬報社、No.925。
柏木智子（2023）「公正な社会の形成に資する学校と教員の役割―社会の分断を防ぐケア論に着目して」『教育学年報14　公教育を問い直す』世織書房。
佐藤昌宏（2018）『EdTechが変える教育の未来』インプレス。

■課題研究Ⅱ■
《報告3》

「令和の日本型学校教育」下の教員業務を展望する

神林　寿幸（明星大学）

1．問題の所在

　2021年1月に中央教育審議会は「『令和の日本型学校教育』の構築を目指して」を答申した。同答申は、2020年代を通じて実現すべき「令和の日本型学校教育」の姿として、「個別最適な学び」を提示した。さらに、「令和の日本型学校教育」を実現するためには、「学校の働き方改革」を推進することが必要であることにも言及した。

　本報告の目的は、これまで筆者が行ってきた教員の業務負担研究と関連する先行研究の知見をもとに、「個別最適な学び」を目指す「令和の日本型学校教育」下の教員業務を展望することにある。

2．「学校の働き方改革」の歴史

　「学校の働き方改革」というフレーミングは2010年代に登場したものである。しかし、「学校の働き方改革」のような教員の長時間労働対策は、これまでも取り組まれてきた。

　教員の長時間労働に関する指摘は、1900年頃から存在し、戦前の学校には事務職員が未配置であったため、当時の教員は学校の備品や教材の調達業務も行っていた（石戸谷1958）。このような状況が戦前の教員の過重労働を生んだことから、戦後の学校教育法成立時に、「事務に従事する」職として事務職員が制度化された（内藤1947）。

さらに、戦前から戦後にかけて、公立学校教員の勤務制度に変化が起きた。戦前の公立学校教員は待遇官吏で、国への忠実無定量の勤務に服す義務が公立学校教員に課され、勤務時間という観念がなかった。だが、戦後に労働基準法などの労働法制が整備され、公立学校教員にも勤務時間が設定された。

このように「学校の働き方改革」の歴史は、学校教育の発展史と重なる。これまでの歴史的展開を踏まえると、「令和の日本型学校教育」を進める際に、「学校の働き方改革」が論点に浮上することは決して特異なものではない。

3．教員業務をめぐる変化と教員の業務負担を規定する要因

「令和の日本型学校教育」下の教員業務を展望するために、これまで報告者が取り組んできた教員業務をめぐる変化、児童生徒の個別的指導が教員に及ぼす影響に関する知見（神林2017）を紹介する。

まず、1950～60年代と2000年代後半の教員の時間的負担を比較すると、1950～60年代と比べて、2000年代後半の教員では、週の教育活動に費やす時間が長い。そして、両年代で授業時数の差は小さく、2000年代後半の教員のほうが、授業以外の指導に関わる時間が長いことが推察できる。授業以外の指導として、中学校では部活動指導の存在が考えられる。その他にも小学校を含め、教育相談などの児童生徒への個別的指導も挙げられる。これらの授業外指導の拡大とともに、教員の労働時間が増大したことがうかがえる。

さらに、児童生徒への個別的指導は教員の心理的負担を増幅させる可能性がある。公立学校教員の精神疾患による病気休職発生率が増加した都道府県では、小・中学校に通う不登校を理由とする長期欠席児童生徒や特別支援学級在籍児童生徒の割合も上昇した。加えて、経済協力開発機構（OECD）が2013年に行った「第2回国際教員指導環境調査」（TALIS2013）の分析でも、中学校教員に業務負担をもたらす要因の中で、日本固有のものとして教育相談が確認された。

4．考察──「令和の日本型学校教育」下の教員業務を展望する

　このように日本では児童生徒への個別的指導に伴い、教員の時間的・心理的負担が増大することが推察できる。そのため、個別最適な学びを目指す「令和の日本型学校教育」の下で、教員の業務負担が増大する可能性が示唆される。児童生徒の学びの個別最適化を追求すればするほど、教員の時間的・心理的負担が増えるおそれもあり、この点に留意が必要である。

　また、児童生徒の学びの個別最適化を進めるために、研修や授業準備も求められる。海外でも、障害や母語の相違といった児童生徒の多様な教育的ニーズへの対応に、教員は困難を感じる。そして、こうした児童生徒を指導する教員への制度的・組織的支援や研修が求められるという指摘がある（Collie et al. 2017）。同様のことは「令和の日本型学校教育」を担う教員にも当てはまり、児童生徒の学びの個別最適化を実現するためには、授業準備や研修[1]時間の確保が必要になる。

　さらに、「令和の日本型学校教育」を担う教員の研修について、2022年12月に中央教育審議会は「『令和の日本型学校教育』を担う教師の養成・採用・研修等の在り方について」を答申した。同答申では、校長が教員に対して資質向上に関する指導助言（必要な研修の受講奨励[2]）を行うことが提言され、教員の「協働的な学び」も強調された。

　これらの取り組みを進める際に、教員に対する校長の指導助言や「協働的な学び」が管理的かつ強制的なものにならないようにすることが肝要である。先行研究（Collie et al. 2017）によれば、管理的な学校に勤める教員ほどストレスは強くなり、また同僚関係は時に教員にとって同調を強いることもあり、協働をトップダウンで進めるのではなく、専門職としての成長を促すような協働が求められる。教員研修に関する校長の指導助言も、教員の裁量を無視したものになればハレーションが生じる。教員の「協働的な学び」も強制的で抑圧的なものになれば、教員のメンタルヘルスは悪化する。「学校の働き方改革」をはじめ、教員業務への支援にも個別最適化が期待される。

〈註〉
(1) 例えば、個別最適な学びを実現するために、教育のデジタル化への対応が求められる。
(2) 改正教育公務員特例法に伴い、2023年4月より同制度は施行した。

〈引用文献〉
Collie, R. J., Perry, N. E., & Martin, A. J. (2017). School Context and Educational System Factors Impacting Educator Stress. In T. M. McIntyre, S. E. McIntyre, & D. J. Francis (Eds.), *Educator Stress: An Occupational Health Perspective*. Cham: Springer International Publishing, 3-22.
石戸谷哲夫（1958）『日本教員史研究』講談社.
神林寿幸（2017）『公立小・中学校教員の業務負担』大学教育出版.
内藤誉三郎（1947）『学校教育法解説』ひかり出版社.

■課題研究Ⅱ■
《総括》

令和の日本型学校教育下における教師の職務と専門性の展望

吉田　武大（関西国際大学）
柏木　智子（立命館大学）

1．各報告の概要

　本年度の課題研究Ⅱでは、令和の日本型学校教育における教師の職務と専門性のあり方を議論することを目的として、鈴木悠太会員、熊井将太氏、神林寿幸会員の3名に報告をいただいた。

　鈴木会員からは、中央教育審議会「『令和の日本型学校教育』を担う教師の養成・採用・研修等の在り方について～『新たな教師の学びの姿』の実現と、多様な専門性を有する質の高い教職員集団の形成～（答申）」（2022年12月19日）（以下、「答申」）と中央教育審議会「『令和の日本型学校教育』を担う新たな教師の学びの姿の実現に向けて（審議まとめ）」（2021年11月15日）（以下、「審議まとめ」）を対象として、「教師の学び」に焦点を当てながら、これら行政文書の特徴について報告いただいた。「審議まとめ」及び「答申」では、「教師の学び」そのものは一般的な意味で用いられており、概念的な検討がなされていないこと、「教師の学び」の概念的な検討を経た教師の「専門家の学び」の概念も不在であることが指摘された。

　熊井氏からは、教育方法学の視座から「学習化」する教育における教師の役割について報告いただいた。「個別最適な学び」が描く教育実践・教師の変化を「教師＝伴走者」論として捉え、教育の「学習化」が進展する中で、教育実践の内側から教師の専門性が切り崩されていることが指摘された。また、ビースタによる「学習化」批判を取り上げた上で、「個別最適な学び」

が教師の教材研究の意味や内実をどう変化させるかをめぐって、デジタル教材やAIドリルが活用される場合、教師の教材選択や教育課程編成の余地がどれほど残されるのかということと関わって危惧されることとして、教材研究の空洞化、画一化、「教育の自由」の侵害が示された。そして学びとケア、あるいは主体形成という観点から「教師＝伴走者」論に対する批判的な考察もなされた。その上で、「より自由で自律性をもったカリキュラム・デザイナー」としての教師（集団）を再定位すること、「多様な他者を認めケアする主体」を育てる学級づくりを構築することが課題であると指摘された。

　神林会員からは、「令和の日本型学校教育」下における教師の業務のあり方について報告いただいた。教師の業務をめぐる変化として、1950〜60年代に比べて教育活動に費やす時間が長いこと等が挙げられた。また、教師の心理的負担を増加させやすい業務として、生徒指導における個別対応等が国際比較の観点からみても小・中学校ともに高いことが示された。ここから、児童生徒の「個別最適化」を追求するほど教員の時間的負担・心理的負担が増大する恐れがあることが指摘された。その上で、鈴木会員からのご報告を受けて、教職員のメンタルヘルスの観点から、教師の「協働的な学び」を進める場合、同僚関係や管理職の職場環境づくりがより重要になるとの指摘等がなされた。また、熊井氏のご報告を受けて、「個別化」や「デジタル化」に教員が対応していくためには、これらに関する制度的・組織的支援と研修の提供が重要であるとの指摘がなされた。

２．論点と課題

　3名の報告と討論から、教師の職務と専門性に関する教育行政研究の論点と課題として大きく次の3点が指摘できる。

　第1に、教師の職務と専門性に関する政策形成において研究者や教師の意見をどのように反映させていくのかということである。鈴木会員の報告に対して、フロアから「教師の学びの姿」などのブラックボックス的な概念が「答申」等の行政文書で繰り返し出てくることに対する質問が出された。これに対して鈴木会員からは、それこそが「答申」等の行政文書の特徴だと応

課題研究Ⅱ

じつつも、こうした問題を克服できる行政文書のあり方はあるのではないかとの見解が示された。この見解を踏まえると、行政文書において、「教師の学びの姿」等の概念を実体のあるものにしていくためには、政策形成に研究者や教師などの意見を反映させていくことが求められるといえる。その際、研究者の考える概念と教師の捉える概念には違いがあると思われるため、研究者のレベルや教師のレベル等に分けて取り組んでいくことが重要であろう。研究者のレベルでは、これまでの学問的蓄積を踏まえながら「教師の学びの姿」等の概念を構築して、それを政策に反映させていく。一方、教師のレベルにおいては、行政文書で示された「教師の学びの姿」等の概念を踏まえつつも、実践的な概念を形成して、その成果と課題を政策に反映させていく。このように、それぞれのレベルで行政文書に関わる概念の検討結果を蓄積しつつ、それを政策にどのように反映させるのか、そうした仕組みづくりを検討していくことが課題だと思われる。

第2に、教師が働きやすい職場環境をどのように醸成していくかということである。神林会員からは、教師にストレスをもたらす主要因として、人間関係、具体的には、児童生徒との関係や管理職の支援、同僚関係が挙げられた。このうち、管理職の支援については、管理的な職場で勤務する教師ほどストレスの度合いが高いこと、同僚関係については、同僚との協働を促す方法や教員の考え方次第で、同僚関係が教師にストレスをもたらすことが、それぞれ示された。こうした知見を踏まえると、教師が働きやすい職場環境にしていくためには、管理職のどのような支援が教師のストレスを軽減するのかに関する研究や、同僚関係のよさを規定する要因を解明する研究、さらにはそうした職場環境づくりに寄与する教育行政のあり方についての研究が求められるだろう。

第3に、業務負担の適正化・軽減化をどう実現していくかということである。熊井氏から「個別最適な学び」が描く教師の姿を批判的に報告いただいたが、こうした学びの進展は、教師の業務負担が増加する可能性も孕んでいる。神林会員が指摘されたように、児童生徒への個別対応が教師の心理的負担を増加させやすい要因となっていることを踏まえると、「個別最適な学

び」に教師が円滑に対応できるような条件整備が必要になると考えられる。そこで、「個別最適な学び」への対応が円滑に実施されるために、教育行政がどのような条件整備を行うべきなのか、また、「個別最適な学び」が教師の業務負担を増加させるのであれば、業務の適正化に向けて、教育行政がいかなる支援を行うべきなのかに関する検討が求められるのではないだろうか。

3．本課題研究Ⅱの成果と課題

　本課題研究Ⅱにおける成果と今後の課題は以下の通りである。

　本課題研究Ⅱで得られた成果は、教師の職務と専門性をめぐる教育方法学の知見と教育行政学の知見を往還させることの重要性が確認されたということである。教育方法学で蓄積された教師の職務と専門性に関する知見を前提として、教育行政学では教育行政による教師への支援等のあり方が検討される。また、教師の適正な業務負担のあり方を教育行政学において検討して、その知見を教育方法学と共有することによって、教育実践において実現可能な教師の職務と専門性のあり方を教育方法学が検討する。そして教育方法学において明らかとなった教師の職務と専門性に関する知見を受けて、教育行政学が適正な業務負担のあり方や教育行政による教師への支援のあり方をさらに追究していく。こういった一連の往還作業を通じて、教育方法学はもとより、教育行政による支援のあり方や教師の適正な職務をめぐる教育行政学の知見が進展していくと考えられる。このことはまた、実体のある概念を伴った行政文書の作成にも資するのではないかと思われる。

　なお、教育方法学において明らかにされた教師の職務と専門性は画一的なものではなく、多様なものであることが考えられるため、教師の特定の職務と専門性に基づいた教育行政による支援のあり方を検討するような状況に陥らぬよう、多様な職務と専門性に対応しうる教育行政による支援のあり方や適正な職務のあり方を検討していくことが必要だと思われる。

　最後に、本課題研究Ⅱでは、本稿に記載されたもの以外にも活発なやりとりがなされていたものの、紙幅の関係上、全てを取り上げられなかったことを記してお詫び申し上げたい。

■若手ネットワーク企画■

若手ニーズ調査からみる日本教育行政学会のゆくえ

前田　麦穂（國學院大學）

１．はじめに

　第58回大会では、日本教育行政学会に関心のある若手研究者の交流を深める機会として若手ネットワーク企画を開催した。若手会員を対象に実施されたニーズ調査の集計報告を議論の糸口として、グループディスカッションを通じて参加者が活発に交流した。本企画はハイブリッド形式で行われ、対面29名、オンライン6名の計35名が参加した（会員24名、非会員11名）。

２．話題提供（若手ニーズ調査報告及びワークショップ報告）

　本企画の前半ではまず話題提供として、筆者が日本教育行政学会若手ニーズ調査（2023年7月実施、n=39）の集計報告を行った。概要は以下の通りである。参加したい企画として最もニーズが高かったのは「オンラインでの研究交流会」（46.2%）だった。大会参加への促進効果が大きく期待される若手支援策は、若手会員向けの大会参加交通費助成（69.2%）、学会大会時の託児所常設（51.3%）だった。学会への要望として最もニーズが高かったのは「学会誌の投稿論文掲載数を増やしてほしい」（59.0%）だった。
　次に阿内春生会員が、2023年8月に若手ネットワーク有志で実施した課題析出のためのワークショップの結果を報告した。数人ずつに分かれてマインドマップを用いたブレインストーミングに取り組み、若手ネットワーク企画で今後取り組みたい企画、若手研究者の研究活動上の課題（論文投稿、学会発表、大会参加費・旅費・会費、大学院間の交流・ネットワーク）、キャ

リア形成（女性研究者のロールモデル、院生時代の活動）などの論点が挙がったことが報告された。

３．ワールドカフェ形式によるグループディスカッションと交流

　話題提供の内容を踏まえ、４～５名ずつでテーブルに分かれ、模造紙に自由にメモをしながらテーマに関する意見交換を行った。オンライン参加者はZoom®のブレイクアウトルームとGoogle Jamboard®を利用して実施した。20分間で一度テーブルを移動し、別メンバーで20分間の意見交換を行った後、最初のテーブルに戻って移動先での議論内容や得た情報を共有した。最後に、模造紙（対面）とジャムボード（オンライン）を提示し、各テーブルで出たアイデアを全体で共有した。各テーブルでは、ワークショップとも共通する論点に加え、大会参加を促進するアイデア（萌芽的研究を発表する場、実践報告の場の設置）、学会誌を活性化するアイデア（研究ノート枠の創設）、自身の研究活動での課題（研究時間の確保、研究アプローチの違い、指導教員・先輩との相談の機会）などが出された。また参加者からは、情報共有促進のためにオンライン上のコミュニケーションツールの導入が提案された。

４．大会以降の活動

　大会時の提案を踏まえ、2023年12月より若手会員の研究交流のためのSlack®が創設された。また調査で最もニーズの高かった「オンラインでの研究交流会」として、2024年3月に若手ネットワーク企画「卒論、修論どうする？どう指導する？」をオンラインで開催し、研究者間の交流・意見交換の機会を実現した。今後も若手会員のニーズを丁寧に把握し、各研究者のよりよい研究活動とともに、学会全体での活発な研究交流につながる企画運営を実現していきたい。

Ⅳ 書評

葛西耕介〔著〕『学校運営と父母参加
　―対抗する《公共性》と学説の展開―』　　杉浦由香里

髙野貴大〔著〕『現代アメリカ教員養成改革における社会正義と省察―教員レジデンシープログラムの展開に学ぶ―』
　　　　　　　　　　　　　　　　　　　　　　佐藤　仁

前田麦穂〔著〕『戦後日本の教員採用
　―試験はなぜ始まり普及したのか―』　　　　大谷　奨

大島隆太郎〔著〕『日本型学校システムの政治経済学
　―教員不足と教科書依存の制度補完性―』　　木岡一明

滝沢潤〔著〕『カリフォルニア州における言語マイノリティ教育政策に関する研究―多言語社会における教育統治とオールタナティブな教育理念の保障―』　　　　　　　長嶺宏作

前原健二〔著〕『現代ドイツの教育改革―学校制度改革と「教育の理念」の社会的正統性―』　　　　　　　井本佳宏

青井拓司〔著〕『教育委員会事務局の組織・人事と教育行政プロパー人事システム―地方教育行政における専門化と総合化の融合に向けて―』　　　　　　　　　　佐々木幸寿

●書評〈1〉

葛西耕介〔著〕
『学校運営と父母参加
　―対抗する《公共性》と学説の展開―』
（東京大学出版会、2023年、640頁）

杉浦由香里

1．はじめに

　本書は、「学校運営への父母参加」を主題に据え、これまで現行法制上も学問的にも運動的にも空白となってきた「親の教育権」に焦点をあて、その学説史の通時的展開と共時的構造を明らかにすることを通じて、親の教育権や父母参加論の類型的・体系的把握を行い、父母参加の思想と制度を構築する際の原理原則を究明した大著である。著者が「あとがき」において、結局『現代教育の思想と構造』から逃れられなかった」（566頁）と記すとおり、本書は「国民の教育権」論を発展的に継承するものにほかならない。本書は、「親の教育権」と父母参加論の学説検討を通じて、堀尾輝久が提唱した「私事の組織化」論ならびに兼子仁の内外区分論の先進性を改めて浮き彫りにしている。さらに、長らく課題とされてきた「国民の教育権」論の具体的制度化に向け、父母参加制度の骨格を示したという点で、近年の閉塞した理論状況に風穴をあける一冊でもある。
　以下では、本書の概要を紹介するとともに、本書の意義について述べる。

2．本書の概要

　著者は、「公教育の目的は子どもの「教育を受ける権利」（学習権）を保障することにあるが、その子どもの権利を保障する第一義的な責任主体は親であって、親は学校・教師に要求を提出する根源的な正統性を有しているはずである」（1頁）と述べ、公教育編成原理として「親の教育権」に基づく父母参加の必要性と正統性を主張する。しかし、日本においては学校運営への父母参加制度が未だ確立しておらず、公教育に対する親の権利は限定的にしか行使しえない現実がある。著者によれ

ば、それは公教育法制やそれを扱う研究諸領域における「親」の不在、「親」の周縁化、「親」の位置づけの欠如といった日本的特徴に起因する。

それゆえ、著者は、父母参加制度の構築に向けて、親固有の権利である「親の教育権」を根拠に、学説史研究の手法によって「学校運営への父母参加」を実現する原理を解明しようと試みる。換言すれば、それは教育における私事性と公共性が孕む矛盾・対立を止揚する道すじの究明でもあった。

本書は、「本書のはじめに」と「本書のおわりに」を含め全9章から構成されている。第1章から第3章にかけては「親の教育権」をめぐる研究領域横断的かつ歴史的展開についての総論的検討がなされる。その上で、第4章から第6章においては後述する時期区分にしたがって《公共性》の視点から父母参加論の各論的検討が行われる。最後に、第7章では日本における「親の教育権」思想の弱さの背景に、《公共性》をめぐる日本独自の思想的特徴、すなわち《国民的公共性》形成の困難性があることが示唆される。

本書の特徴は、《公共性》論を分析視角として用いる点にある。従来、教育における公共性論は、「国家的公共性」と「市民的公共性」の二つを基本的な対立軸としてきた。だが、著者は、「親の教育権」理解と父母参加論の背景にあるのは、《国家的公共性》、《国民的公共性》、《労働者的公共性》、《市民的公共性》、《市場的公共性》の五つの《公共性》理解をめぐる対抗にあると論じている。その上で、その対抗図式の変容によって、学説史の展開を次の三つに時期区分する。すなわち、第1期は1945年から50年代半ばまで、第2期は1950年代半ばから1980年代半ばまで、第3期は1980年代以降である。

時期区分をふまえ、著者は、日本における「教育権」をめぐる学説展開を「教育権」の享有主体を軸に整理し、第1期に支配的だった「教育権」の主権的理解が、第2期には人権的理解へと移行したことを指摘する。すなわち、堀尾の「私事の組織化」としての公教育論を契機として、子どもの学習権を保障する親の「教育権」という理解が早くも提示され、親権（私事性）の延長線上に公教育を位置づけることで「公教育における自由」（参加権）を実現する思想が登場したことが示される。

この思想を受けて親の「教育権」理解を深化させ、親の教育要求権に応答するものとして教師の「教育権」を位置づけたのが兼子であり、内外区分論から父母参加を組み込んだ学校自治論への発展が見出される。しかし他方で、教師の「教育権」への偏重から「教師の教育の自由」を中心とする「教育権」理解が学説の主流をなすようになり、親の「教育権」は後景に退けられることとなったと論じる。

第3期以降に再び隆盛する親の「教育権」の学説は、「拒否権」・「学校選択権」・

「参加権」に分岐する。著者は、親子の対内的関係における「親権」理解の仕方が、親と第三者（国家・学校）との対外的関係である「親の教育権」の内容・効力に差異をもたらしたとみて、横田光平の学説類型を援用して「親の権利」の性質理解に関する諸学説（α）同質説・（β）特殊説・（ω）権利否定説と父母参加論とを対応させ、その類型化と構造化を試みた。その結果、著者は、（α）同質説からは「拒否権」、（ω）権利否定説からは「学校選択権」が導かれる一方で、「親の権利」を子どもの利益・福祉・権利保障を第一義として市民的自由一般とは異なる独自の権利とみなす（β）特殊説から「公教育における自由」を実現する「参加権」が導かれると結論づけている。

以上から、著者は、公教育への「参加権」を導くためには（β）特殊説に立つ「親の教育権」理解とともに、それに応答する側の自由、つまり学校自治と教師の教育の自由を可能にする仕組み（内外区分論）が求められることを明らかにした。

また、著者は、憲法学と民法学における「親の教育権」論の不在に対して、教育法学説（堀尾・兼子）においては公私二元論を克服する論理、すなわち私事性の延長線上に共同性を構築するという《市民的公共性》理解が早くから提示されてきたことを評価し、《市民的公共性》によってこそ学校運営への父母参加が成り立つと主張する。なぜなら、《国家的公共性》も《国民的公共性》も個別の親の教育権を否定し、私事（人権）を基礎としない主権者たる公民としての「統治への参加」にすぎないからである。

他方、《労働者的公共性》も、階級的連帯によって諸個人間に共同性を築こうとするため、私人としての親が位置づけられず、親と国民・住民一般との区別も相対化され、各主体間の関係性が不分明となる。その結果、「私事性なき共同性」は、教職員集団による自主管理論に収斂する。しかし、1960年代以降の高度経済成長と大衆社会の出現によって、市場や国家とは区別される私的領域としての「市民社会」概念の捉え直しがなされたことで、《労働者的公共性》は《国民的公共性》へと接近あるいは《市民的公共性》へと修正されていったとされる。

さらに、1980年代半ば以降、新自由主義思想に基づく《市場的公共性》が登場することで《公共性》をめぐる対抗関係は新たな様相を帯びる。市場的自由を背景とした教育の自由化・規制緩和が、画一性への批判・多様性の推奨と結びつき、学校設置・管理運営の自由や学校選択の自由、教育内容の自由化が提唱され、政府サイドからも「開かれた学校」が論じられるようになる。「市場」の肥大化に伴う社会的分断を弥縫するため、新保守主義を体現する《国家的公共性》が《市場的公共性》との相互補完関係を構築していく反面、《国民的公共性》も議会制民主主義に

よる憲法を通じた国民統合を説くようになる。

　このように、1990年代に本格的に登場する父母参加論・父母参加政策は、各《公共性》論とも論理的に対応しており、《市民的公共性》に基づく「参加権」に対抗するものとして、《市場的公共性》からは「学校選択権」、《国民的公共性》からは「拒否権」が提唱されるようになったことが指摘される。

　最後に、著者は、1980年代以降の父母参加制度論において、慣習法上のPTAによる「学校教育参加」を批判し、実定法上の父母参加制度を提起する諸学説を取り上げ、それらが《市民的公共性》に基づく「権利としての参加」を志向するものか、《国民的公共性》に基づく「統治への参加」にとどまるかの分岐が、内外区分論への肯否にあることを明らかにする。その上で、現行法下唯一の実定法に基づく父母参加制度である学校運営協議会制度は、自律的学校経営論の原理と思想に基づくものであり、前者ではなく後者の「統治への参加」に位置づくと結論づけている。

　以上をふまえて、著者は、あるべき父母参加制度の骨格として、第一に父母参加が子ども参加に先行すること、第二に子どもの意見表明権を保障する子ども参加を父母参加制度に位置づけること、第三に父母参加権の実現には応答側の"応答する自由"つまり「学校の自治」の成立を追求することが必要であることを示した。

3．本書の意義

　以上みてきたように、本書は学説史の精緻な検討を通じて父母参加制度の原理を解明した力作である。最後に、本書の意義について述べたい。第一は、「公教育における自由」を実現する「権利としての参加」を支える原理として「国民の教育権」論が提唱してきた「私事の組織化」論と内外区分論の先進性と重要性を示した点である。特に、父母の教育要求権に応答する「教師の教育の自由」の確保（学校自治）を導出する論理として内外区分論の有効性が改めて確認された意義は大きい。第二は、「住民」「国民」とは区別される「親」の固有性を明らかにした点である。著者が批判するとおり、父母・住民はしばしば同一視されてきたが、子どもの学習権や意見表明権への直接応答性の観点をふまえれば、親・教師と住民の位置づけは明らかに異なることを自覚せねばならない。第三は、子ども参加の前提として父母参加制度が構築されなければならない必然性を示した点である。ただし、本書は父母参加制度と子ども参加制度を具体的に架橋するまでには至っていない。「関係的権利」論をふまえて父母参加・子ども参加を位置づけた学校自治をいかに具体化するか、今後の研究の深まりに期待したい。

（滋賀県立大学）

●書評〈2〉

髙野貴大〔著〕
『現代アメリカ教員養成改革における社会正義と省察
―教員レジデンシープログラムの展開に学ぶ―』
（学文社、2023年、260頁）

佐藤　仁

1．本書の目的および構成

　「社会正義」と「省察」は、現代アメリカの教員養成を語る上で無視できない鍵概念である。本書は、この二つを「社会正義志向の省察」として組み合わせ、それが織り込まれる教員養成として教員レジデンシープログラム（以下、TRPとする）に着目し、その特質および意義・課題を解明することを目的としている。そもそもTRPは、アメリカの教員養成において、「第三の領域」と位置付けられている。すなわち、大学を基盤とする学問重視の「伝統的な」教員養成と、学校現場を基盤とする実習重視の「代替的な」教員養成を合わせた性質を有する。TRPは、多様な児童生徒が学校に在籍する都市部を中心に2000年代から展開されており、大学、学区教育委員会、NPO等によって主導される点だけでなく、それらのパートナーシップに基づき運営されている点にも大きな特徴がある。

　本書では、研究目的の達成に向けて4つの研究課題が設定されている。一つめは、ドナルド・ショーンの省察論の理論的内実を整理した上で、アメリカにおいてどのような教職固有の省察概念の議論が進められたのかを明らかにすることである（第1章）。本書は、教職固有の議論として、ケネス・ザイクナーとダニエル・リストンによる議論に着目している。具体的に彼らは、社会改造主義をベースに、社会的アクターとしての教師という観点から省察概念を組み替え、倫理的熟考を省察において重視する。また、教員養成の実践論として、大学での学修と実践のサイクルの意義が強調され、特に臨床経験に対する教育学的知識に基づいた批判的省察が重視されている。

　研究課題の二つめは、連邦政府主導の教員養成改革の展開状況を明らかにし、そ

こでのTRPの位置づけと全米的状況を解明することである（第2章）。1980年代以降の教師教育改革の特徴として臨床経験の重視が挙げられ、2000年代からは教員不足の解消や学力格差の是正という論理の下で臨床経験が位置づけられるようになった。そして、連邦政府の補助金政策において、大学、学区教育委員会、NPO等のパートナーシップに基づく臨床経験が求められるようになる。TRPは、こうした志向性の象徴として位置づけられている。

　三つめの研究課題は、TRPの実態的な特徴を解明することである（第3‐6章）。本書では、独立した組織による自営型としてボストン教員レジデンシー、大学・学区教育委員会・コミュニティ組織のパートナーシップによる混合型としてシアトル教員レジデンシー、そして大学基盤型としてコロラド大学デンバー校のNextGEN教員レジデンシーを取り上げ、それぞれの実態に迫っている。三つのTRPの比較検討から、プログラムの理念として社会正義志向の省察が重視されており、その具体化の方途として科目履修による学修と実習のサイクルを基盤としたカリキュラムが構築されている点が共通点として指摘されている。また、プログラムに関わるアクターによるパートナーシップが運営基盤となっている点も共通するが、各地域の教育課題の相違によって、その運営体制が上述した三つの型の違いに表れていると指摘している。

　最後に四つめの研究課題が、現代アメリカ教員養成改革におけるTRPの意義と課題を明らかにすることである（終章）。その論点として、三つ挙げられている。一つめが、1980年代からの社会正義を志向する省察という理念が、現代においても重視されており、その実現の方途として科目履修による学修と臨床経験の往還が引き継がれている点である。二つめが、TRPがアクターのパートナーシップによって構築されている点である。そして教員養成におけるパートナーシップという構造が連邦政府による補助金政策において推進されており、全米的な波及効果を有している点も指摘されている。三つめが、TRPが各地域をベースとした草の根的教員養成改革（下からの改革）と、パートナーシップを基盤とする臨床経験を重視した連邦政府主導の教員養成改革（上からの改革）を統合した位置にあるものであり、それが大学と教員養成の関係性の再考を迫っている点である。

　なお、補章では日本における社会正義志向の省察の展開可能性を論じており、教職の専門性の価値基盤として社会正義を定位することや、アクターのパートナーシップを踏まえた教師教育のガバナンスのあり方を検討している。

２．本書の意義と課題

　本書では、教師の省察が社会正義志向で展開される意義を明らかにしたことや、そうした展開を支える教員養成のガバナンスの様相を明らかにしたことが研究の意義として挙げられている。ただし、教師教育研究としての本書の意義はこれだけにとどまらないと考える。

　一つめは、教師教育研究においてマジックワード化している省察や社会正義、臨床経験や理論と実践の往還といった概念に関して、TRPという実践レベルでの実態の分析から、丁寧にそれらの意味を紐解いている点である。これにより、それぞれの概念の関係性が実践レベルで明確にされており、個別的な概念の検討に陥りがちな教師教育研究の視野を広げるものとなっている。二つめは、第三の領域というTRPの取り組みについて、単にその革新性を指摘するだけではなく、教師教育としての意義を明確にしようとしている点である。教員養成の代替ルートやTRPは、あくまでもアメリカの特殊事例としてわが国では扱われることが多い中で、本書はそうした特殊事例が有する意義を教師教育研究の意義として明確に位置付けており、アメリカ教師教育研究の可能性を高めた点に大きな意義がある。

　一方で、本書を通読する中で気になった点もある。一つは、連邦政府や全米団体の論議が有する政治性に対して、ほとんど言及がない点である。連邦政府による教師教育政策や全米専門団体による改革論議には、常に関係するアクターの綱引きがあり、その政治性が内容に影響を及ぼす。著者も触れているように、連邦政府の教師教育政策は補助金による誘導の一方で、厳格なアカウンタビリティを求める。その背景には、児童生徒の学業達成をめぐって、大学の教員養成に対する「失敗ナラティブ」の言説があり、それは市場イデオロギーと大きく関わる（マリリン・コクラン＝スミス他著、木場裕紀・櫻井直輝共訳『アカウンタビリティを取り戻す』東京電機大学出版局、2022年）。こうした文脈の下で臨床経験の重視の政策が進められた側面があることを踏まえれば、上からの改革の意味は大きく異なる。この点は、TRPを臨床経験の重視の政策という文脈に位置づける際にも、考慮する必要があろう。

　もう一つは、TRPが特に人種的マイノリティを教職に惹きつける方略として機能していることに、あまり触れられていない点である。実際、TRP在籍者の約70%が白人以外であり（National Center for Teacher Residencies, *Annual Report 2022-2023*, 2023）、このことはTRPのカリキュラムや教育内容に大きな影響を与えることになる。例えば、著者が依拠するザイクナーとリストンの議論では、学生

が「自身の前提とする社会的通念に注意を払」（66頁）えるようにすることを目指したとある。「自身の前提」とあるように、これは白人が自らの優位性（いわゆる「白人性」）に気づくことを意味していよう。しかし、人種的マイノリティの教師志望者は、社会的通念がいかに自分たちを抑圧してきたのかという点から社会を捉え直すのであり、その方向性が異なる。結果としてカリキュラム構成や教師教育者の関わり方も違ってくるだろう。そうであれば、TRPのカリキュラム構造が1980年代の社会正義志向の省察をめぐる議論からは大きく変化していない、という著者の指摘には違和感を覚える。

　以上指摘した点は、総じて言えば、TRPの実態を捉える際に、1章と2章で示した枠組みに「素直に」準拠しすぎているのではないか、ということである。しかし、そうした枠組みがない中では、単にTRPの多様性、そして社会正義志向の教師教育の多様性を論じるにとどまってしまい、著者が目指す日本における教職理論の相対化は困難を極める。ゆえにこれらの指摘は、評者の無い物ねだりに過ぎない。その意味において、アメリカの教育を研究する誰しもが思い悩む壁に積極果敢に挑み、新たな知見を導き出したことに最大限の敬意を示したい。そして、本書を通して、多くの会員にアメリカ教師教育研究の可能性と面白さを感じて欲しい。

（福岡大学）

●書評〈3〉

前田麦穂〔著〕
『戦後日本の教員採用
　―試験はなぜ始まり普及したのか―』
（晃洋書房、2023年、180頁）

大谷　奨

1．はじめに

　本書は、前田麦穂会員による、まさに書名そのものをテーマとした著作であり、「学位論文」「をもとに、大幅に加筆修正を行ったもの」（173頁）とある。確かに「初出一覧」によると、序章と終章に加え、本論全7章から成る本書は、第5章から第7章までが書き下ろしとなっている。既出の論文も2018年から2020年までという最近のものであり、それに加えて3章を書き下ろし、「おわりに」の筆を置いたのが2022年11月とある。実に短期間で本書を世に送り出していることにまず驚かされる。そして、教員のなり手がいない、教員採用試験の競争率が低いという嘆きの声があがる昨今、本書の刊行は実にタイムリーといえよう。

2．本書の概要と所感

　序章では、今でもなお教特法で教員の任用が「選考による」と定められているにも関わらず、なぜ教員採用選考試験が行われるようになったのか、という課題が設定されている。これに応えるため、第1章では、国公法→教特法→地公法→人事院規則という流れの中で「選考」の意味するところがどのように変わってきたのかを論じている。当初は、教職という特別な職に適した者は「競争試験」ではなく「選考」により選ばれるべきという考え方であったが、人事院規則が、選考は「職務遂行の能力」について「選考の基準に適合しているか」の「判定」であり、その際筆記試験などの方法を用いることができる、としたことから試験による「選考」が法解釈として可能となっていく過程が示されている。もともと「選考」自体が、志願者が適格であることを示す免許状の有無の確認から、面接試験や筆記試験による能

力の確認・判定まで広くカバーできる多義的な言葉であったことが理解される。
　これに続いて、第2章から第7章までは、諸都県で教員採用試験が実施されていく経緯を考察している。章立ては時系列に沿っているが、採用試験の実施時期について地教行法制定前、制定時、制定後の三つに区分し、それぞれについて2つのケースで論じている。これは、本書が「教員採用制度の歴史的理解は、『教育委員会法＝地教行法の断絶説』の解釈枠組みのもとで形成されてきた」(16頁)と捉え、その「断絶説の制約を乗り越えること」(17頁)を目的の一つとしているからであろう。その際、都県教育委員会の会議録や発行資料、そして地方紙などを丹念に集め、駆使しており、これが本書の大きな特徴になっている。特に教育委員会会議録を用いた考察は説得力を持つ。一方、多くの叙述が新聞記事に依拠している点は気になるところであった。県議会での発言などについては、新聞に頼るだけではなくその出典を議会の会議録に求めるという作業があってもよかったのではないか。
　東京都（第2章）、富山県（第3章）では採用試験が地教行法制定前から実施されていた。東京都では、膨大で多様な属性を持った教員志願者が殺到したため、量的統制の手段として選考試験が実施されるようになったとしている。また富山県でも東京と同様、他県からの志願者が少なくなかったため志願者を評価する必要があり採用試験が実施されたとしている。また当時定年制がなく、新規採用数を決めにくいという事情にも言及している。そして富山のような地方にも採用試験が拡大していった背景には、会議や行政文書の発出といった文部省の「行政指導」があったと論じている。この「行政指導」は後述の「相互参照」とともに、本書では教員採用試験の広がりを説明する重要なキーワードである。そのため、富山県にとどまらず、もう少し他県の事例があってもよかったのではないかと思う。
　鹿児島県（第4章）、兵庫県（第5章）は地教行法制定と採用試験実施が同時期だったことから、両者の関連という観点から検討がなされている。鹿児島県では、次第に志願者が増加していったことから他県の事情を「相互参照」して選考試験が導入されたこと、そしてこの措置は地教行法の制定とは無関係という報道記事を用いて、採用試験の導入は「地教行法制定・施行に伴うものではな」いとしている(90頁)。かたや兵庫県では、市部では早期から採用試験が行われていたが、郡部では恒常的に教員が不足していたことを指摘した上で、次第に県全体で有資格者選抜の必要が生じ、地教行法により県費負担教職員の任命権が県教委に移るに伴い選考試験が実施されたとする。と同時に、それを後押ししたのは、志願者の増大と、市部が実施していた採用試験を県教委が「相互参照」した結果としている。
　第6章では島根県、7章は青森県を考察し、両県とも教員不足や地元教育学部へ

の配慮が選考試験導入を遅らせていたが、そのような阻害要因や懸念が解消される中で、段階的に選考試験が実施されるようになったとしている。この地元教育学部との関係については、富山、鹿児島、兵庫の考察でも取り上げられているが、これらが戦前、それぞれ県立の師範学校であったという経緯にはあまり関心が寄せられてはいないとことが気になった。これについては後述する。

終章では、本書全体の要約とともに、本書の意義、教員採用制度における「動的相互依存モデル」の適用可能性、そして、戦前と1960年代以降の教員採用制度の検討という今後の課題が提示されている。

3．歴史的視点の必要性

本書によって多いに触発されたと同時に、残念に感じたことがいくつかある。まずなぜ戦前（戦中を含む）について触れなかったのか、という点である。これについては著者自身も課題であると記しているので、今後の展開に期待するところ大である。しかし戦後の教育行政や制度を研究する際、戦前からのつながりを今後の課題としてしまったことによって、十分に回収しきれなかった知見や成果があったのではないか。

本書は、東京都が流入する志望者を量的に統制するため、戦後早期に選考試験を導入したが、その方法を「参照できる先行」事例がなかったとしている（162頁）。では全く参照できる事例はなかったのか。今回本書を読みながら、2件ほど戦前の文献を当たってみた。まず、1933年に高等学校教員検定国語科に合格し、職を求めて上京した横山新十郎は、「東京市小学校教員採用試験」を受け求職中の当座を凌いだことを回想している（「就職秘話」『文検世界』第20号第6号、1934年、72頁）。また1931年に教え子が大阪市の「就職希望の小学校教員候補者考査」を受験したという西山哲治は、その概要を説明すると同時に、「大阪市が先例を作って将来大都市、各県に於ても多分益々行はれるやうになるであらう」と述べている。このような採用試験や考査の背景には、過剰な志願者と採用数の絞り込みという戦後と同様の「教員の免許状を持って居るだけでは就職することが困難」という事情があった（『生活中心新教育の建設過程』新生閣書店、1933年、354-360頁）。簡略でも歴史的「相互参照」の可能性について言及してほしかった。

このこともあり、著者が本書の課題であり成果の一つとしている「教育委員会法＝地教行法の断絶説」の解釈枠組みの問い直しの成否について、評者はにわかに断じがたい。この「断絶説」の背後には、戦前の教育は戦後教育改革により刷新されたという認識があり、そこに歴史的な「相互参照」という観点は入りにくい。評者には、そのような戦前戦後を不連続とする認識がこの「断絶論」を支えているように思われる。

それゆえ、「断絶論」と同じく戦後から出発するよりも、一瞥でもよいから戦前にも触れておくことで、より本質的な批判や検討が可能なように思われるのである。

また、戦後の国立大学教育学部や学芸大学が戦前の県立師範学校を母体としているという観点が弱いのではないか。本書は多くの県が、地元の教育学部卒業生に配慮していたことを指摘しているが、自らが設置したという経緯を考えると、戦後しばらく配慮を見せていたのはむしろ当然であろう。これについても戦前戦後の連続性という視点がほしかった。本書では1950年代以降その関係が希薄になっていく過程が詳らかにされているが、見方を変えるとそれは、戦後教員養成の開放制理念が（戦前の養成制度を乗り越え）、地教行法の制定時期を跨いで漸く成立していく過程と連動しているのかもしれない。

4．おわりに

これらに加え、義務教育教員を養成する教員養成大学と、教科の教員を輩出する一般大学の違いについてもう少し敏感に分析してほしかったという感想も有している。他県からの流入があったとしても小学校教員はやはり地元国立大学の教育学部が主要な養成機関である。一方、中等教員、とりわけ高校教員養成には一般大学も参入しやすいという違いは小さくない（中学校教員についてはさらに話が複雑になるであろう）。これを顧慮せず、1950年代に教職志望者の学校歴が多様化したと一気に簡略化することは難しいのではないだろうか。

これについては、高等学校進学率の上昇や工業科教員養成機関の特設など、高校教員の採用環境が大きく動く時期でもあり、著者が課題の一つとしている1960年代以降の教員採用制度の展開を検討する際に顧慮していただければと思う。また定年制が法制化されるのは1981年であり、60年代はなお、本書が指摘していた定年制の不在とそれを補う退職勧奨の問題は解消されていないはずである。新規採用者数を明確にできない中で、どのような採用制度が展開されたのかの検討も期待される。

開放制を建前とするのであれば、教員免許を有している者は誰もが選考に参加してよいし、任命権者にはそこから何名を選ぶかという判断が許される。採用試験の競争率で「教員の質」を制御できるという発想を克服しなければならない（167頁）、という著者の主張には全面的に賛同する。そのためには、このシステムが志願者や採用者数の多寡に左右されずに機能する必要がある。大学には、教員養成という役割の維持や向上に、より自覚的に努めていく姿勢が求められているのだと感じさせられた。

（筑波大学）

● 書評〈4〉

大島隆太郎〔著〕
『日本型学校システムの政治経済学
―教員不足と教科書依存の制度補完性―』
（有斐閣、2023年、総頁333）

木岡　一明

　本書は、「あとがき」によれば、2019年度に東京大学大学院教育学研究科に提出され、翌年3月に博士号を授与された論文「日本型学校制度の成立と安定に関する研究」をもとに後に大幅に修正等が施され、書き起こされたものも含んでいる。

1．本書の構成

第Ⅰ部　本書の枠組み
　　第1章　課題設定と本書の構成／第2章　分析枠組みの理論的整理
第Ⅱ部　日本型学校制度の概要と教科書制度の理論分析
　　第3章　日本型雇用慣行としての公立学校教員人事制度／第4章　教科書制度と教育課程制度の概要／第5章　教科書制度の理論分析①―所有者と費用負担のゲームモデル／第6章　教科書制度の理論分析②―採択制度の安定条件と制度間関係
第Ⅲ部　日本における近代学校制度の確立と教科書制度の選択
　　第7章　戦前の教員確保事情／第8章　戦前における教科書制度の確立過程と推移／第9章　戦後における教員の長期雇用化の実現／第10章　現行教科書制度への転換過程と安定化
第Ⅳ部　考察と結論：日本型学校システムの特質
　　第11章　日本型学校システムの特質と進化可能性／第12章　結語
　こうした本文に加え、参考文献、あとがき、事項索引、人名索引が付されている。

2．本書の研究スコープとそこに込められた論点──第1章概観

　基本命題は、「学制」以来今日まで断続的に続けられてきた「教育改革」にも関

わらず、なぜ教員人事、教育課程・教科書等の諸制度の構造が強固に安定的なのか、にある。著者は、その構造が「確保困難から生じる財政的・金銭的資源と人的資源の不足を、相対的に確保が容易で十分に供給可能な物的資源に依拠して補うことで、全国規模での一定の教育水準を担保可能にする」からであると解き、「戦前の国定教科書制、戦後の広域採択を行う学習指導要領・検定教科書体制は、その実現可能かつ合理的な安定解」であり、これが本書の「結論の骨子」だとしている。

そして本研究の意義として、①「教員不足」「教科書依存」の問題を、「政治経済的な視点による制度論」としての理解を与えることで、教育行政学のみならず、政治学・行政学・公共政策学に対しても貢献可能、②「現在に至る制度配置の獲得を政策実施上または経営上のある一面における合理性に基づいて説明する」ことで、日本における近現代の社会制度の確立経緯の解明に対して一つの示唆を与える、③「教員不足」や「教科書の電子媒体化」の問題を抱え変革期を迎えつつある今日、学校制度のあり方について構造的な問題点を示唆可能、の3点を挙げている。

続いて本書の構成を説明した上で、先行研究の批判的検討を行っている。

まず、唯一の対抗仮説として徳久恭子（2008）『日本型教育システムの誕生』（木鐸社）を批判している。すなわち、著者は、問題関心には同意するとしつつも、①「日本型教育システム」を戦後のみで論じている点について、戦前の制度に対する経路依存性の問題分析と評価の欠落、②分析対象の時期と教育制度の範囲の狭さ、③アイデア・アプローチの限界、を批判点に挙げている。

続いて、「教育の行政学」について、①政治学・行政学等の社会科学が有する理論的な知見を参照しながら分析し、積極的に他の社会科学と対話可能な形で議論を行うことをめざし、②従来の教育行政学の知見あるいは教育行政の「特殊性」等の概念の再検討を行い、③経験的なデータに基づく実証を指向する、と総括している。ただし、ディシプリンを意識した他分野からの移入の必要性を説く見解に対しては、他の分野とは関心の差異があるゆえに「単に移入するだけでは教育行政学全体に対して十分な貢献ができるとは考えづらい」と批判し、本書で展開する教育制度研究の特殊性について、担い手が必ずしも公的部門で完結するものではなく、純然たる政治学・行政学では議論しきれず、公共政策学的な視野を持って議論する必要、具体的な政策実施者の制度設計そのものが分析上重要、から説いている。

そして、教員人事制度、教科書制度、教育課程制度の3つの制度（群）が相互に関連して学校教育制度のシステムを構成しているとの把握に立ち、人的資源（教員人事）、物的資源（教科書）、時間的資源（教育課程）、さらにはそれらを裏づける財政的資源（教育財政）について分析することで、学校教育システムの基幹を描け

るとし、日本における教育内容制度に「日本型」学校教育システムが現在の構造に至らしめた根本的な要因があるという予想の下、教科書制度、教育課程制度の分析を重点的に行うことが説明されている。一方、日本型経済システムの視点を参照し、教員人事制度が学校システム外の雇用慣行と関係づいていると捉え、制度経済学から援用した「比較制度分析」の枠組みを用いて、教科書制度と教育課程制度が「制度化した連結」を果たし、その連結と教員人事制度が「制度的補完性」を果たしているという認知枠組みを構築している。

　以上のような問題関心と認知・分析枠組みに基づき、明治期から今日に至る歴史的な分析を通じて政治経済学的に上記3つの制度の連結過程の分析が進められる。

3．本論の展開概要

　第Ⅱ部では現行の公立学校教員人事制度（第3章）、教科書制度・教育課程制度（第4章）が説明されていく。特に第4章では、実態として戦前からほぼ「制度」（教科書の「個人所有制」と年数履修主義）的変化がなく一貫して継続されていること、タイプの異なる複数均衡が生じていることを示し、その原因を、①所有者と費用負担の制度（第5章）、②採択（第6章）に分けてゲーム理論を用いて追究している。さらに、移行措置の合理性（時間的猶予）を提起している。

　第Ⅲ部では、戦前、小学校教員の慢性的な量的不足に加え、大戦後の物価高騰の煽りを受けて僅かな加俸措置では長期的な蓄積が果たせなかったことから、政策当局者からは小学校やその教員に技術的専門性を期待しがたかったと推定し（第7章）、教科書の価格低廉化と不正抑止の観点から国定制へと転換し、その過程において教科書制度と教育課程制度とが連結していったことを明らかにしている（第8章）。続いて、戦後、教員の長期雇用化がいつ頃実現し（第9章）、検定制教科書制度へといかに転換しながら安定化の道を辿ったかを、学習指導要領告示と教科書無償措置に絡めて整理し、「量的に少ない人的・金銭的資源の問題を補完するため、脆弱な財政条件でも確保可能な基準化された低廉な『物』を通じて、全国統一的な教育内容を提供し、国民の教育の機会均等を保障しようとしてきたのが、明治以来運用されてきた日本型学校システムの基本的姿」と結論づけている（第10章）。

　第Ⅳ部第11章では、日本型学校システムの構造と特性を論じ、現在抱える課題と制度転換の可能性、その問題点（特に教員不足問題、教科書等の電子媒体化）について考察し、日本型学校システム「解体」の方策が提起されている。

　本書の総括であるため、第12章で述べられている中で、知見は、上記と重なる点が多いが、本書の貢献対象に、①教育行政学および教育制度論、②政治学・行政

学、公共政策学、③その他の社会科学領域を挙げていること、課題として、①日本の学校システム以外のシステムでも適合的かの検証、②本研究が採用した理論から除外された側面の検討、③教科書の内容統制よりも比較制度分析の理論的な仮説によって検討するという限定された方法による見落としの可能性、④本書の分析枠組みを用いて短期的な動向について論理的に記述することの限界、展望として、①情報資源についての、他の社会科学の理論や方法を参照しながら教育行政・教育経営の関心に即した分析、②日本型学校システムの再編に際する適切な制度設計の原則と妥当な政策判断に資する規範についての教育学の問題意識を踏まえた議論構築、③公教育分野以外の領域との比較による公教育領域の特殊性の解明、が示されていることは、著者の一貫した研究姿勢と研究関心を確認する上でも特筆すべきであろう。

4．寸評

　分析対象を絞って展開された研究であるため論旨は明快で、用いたデータも先行文献や新聞記事、『文部（科学）省年報』等、比較的入手がたやすいものを用いており再現性の高い研究である。また、故黒崎勲氏の「教育学としての教育行政＝教育制度論」の指向性を継承しようとする点は、今後に大いに期待を抱かせる。

　ただし、教科書で担保されたという教育水準の分析がないこともさることながら、「依存」という言葉の使い方には違和感がある。予め構成された３項からなる仮説空間（筆者の言う「制度間関係に基づく学校システムの模式図」）の下では他の因子は分析対象から排除され、「物」に照準を当てるという論理的帰結として「教科書制度」が重きを有することは理解できる。しかし、仮説空間での相対的「依存」ではありえても、著者が課題の②に挙げていることと関わり、開放空間においても「依存」していたのかはわからない。

　戦前の文部省は大正期以降、師範学校の拡張や昇格、小学校講習科の設置、教員検定、模範的教師顕彰など、自らの財源をあまり伴わない施策によって、指導的教員の量的拡大を図り、講習会等を奨励していた。これらによって「教員不足」を補完する質的向上を以て教育水準を維持していたという構図も成立するのかもしれない。これは、教育を論じる上で欠かせないはずの「教員の質」を免許の有無や人事でしか評価していないことに由来する問題であると思料する。その点からすると、戦前・戦後の教員養成制度が、なぜ教科書制度と十分に連結せぬまま、大学制度を補完するシステムで安定してきたのかにも応える研究であって欲しかった。

（教育テック大学院大学）

●書評〈5〉

滝沢潤〔著〕
『カリフォルニア州における言語マイノリティ教育政策に関する研究─多言語社会における教育統治とオールタナティブな教育理念の保障─』
(多賀出版、2023年、307頁)

長嶺　宏作

1．はじめに

　本書は、2015年に提出された学位論文を基盤に書かれたものであり、カリフォルニア州における言語マイノリティの教育政策の変遷と、その教育統治のあり方を問う研究である。アメリカにおけるバイリンガル教育自体の研究は、多文化主義をめぐる問題、移民問題をテーマとした研究はあるが、言語マイノリティ教育政策をめぐる教育統治・政策争点・政治的な対立を体系的に扱った研究は少ない。本書は、第1部においては連邦政府の政策を扱うことで全米的な動向を分析し、第2部ではカリフォルニア州を事例に分析することで、言語教育政策を通してアメリカの教育統治の問題と可能性を明らかにしたものである。

2．本書の構成と内容

　本書の研究の意義は、序章において「公教育の言語を巡る教育統治およびオールタナティブな教育理念を保障するための教育制度の観点からの研究、言い換えれば、教育政策の形成、実施、評価を一連のものとして捉えて連邦およびカリフォルニア州を対象にオールタナティブな教育理念を保障するための教育制度・学校制度や機能」を明らかにすると述べられる。
　具体的に「オールタナティブな教育理念を保障するための制度」とは、公教育の中で第一言語を中心とした教育ではなく、第二言語と第一言語を双方向的に使用する教育を、チャーター・スクールで実現する可能性を論じ、通常の公教育制度では実現することが難しい教育理念を、そして、弱者であるマイノリティ・グループを

包摂する手段となっていることを明らかにしている。

　本書の構成は下記の通りである。

序章　研究の目的・方法および意義
第一部　連邦の言語マイノリティ教育政策の展開
　第一章　連邦バイリンガル教育法制定以前の言語マイノリティ（移民）と教育
　第二章　連邦バイリンガル教育法の制定と第一言語使用の原則化
　第三章　1980年代の連邦バイリンガル教育政策の転換
　第四章　1994年法のバイリンガリズムとNCLB法のアカウンタビリティ
第二部　カリフォルニア州における言語マイノリティ教育政策の展開
　第五章　カリフォルニア州におけるバイリンガル教育の推進とその批判
　第六章　1976年バイリンガル・バイカルチュラル教育法の廃止とアカウンタビリティ
　第七章　カリフォルニア州のLEP教員不足と1990年代のLEP教員免許制度改革
　第八章　1998年のカリフォルニア州民投票・提案227の可決と教育の正当性
　第九章　提案227の政策評価と政策課題の政治性
　第十章　カリフォルニア州における言語マイノリティ教育の現状とアカウンタビリティ政策下における双方向イマージョン・プログラムの成果
　第十一章　双方向イマージョン・プログラムを実施するチャーター・スクールによるアカウンタビリティとバイリンガリズムの両立
　第十二章　言語マイノリティの平等な教育機会の保障における学校選択の可能性
　第十三章　2016年カリフォルニア州民投票・提案58の可決と多言語能力の重視
終章　多言語社会における教育統治の様相とオールタナティブな教育理念の保障

　第一部では、バイリンガル教育が求められていく背景としての移民への対応（第一章）と、連邦政府の1968年に成立した「バイリンガル教育法（Bilingual Education Act)」の成立過程（第二章）と、再改定過程を明らかにする（第三章・四章）。1964年の「公民権法（Civil Rights Act）」、1965年の「初等中等教育法（Elementary and Secondary Education Act）」を基盤として、急増する南米・メキシコ系移民に対応し、また、1968年の連邦最高裁判所で下されたラオ判決によって、バイリンガル教育の実施が求められたことにより、新しいニーズとして英語以外の教育への配慮へと権利の対象が拡大した。そして権利を実現する教育政策と

してバイリンガル教育が全米で実施される。しかし、1970年代の再改定を通して、ラオ規則と呼ばれる原則は、第一言語への適用を目的とするバイリンガル教育として展開された。

　一方でレーガン政権の登場に伴い1984年の改定において、バイリンガル教育への批判とともに、1970年代に成立したラオ規則の柔軟化という名の骨抜き化が進行することになる。したがって、実質的にはイングリッシュ・オンリーの教育を認めかねないものであった。そして、1990年代に入ると、「結果志向のアカウンタビリティ政策」が実施され、バイリンガル教育も、その政策の一環の中に包括されることになった。

　第二部では、全米レベルの政策展開を踏まえたうえで、バイリンガル教育において先進的であったカリフォルニア州の事例を考察する。カリフォルニア州のバイリンガル法が1987年に廃止されるという事件がおき（第五章、第六章）、1998年には州民投票の中でバイリンガル教育が問われ、その正当性が疑われることになる（第八章）。バイリンガル教育が批判される中で、「結果志向をもつアカウンタビリティ」政策とともに、チャーター・スクールが認められ、その中で先験的な双方向イマージョン・プログラムを実施するチャーター・スクールが現れた。マイノリティの言語を公教育の中で積極的に包括することが難しかったものを、学校選択を通して、オールタナティブな教育理念が実現されたことで、マイノリティの権利保障を実現することができたことを、著者は主張する。

3．本書の意義と課題

　本書では教育統治を問題にしているが、研究方法としていくつかの課題がある。特に連邦政府の教育政策は、もともと権限がないところで実施されているために、実施研究（Implementation）を補足する必要がある。具体的には、「バイリンガル教育法」が成立したときの法の目的や具体的な記述の少なさは、地方自治を侵害しないための配慮である。つまり、当初の連邦政府の教育政策は、実施について地方学区へと丸投げにしたと評価できる。その場合、州と学区に予算の裁量が任されているということになるために、実態として実施されない場合がある。そこで1970年代のラオ規則によって、実質的な連邦政府の指示を、行政文書を通して行うことになる。この時、連邦政府の主導性をどのように評価するのかが問われ、バイリンガル教育の意義とともに、集権的な統制の意義が問題となる。

　また、バイリンガル教育は、教育財政上の格差（普通教育の質）を問題としたロドリゲス判決（財政上の格差は州の責任であるため連邦政府の責任ではない）とは

異なり、特定のニーズ、英語を母語としていないマイノリティ・グループに対する教育責任を連邦最高裁判所が認めた判決である。したがって、連邦政府は普通教育には責任を負っていないが、英語を母語としない児童・生徒に対する責任がある。しかし、教育における地方自治を原則とする制度構造は、連邦政府のバイリンガル教育法によって支援するが、その実質的な担い手は州と学区となる。そのため権利保障をする責任者と担い手が。連邦と州とで二重となっている。

　連邦政府のバイリンガル教育法については、バイリンガル教育が是か非かという問題だけではなく、連邦政府の詳細な命令、つまり、集権的な統制と地方自治をめぐる問題でもある。連邦議会での対立はバイリンガル教育の理念に応じて議論している一方で、集権的な統制か分権的な統制での対立である場合が多い。例えば、レーガン期における改定は集権的な統制を弱め、州と地方学区に分権化させることで、バイリンガル教育に積極的ではない州と学区に予算を削減できるものとしても捉えられる。ただ、複雑なのは連邦補助金に裁量を与えることは、地方レベルで活動するマイノリティ・グループにとって、新しい教育政策ができる可能性もあり、レーガン期の改革が一部で評価される場合がある。

　教育政策における政治的な対立の複雑さの問題は、第二部のカリフォルニア州においてもいえる。カリフォルニア州では、アイデンティティ・ポリティクスを駆使して州民投票の提案227においてバイリンガル教育が問題視された。再配分的な政策は、全体の利益よりも特定の層への利益となる政策としてみえ、正当性を担保することの難しさがある。しかし、著者がオールタナティブな教育理念として双方向的なバイリンガル教育が、学校選択の結果として、チャーター・スクールによって効果が証明され、オールタナティブ教育を実現する可能性を論じているが、それが制度全体へと波及するものであるか、という点は考察する必要がある。

　というのも、ヒスパニック層を中心として生徒が選択するチャーター・スクールは、マイノリティ側のアイデンティティ・ポリティクスを生じさせ、新しい分裂を招くのではないかという危惧を評者は持つためである。したがって、本書で扱われているマジョリティ側の英語公用語運動等の裏返しにもみえてしまう。本来であれば、多様なバッググラウンドにある人々を包括する公教育を支える基盤として、どのように連帯を作り、制度を作るかという問題であるが、公立学校が存在する各地域を基盤として解決するべき問題を迂回しているように思え、現在、「分断されたアメリカ」と表現された状況に対して、正しい方向性なのだろうかと評者は逡巡してしまう。答えのない問題であるだけに、著者の今後の研究を期待する。

（埼玉大学）

● 書評〈6〉

前原健二〔著〕
『現代ドイツの教育改革
――学校制度改革と「教育の理念」の社会的正統性――』
(世織書房、2023年、344頁)

井本　佳宏

1．はじめに

　本書は2021年3月に東京学芸大学大学院連合学校教育学研究科より博士（教育学）の学位を授与された博士学位請求論文「現代ドイツの学校制度改革の展開過程に関する研究　制度改革における『教育の理念』の社会的正統性に注目して」をもとに刊行されたものである。古き良き人文社会科学系博論本の香り漂う本書は、著者による長年にわたる地道な知見の蓄積とそこから醸成された豊穣な考察が随所に横溢しており、学術書の何たるかを知らしめる好著である。

2．本書の構成と概要

　本書の書名上の主題は「現代ドイツの教育改革」であるが、力点はむしろ副題「学校制度改革と『教育の理念』の社会的正統性」の側に置かれている。評者なりに端的にまとめるならば、本書は、学校制度改革が実施に至ったり至らなかったり、実施されて定着したりしなかったりするのはなぜなのかを、ドイツの事例をもとにしながら「教育の理念」と社会的正統性をキーワードに理論的に探究している。なお、本書において制度は法制度に限定されておらず、社会学や経済学において用いられているような、人々の行動や観念、行動のパターン、正統性を承認されたルールや慣行などまでも含む幅の広い概念として捉えられている。制度に対する視角を広くとりながら、制度改革の動態の理論的把握へ向けた例証を積み上げていく形で本書は書きすすめられている。
　序章における制度や制度改革に関わる諸概念の検討と課題設定を踏まえた上で、第1部では「教員をめぐる制度改革」がとりあげられている。章構成は、「学校監

督論争」（第1章）、「教員の業績評価の制度と実態」（第2章）、「ドイツにおける学校改善支援策としての教員研修改革の動向」（第3章）となっており、「教員の教育上の自由」と国家による学校監督、教員評価、教員研修改革といった教員に関わる制度上の諸問題が相互の制度的補完関係を意識しながら分析されている。そこから、「ドイツ社会に普遍的に存在する『一人前』の職業文化は教職にも存在しており、いったん正規の職業資格を取得して入職した者に対する日常的な監督や評価、研修を義務付ける方向での改革は、教員の職務と勤務の実態との間の制度的補完性を欠いており、社会的正統性をえにくいと考えられる」（258頁）といった知見を引き出している。

「学校の自律化の理論と政策」が検討される第2部は、「『学校の自律』の教育学的検討」（第4章）、「ドイツにおける『学校の自律』の法的保障」（第5章）、「校長意識調査を素材とした『学校の自律』の実態の分析」（第6章）からなる。第1部が教員個人に関わる制度に焦点を当てているのに対し、第2部では学校組織に関わる制度に焦点を当てつつ教員と学校との相互の制度的補完性を検討しており、「個々の学校の有利不利を固定、拡大する『マタイ効果』を回避して、『教育の理念』としての『学校の自律』の可能性を現実化するためには、『一人前』の文化や勤務法制及び学校制度構造（中等教育進学時の分岐）との関係が整序される必要があり、教育行政からの支援の一層の拡充も必要である」（259頁）との知見を引き出している。

「ドイツにおける学校制度改革の理論と動態」と題する第3部は、「ドイツにおける分岐型学校制度改革の破綻要因の検討」（第7章）、「2000年代における学校制度改革論議の再構築」（第8章）、「『二分岐型』学校制度の論理と政治過程」（第9章）、「ギムナジウム修学年限改革の政策過程」（第10章）から構成されている。第3部は学校制度を対象としているが、ここでも検討に際しては教員個人に関わる制度（第1部）、学校組織に関わる制度（第2部）との制度的補完関係が意識されている。そこから、学校制度改革の展開は「根本的な政治的イデオロギーの対立を前提とした政治勢力の盛衰を独立変数として、ドイツの学校制度改革の展開過程をそれに対する従属変数とみることによって説明する以上に、改革の提案の中の『教育の理念』の社会的正統性に注目してみることによってよりよく説明できる」（260頁）との知見を引き出している。

第1部から第3部までの議論を踏まえて、結論において提唱されているのが「学校制度の弾性限界理論 the elastic limit theory of school system」である。本理論は材料力学から着想をえて、学校制度を材料に見立てることで定式化されている。

まず、学校制度は相互に制度的補完関係にある諸制度（そのうち本書では教員制度、学校組織制度、学校制度が取り上げられている）によって構成されることで外力に対して一定の「弾性」すなわち「慣性」を持つものと捉えられる。外力すなわち学校制度改革への社会的正統性を与えたり奪ったりする力が弾性限界（降伏点）を超えない限りにおいて、学校制度改革は定着しない。しかしそうした外力が弾性限界（降伏点）を超えると学校制度には一定の変化が生じ、その変化は新たな慣性をもって定着する（塑性変形）。さらに大きな外力が加わった場合には旧制度に破断が生じ（破断点）、元の制度と異なる新たな学校制度が立ち上がる。このように、材料のメタファーによって学校制度改革を動態的に説明しうるものとして本理論は提示されている。

3．本書の魅力

　本書の主眼は学校制度改革の理論的検討に置かれている。しかし、理論的検討に供される一つひとつの素材がそれ自体として、現代ドイツの学校制度を理解するうえで見逃すことのできない重要な論題である点も本書の大きな魅力となっている。教員制度を扱った第1部、学校の自律化政策を扱った第2部、学校制度改革を扱った第3部を通じて、各論題が人から組織、組織から制度という階層性によって体系的に整理されており、本書を読めばドイツの学校制度をめぐる主要な論点を俯瞰することができる。ドイツの教育制度研究を志すものにとっての新たな手引きとなる一書と言えよう。

　とはいえ、本書のクライマックスは何といっても結論における「学校制度の弾性限界理論」の提示である。各章で扱われる論題の分析は結論における理論的着地点を見据えて行われており、その分析の巧みさこそが本書ならではの魅力の本質である。各章において、実態と理念までも含む広義の制度と、狭義の制度（法制度）改革との間の相互作用を繰り返し描き出すことで理論のモチーフの例証を積み重ね、そのことによって結論において定式化される「学校制度の弾性限界理論」の説得力が高められている。実証研究から理論構築をいかに進めるべきかについて、本書の構成は一つの模範を示しているとも言えるであろう。

　また、熱さを帯びた明晰な文章も本書の魅力であり、内容と構成に込められた意義への理解を読者に促すことに一役買っている。以下の引用は、著者の筆力が最もあらわれていると感じられた一箇所である。「『均質性』神話は、その神話世界に安住する限りにおいては決して克服されることなく自己再生産を続けるであろうし、逆にこの神話に挑戦し続ける者だけがそれを克服する力量を身につけることができ

る。いったん『均質性』神話を超える教育的力量の地平をみたものにとっては、それはもはや根拠のない『迷信』となる。こうして『均質性』神話が崩れたならば、前章でみたように、かつて『機会の均等』に対して向けられた『等しからざるものを等しく扱う』という批判の言葉は、そのまま反転して、異質性の高い学習集団に対する教育を担う教育的力量の高さに対する賛辞となりうるであろう」(202頁)。

4．本書からの課題の展望

　本書の魅力はこの限られた紙幅では書き尽くせない。とりわけ本書が提示した「学校制度の弾性限界理論」はその説明力の高さと材料のメタファーによるイメージの喚起力の豊かさから、制度の動態的把握を行う際の理論枠組として大きな可能性を感じさせるものとなっている。残りの紙幅は、理論枠組として参照される際に課題となると思われる点について述べることに割きたい。

　一つには、弾性の限界点（降伏点および破断点）がどこにあるのかである。これらは制度改革の成否を分けるポイントであり、これらを一般的に定式化することが本理論のさらなる充実には不可欠であろう。そのためには本理論に基づいた事例研究の十分な蓄積を待つ必要がある。なお、本書が素材としたドイツに関して例を挙げるならば、東西ドイツ統一以降の事例をより意識的にとりあげていくことが有効であるように思われる。異なる歴史的経緯をたどってきた旧東ドイツ地域の編入という出来事は、旧西ドイツ由来の学校制度に対して大きな外力となったはずである。東西統一の学校制度へのインパクトは弾性限界理論における限界点を見極めるための事例研究にとって格好の素材ではないだろうか。

　二つには、制度の内発的な変革圧をどのように理論に組み込むかである。本理論は制度の慣性（弾性）と外力の関係から制度改革を把握するものとなっており、制度自体の中において醸成される変化への力、内発的な変革圧については明示的には言及されていない。とはいえ、本書の各章の分析において広義の制度と狭義の制度（法制度）の相互作用についてはすでに描き出されている。それらも含めた事例研究の蓄積からえられる知見を理論の中にいかに組み込むかが課題となるであろう。

　最後に、本書のモチーフに引き付けて表現するならば、理論もまた一つの制度であり、本書によって生み出された理論が制度研究における道具立てとして定着するか否かは、今日の制度研究のパラダイムが持つ弾性との関係によって規定されることになる。そうした意味において、本書は本書自身が提示した理論の中でその意義への評価を待つことになる。

（東北大学）

●書評〈7〉

青井拓司〔著〕
『教育委員会事務局の組織・人事と
教育行政プロパー人事システム
―地方教育行政における専門化と総合化の融合に向けて―』
(学校経理研究会、2022年、341頁)

佐々木幸寿

1．はじめに

　青井拓司氏の著書『教育委員会事務局の組織・人事と教育行政プロパー人事システム―地方教育行政における専門化と総合化の融合に向けて―』は、教育委員会事務局における組織・人事の実態と教育行政のプロパーの在り方について、将来を見据えながら、総合的に検討、考察した著書である。地方教育行政の組織、人事について、今まで、これほど、総合的に検討した著書はなく、本書が、今後、教育委員会研究を志す者にとっては、地方教育行政の全体像を理解する上で、参考とすべき重要は文献となるように思われる。

　従来、教育委員会事務局についての研究は、組織編成や組織原理、事務局人事の実態、指導主事研究など、個別領域ごとに研究課題を設定して研究が蓄積されてきたが、それらを総合的に俯瞰する研究は少なかったように思われる。本書は、事務局機能の解明を中心に据えて、その組織と人事について、地方教育行政をめぐる環境の変化、教育委員会事務局の組織編成と人事の実態、教育行政事務局のプロパー型の人事システム、教育行政職員の職務遂行能力について総合的に検討し、そして、将来に向けて、人事戦略と教育行政職員のキャリアデザインについても言及している。教育委員会事務局の機能の果たすべき役割、さらには、教育行政の固有性を現代の文脈において考える上で重要な視点が示唆されており、教育行政研究者にとっても、教育行政の実務を担う者にとっても有益で、貴重な研究成果であると言える。

2．現代的な行政ニーズを踏まえた課題設定

　本書は、地方教育行政が、地方分権の進展と総合行政化という変化の中で、地方教育行政の「専門化」と「総合化」をいかに有機的に実現していくのかというモチーフの下で構成されている。従来、地方教育行政は、外形的には、教育委員会制度という地方分権の衣をまといながら、実態として、国―都道府県教育委員会―市町村教育委員会―学校という強い縦割り性の中に位置づけられていた。近年、規制緩和・地方分権を両輪とした行財政改革の進展、新教育委員会制度による総合行政化の動きを受けて、地方自治体においては、教育行政の専門性と自立的政策形成能力を備えた教育委員会事務局機能の整備が急務となっている。それは、指導主事などの指導行政を担う専門職の在り方に限定されず、教育委員会事務局を構成する職員として、教育行政に精通した専門的な識見を備えた行政職員をいかにして確保し育成していくのか、教職出身職員と行政出身職員の分業や連携はいかにあればよいのか、地方分権の時代に求められる地方独自の教育政策形成を担い得る職員をどのように確保していくのか、など、現代における地方教育行政のニーズに応えるための組織や人材の在り方への問いとして理解される。

3．地方教育行政職員の現状の俯瞰とプロパー人事の総合的な検討

　本書は、第Ⅰ部（教育委員会事務局の組織と人事）、第Ⅱ部（教育行政プロパー人事システム）、そして、終章（教育委員会事務局人事戦略と教育行政職員のキャリアデザイン）からなる。第Ⅰ部では、教育委員会事務局の組織の特徴と機能、行政職員の採用区分の流動化と教育行政の採用導入の規定要因の分析、事務局職員の職員構成と行政職員の人事配置など、教育委員会事務局の組織と人事を概観する。その上で、第Ⅱ部では、教育委員会事務局プロパー型の人事システム（組織、採用、人事異動、昇進、職位）の特徴や、教育委員会事務局プロパー型の教育行政職員のキャリア形成と職務遂行能力について、先行研究の知見や都道府県や政令市の事例を基に検討している。その上で、終章において、教育委員会事務局行政職員の人事配置3類型モデル（第1類型：首長部局出向型、第2類型：教育委員会事務局プロパー型、第3類型：教育委員会事務局―学校事務型）のメリット・ディメリットを整理するとともに、将来の教育委員会の人事戦略の方向性を提案している。

　本書の最も優れた点は、教育行政制度研究、指導主事や教育長等の職務研究、学校事務職員研究、教育委員会事務局組織研究、事務局の本庁と出先機関の職員構成や規模の研究など先行研究の知見を総合的、網羅的に検討し、地方教育行政の実態

と課題を俯瞰的に捉えていることである。書評者自身、高校教員、県教育委員会指導主事、管理主事等の実務経験を有し、また、長く地方教育行政システムの研究に関わり多くの研究成果に触れてきたので、ある程度、地方教育行政の全体像をイメージできているという自負を持っていたが、本書を読みあらためて全体を俯瞰することの重要性を認識させられた。私の研究も含めて、多くの研究は、対象や領域を限定した上で研究課題を設定しており、そこで得られた知見は、教育行政の全体像を理解するには、相当の限界がある。「群盲象を評す」の逸話を引くまでもなく、個々の研究は、地方教育行政の一端を明らかにしているに過ぎず、部分的研究を積み重ねるだけでは、その全体を理解することは至難であると言わざるを得ない。本書は、その限界に挑んでいる点で、高く評価をしたい。もちろん、本書の記述にも限界はあるが、その総合性においては、従来の研究には見られない貢献をしていると言える。

4．教育行政プロパー人事システムの先進事例研究の意義

現在の教育行政研究における研究手法としては、実証性や論証性を重視したアカデミックベースの研究が主流である。その一方で、現在、教育行政をめぐる環境は、激しい勢いで変化しており、教育実践や社会実装を射程においた開発型の研究への期待が高まっている。

本書では、多くの先進事例を取り扱っている。先進事例は、教育行政全体においては、「逸脱事例」「極端事例」であろうが、社会実装を射程においた開発型の研究においては、先進事例の検討は、より多くの有益な知見を提供するものとなる。その点においても、「教育行政プロパー人事システム」に着目した本書の研究手法は、実証性を重視した従来型の方法とは異なる新しい視点を提供しているものと言える。

本書は、次世代の地方教育行政の在り方をデザインする上で、基盤となる総合的な知見を提供している。これらを基盤として、さらに地方教育行政システムの研究開発が進展し、自治体レベルにおいて新しい構想が現実の姿となっていくことを期待している。

（東京学芸大学）

日本教育行政学会会則

施行　1965（昭和40）年8月23日
最終改正　2019（令和元）年10月19日

第1章　総　　則

第1条（名称）
　本会は日本教育行政学会（The Japan Educational Administration Society）という。

第2条（目的）
　本会は教育行政学の研究に強い関心を有する者をもって組織し，学問の自由と研究体制の民主化を尊重し，国内的，国際的な連絡と協力をはかり，教育行政学の発達と普及に寄与することを目的とする。

第3条（事業）
　本会は前条の目的を達成するために次の事業を行う。
　1．研究発表会の開催
　2．研究年報・会報等の発行
　3．会員の研究・共同研究および研究体制上の連絡促進
　4．内外研究団体との連絡
　5．その他の本会の目的達成に必要な事項

第2章　会　　員

第4条（会員の要件・種類と入退会）
　① 本会の目的に賛同し，教育行政学の研究に強い関心を有する者をもって会員とする。本会の会員は個人会員と機関会員の2種とする。
　② 本会に入会するには会員2名以上の推薦による。入会金は1,000円とする。
　③ 本会を退会する者は，毎年3月31日までに文書により申し出るものとする。

第5条（会費の納入）
　① 会員は会費を負担するものとし，会費は年額8,000円とする。ただし，

学生の会員（有職のまま大学に在学する者は含まない）は年額6,000円とする。
　② 会員のうち2カ年度会費納入を怠った者は，本会から除籍される。
　③ 当該年度の会費未納者にたいしては，研究年報が送付されない。

第6条（名誉会員等）
　① 理事会は，満70歳以上の会員で，本会理事（事務局長を含む）を3期以上歴任した者を名誉会員として推薦し，総会の承認を得るものとする。
　② 名誉会員は会費を負担しない。
　③ 名誉会員および機関会員は役員の選挙権と被選挙権および総会における議決権をもたない。

第7条（会員の異議申立て権等）
　① 会員は理事会および諸会議を傍聴し，発言を求めることができる。
　② 会員は，本会の運営について，役員に説明を求めることができる。
　③ 会員は，本会の運営について，常任理事会に異議を申し立てることができる。

第3章　役　　員

第8条（役員の種類）
　本会の事業を運用するために次の役員をおく。
　会長　1名，理事　若干名，常任理事　若干名，事務局長　1名，幹事　若干名，監査　2名

第9条（理事・理事会・事務局長・幹事・監査）
　① 理事は会員のうちから選出する。理事は理事会を構成し，本会の重要な事項を審議する。
　② 事務局長および幹事は会長が委嘱し，会務を処理する。
　③ 監査は理事会が総会の承認を得て委嘱し，本会の会計を監査する。

第10条（会長・会長代行）
　① 会長は全理事の投票により理事のうちから選出し，総会の承認を得るものとする。会長は学会を代表し，会務を統括する。会長は事務局を定め，理事会その他の諸会議を招集する。
　② 会長はあらかじめ常任理事のなかから会長代行を指名する。会長に事故あるときは，会長代行がこれに代わる。

第11条（常任理事）
　　常任理事は，会長が理事のうちから指名し，理事会の承認をうける。
第12条（役員の任期）
　　役員の任期は3年とする。ただし再任を妨げない。

第4章　総　　会

第13条（総会）
　　総会は本会最高の議決機関であって年1回これを開き，本会の重要事項を審議決定する。

第5章　委員会

第14条（委員会の種類・委員長と委員の選任等）
　①　本会に年報編集委員会，研究推進委員会および国際交流委員会を置く。
　②　委員長は，会長が理事のうちから指名し，理事会の承認をうける。委員は理事が推薦し，被推薦者のうちから，会長と委員長が協議し委嘱する。とくに必要な場合は，被推薦者以外の会員に委員を委嘱することができる。
　③　委員会の組織，委員の選任その他委員会に関する事項は，理事会が定める委員会規程による。
　④　本会には臨時に特別委員会を設けることができる。特別委員会は研究課題について調査研究し，総会に報告する。

第6章　学会褒賞

第15条（学会褒賞）
　①　本会に学会褒賞を設ける。
　②　褒賞の種類，選考手続その他学会褒賞に関する事項は，理事会が定める規程による。

第7章　会　　計

第16条（経費）
　　本会の経費は会員の会費その他の収入をもってあてる。
第17条（予算）
　　理事会は予算案をつくり，総会の議に附するものとする。

第18条（会計年度）
　本会の会計年度は毎年4月1日に始まり，翌年の3月31日に終る。

第8章　雑　　則

第19条（会則の変更）
　本会則の変更は総会の決議による。

第20条（細則・規程）
　本会を運営するに必要な細則および規程は理事会が定め，総会に報告する。

第20期（2022年10月以降）役員等（○印　常任理事）

[会長]　　　　　　　　　　　　　　勝野　正章
[理事]　北海道・東北ブロック　　　青木　栄一
　　　　　　　　　　　　　　　　　○篠原　岳司
　　　　　　　　　　　　　　　　　横井　敏郎
　　　　関東ブロック　　　　　　　○植田　みどり
　　　　　　　　　　　　　　　　　大桃　敏行
　　　　　　　　　　　　　　　　　勝野　正章
　　　　　　　　　　　　　　　　　加藤　崇英
　　　　　　　　　　　　　　　　　坂田　仰
　　　　　　　　　　　　　　　　　貞広　斎子
　　　　　　　　　　　　　　　　　○末冨　芳
　　　　　　　　　　　　　　　　　仲田　康一
　　　　　　　　　　　　　　　　　浜田　博文
　　　　　　　　　　　　　　　　　○村上　祐介
　　　　中部ブロック　　　　　　　○石井　拓児
　　　　　　　　　　　　　　　　　窪田　眞二
　　　　　　　　　　　　　　　　　中嶋　哲彦
　　　　　　　　　　　　　　　　　南部　初世
　　　　　　　　　　　　　　　　　本多　正人
　　　　近畿ブロック　　　　　　　大野　裕己
　　　　　　　　　　　　　　　　　川上　泰彦
　　　　　　　　　　　　　　　　　髙橋　哲（2023年
　　　　　　　　　　　　　　　　　３月まで関東ブロック）
　　　　　　　　　　　　　　　　　服部　憲児
　　　　　　　　　　　　　　　　　○山下　晃一
　　　　　　　　　　　　　　　　　渡部　昭男
　　　　中国・四国ブロック　　　　古賀　一博
　　　　　　　　　　　　　　　　　滝沢　潤
　　　　　　　　　　　　　　　　　○柳澤　良明
　　　　九州ブロック　　　　　　　髙妻　紳二郎
　　　　　　　　　　　　　　　　　○住岡　敏弘
　　　　　　　　　　　　　　　　　元兼　正浩
[監査]　　　　　　　　　　　　　　阿内　春生
　　　　　　　　　　　　　　　　　廣谷　貴明
[事務局長]　　　　　　　　　　　　橋野　晶寛
[事務局幹事]　　　　　　　　　　　小入羽　秀敬
　　　　　　　　　　　　　　　　　中村　恵佑
　　　　　　　　　　　　　　　　　宮口　誠矢

日本教育行政学会年報編集委員会規程

施行　　2007（平成19）年8月10日

第1章　総　　則

第1条　日本教育行政学会年報は日本教育行政学会の機関誌で，会則第3条により，原則として1年に1回発行する。

第2条　日本教育行政学会年報の編集のために，会則第14条1項により，年報編集委員会を設ける。

第2章　編集委員の選出および編集委員会の組織と運営

第3条　①編集委員は，理事による被推薦者のなかから，編集委員長と会長が協議のうえ，会長が委嘱する。

②理事による編集委員の推薦に当たっては，会員の所属ブロックや被推薦者数を制限しないものの，その選出に当たっては，理事選出の各ブロックから少なくとも1名を選出するものとする。

③前項による編集委員の選出に当たり，理事による被推薦者のいないブロックが存する場合は，編集委員長と会長が協議のうえ，当該ブロック所属会員のなかから会長が委嘱する。

④編集委員の定員は14名を上限とする。

⑤編集委員の任期は3年とし，連続2期を超えてこれを務めることはできない。

⑥編集委員長の再任は認められない。

第4条　①年報編集委員会は，編集委員長が主宰する。

②年報編集委員会に，編集副委員長および常任編集委員を置く。

③編集副委員長は，編集委員のなかから，編集委員長と会長が協議のうえ，会長が委嘱する。編集副委員長は，編集委員長を補佐し，編集委員長に事故あるときはその職務を代行する。

④常任編集委員には，編集副委員長のほか，編集委員の互選による編集委員若干名を当て，会長がこれを委嘱する。常任編集委員会は，編集委員長が主宰し，編集委員長の示した議案を審議する。

⑤委員会の事務を担当するために，編集幹事を置く。編集幹事は，編集委員長が会員のなかから委嘱する。

第3章　年報の編集

第5条　本年報には教育行政学に関係ある未公刊の論文，資料，書評などのほか，学会報告その他会員の研究に関する活動についての記事を編集掲載する。

第6条　①本年報に論文の掲載を希望する会員は，各年度の編集方針と論文執筆要綱にしたがい，原稿を編集委員会事務局に送付するものとする。

②編集委員は「研究報告」に投稿することができない。本学会に入会後いまだ研究大会を経ていない会員も同様とする。

第7条　①年報編集委員会は論文執筆要綱を定めるものとする。

②本年報の各年度の編集方針は，編集委員会が合議によりこれを決定する。

第8条　投稿された論文の採否は，編集委員会が合議によりこれを決定する。

第9条　①採用された論文について，編集委員会は形式的ないし技術的な変更をくわえることができる。ただしその内容に関して重要な変更をくわえる場合には，執筆者と協議しなくてはならない。

②校正は原則として執筆者が行う。

③論文の印刷に関して，図版等でとくに費用を要する場合は執筆者の負担とすることがある。

第10条　本規程の改正は，理事会の議決による。

日本教育行政学会著作権規程

施行　　　2012（平成24）年7月1日
最終改正　2019（令和元）年10月19日

1．この規程は，独立行政法人科学技術振興機構（JST）が運営する科学技術情報発信・流通総合システム（J-STAGE）事業への参加にあたって，著作権の帰属と著作物の利用基準を定め，日本教育行政学会年報（以下，年報とよぶ）の電子化（インターネット上での公開）事業とその運用を適正に行うことを目的とする。
2．年報の電子化の対象は，原則として，年報フォーラム，研究論文，シンポジウム，課題研究報告，書評など，学会年報に掲載されたすべての著作物とする。
3．著作権（著作権法第21条から第28条に規定されているすべての権利を含む。）は学会に帰属するものとする。
4．学会は，著作者自身による学術目的等での利用（著作者自身による編集著作物への転載，掲載，WWWによる公衆送信等を含む。）を許諾する。著作者は，学会に許諾申請する必要がない。ただし，刊行後1年間は，編集著作物への転載，掲載については学会事務局の許諾を必要とし，WWWによる公衆送信については，原則として許諾しない。また，学術目的等での利用に際しては，出典（論文・学会誌名，号・頁数，出版年）を記載するものとする。
5．著作者が所属する機関の機関リポジトリでの公開については，刊行1年後に限って無条件で許諾する。著作者自身および著作者が所属する機関による許諾申請をする必要がない。ただし，出典は記載するものとする。
6．第三者から論文等の複製，翻訳，公衆送信等の許諾申請があった場合には，著作者の意向を尊重しつつ，常任理事会において許諾の決定を行うものとする。

附記　本規程は，2019年10月19日より施行する。

日本教育行政学会年報論文執筆要綱

（1984年2月22日編集委員会決定・1985年9月1日改正・1986年4月1日改正・1988年10月14日改正・1990年10月6日改正・1991年9月1日改正・1993年9月1日改正・1996年9月27日改正・2002年8月18日改正・2004年1月30日改正・2006年2月11日改正・2012年7月1日改正・2014年8月2日改正・2020年10月9日改正・2022年12月14日改正）

1．論文原稿は日本語，未発表のものに限る。ただし，口頭発表及びその配布資料はこの限りでない。

2．原稿はワープロ等による横書きとし，A4判，天地余白各65mm，左右余白各50mm（10～10.5ポイントフォント使用），34字×29行×17枚以内とする。ただし論文タイトル及び日本語キーワード（5語以内）に9行とり，本文は10行目から始め，小見出しには3行とる。注・引用文献については1枚あたり36字×33行の書式とする。図表は本文に組み込むことを原則とする。図表を別紙とする場合，本文にそれを組み込む位置を指示し，それに必要な空欄を設ける。なお，注・引用文献については，規定の文字数と行数で記述できるよう左右余白を調整することができる。

3．原稿には氏名，所属等を記入しない。また，論文中（注釈を含む）に投稿者名が判明するような記述を行わない。

4．論文は，電子メールと郵送（1部）により送付するものとする。電子メールでは，執筆者名がプロパティ等に記載されないように注意してPDFファイルの形式で保存した論文を送信する。

5．別紙1枚に，論文タイトル，氏名，所属，職名等，連絡先，投稿時に他の紀要等に投稿している論文のタイトル（投稿先の学会名や紀要名は記さない。他に投稿している論文のない場合は，その旨を記す。）を記入し，論文本体には綴じないで，論文（1部）と共に郵送する。

6．英語のキーワード（5語以内）を含め，論文本文と同様の書式で2枚以内の英文アブストラクト及びその日本語訳を，その電子データとともに提出する。英文アブストラクト及びその日本語訳には，氏名，所属等を記載しない。その提出期限は，編集委員長が，第一次査読結果に基づいて提出が必要と判定された投稿者個々に通知する。

7．論文等の投稿については，毎年，2月末日までに，年報編集委員会指定の様式の投稿申込書を，電子メールもしくは郵送にて送付し，投稿の意思表示をする。

３月末日までに電子メールと郵送によって論文を提出する（いずれも郵送の場合は消印有効）。
8．校正は原則として１回とする。執筆者は校正時に加筆・修正をしないことを原則とする。
9．抜刷を希望する執筆者は，原稿送付のときに申出ることができる。抜刷の印刷費は執筆者の負担とする。
10．本誌に掲載された論文等の著作権については，本学会に帰属する。また，著作者自身が，自己の著作物を利用する場合には，本学会の許諾を必要としない。掲載された論文等は，科学技術情報発信・流通総合システム（J-STAGE）にて公開される。

＜注および引用文献の表記法について＞
次のいずれかの方法で表記すること。

【表記法１】
①論文の場合，著者，論文名，雑誌名，巻，号，発行年，頁の順で書く。
　例
　　１）持田栄一「教育行政理論における『公教育』分析の視角」『日本教育行政学会年報』第１号，昭和50年，68頁。
　　２）Briges, Edwin M., and Maureen Hallian, Elected versus Appointed Boards : Arguments and Evidence, *Educational Administration Quarterly*, Ⅷ, 3, Autumn 1972, pp. 5-17.
②単行本の場合，著者，書名，発行所，出版年，頁の順で書く。
　例
　　１）皇至道『シュタイン』牧書店，昭和32年，142-143頁。
　　２）Morphet, Edger L., et al., *Educational Organization and Administration: Concepts, Practices, and Issues*（4th ed.）, Englewood Cliffs, N. J. : Prentice-Hall Inc., 1982, p.160.

【表記法２】
①引用文献と注を区別する。注は文中の該当箇所に（１），（２）……と表記し，論文原稿末尾にまとめて記載する。
②引用文献は本文中では，著者名（出版年），あるいは（著者名出版年：頁）とし

て表示する。同一の著者の同一年の文献については，a, b, c……を付ける。
例
　しかし，市川（1990）も強調しているように……，……という調査結果もある（桑原1990a, 1990b）。
　OECDの調査によれば，「……である」（OECD1981：pp. 45-46）。
③引用文献は，邦文，欧文を含め，注のあとにまとめてアルファベット順に記載する。著者，（出版年），論文名，雑誌名，巻，号，頁の順に書く。
例
　Holmberg, B.（1989）*Theory and Practice of Distance Education*, Routledge, pp. 182-189.
　木田宏（1989）『生涯学習時代と日本の教育』第一法規。
　Muranane, R. J. and Cohn, D.K.（1986）Merit pay and the evaluation problem : why most merit pay plans fail a few survive. *Harvard Educational Review*, vol. 56（1）, pp. 1-7

Bulletin of JEAS
CONTENTS

Ⅰ. BULLETIN FORUM —— Repositioning Democracy in the Theory of Educational Administration

Editor's Notes

Yoshio OGIWARA : Educational Administration and "Democracy": A Conceptual Analysis of Seiya Munakata's Argument

Taketoshi GOTO : Analysis of Aspects of Diversity, Equity, and Inclusion in School System Studies: Focusing on the Pros and Cons of "Differentiating" Places of Learning

Satoko MIURA : A Reconsideration Based on Democratic Perspectives about the Professionalism of Teachers : A Preliminary Essay on Responding to "Risk" for School Education

Shota TERUYA : Role of the District Central Office in Creating Democratic Schools in the U. S.: An Analysis of the Transformation of the Duties and Professional Standards for Principal Supervisors

Miyuuko UKAI : Legitimacy of Educational Policies in Deliberative Democracy: Focusing on Reciprocity

Ⅱ. RESEARCH REPORTS

Erika HAMA : Transformation of the Concept of "Resource Room" in Postwar Japanese Educational Administration: the Ministry of Education, the Central Council on Education, and the Extraordinary Council on Education regarding integrated education before the 1990s

Ryutaro TAWARA : The Initiative of the Board of Education in the Process of Establishing the Public Special Non-attending School: Focusing on the Development of Consensus with the Local Residents

Yuichi FURUTA : The Influence and Challenges of Student Participation in the Local School Councils in Chicago Public Schools in the U.S.: A Case Study of the Decision-Making Regarding School Resource Officers

Kei MURAKAMI : An Examination of the Trend toward Harsher Disciplinary Actions for Public School Teachers: A Study on the Changes

Yoshitaro KAWAMOTO: in the Number and Severity of Disciplinary Actions in 59 Local Governments

Yoshitaro KAWAMOTO: The Functions and Limitations of Public Correspondence High Schools in "Widely Dispersed" Municipalities: From the Perspective of the Guarantee of Opportunities for High School Education

III. THE FIFTY-EIGHTH ANNUAL MEETING: SUMMARY REPORTS

Public Symposium —— Determining the Outgrowth of the Public Education Guarantee

Introduction	: Saiko SADAHIRO
Lectures	: Jiro YAMAZAKI, Kumi IMAMURA, Taketoshi GOTO
Conclusion	: Saiko SADAHIRO

Research Focus I —— Dismantling and Changing of the Expertise and Specificity of Educational Administration in Japan (1)

Summary	: Takuji ISHII, Satoshi TANIGUCHI
Presentation	: Satoshi TANIGUCHI, Fumio ISODA, Masaaki KATSUNO
Conclusion	: Takako MIYAZAWA, Takuji ISHII

Research Focus II —— Transformation of Teacher's Duties and Reorientation of Teacher's Professionalism under the Japanese School System in the Reiwa Era

Summary	: Takehiro YOSHIDA, Tomoko KASHIWAGI
Presentation	: Yuta SUZUKI, Shota KUMAI, Toshiyuki KAMBAYASHI
Conclusion	: Takehiro YOSHIDA, Tomoko KASHIWAGI

Workshop of the Young Scientists' Network —— The Future of JEAS through the Needs Survey of Young Members

Mugiho MAEDA

IV. BOOK REVIEW

No.50 October 2024
The Japan Educational Administration Society

編集委員

(○印　常任編集委員)

[委員長]		○山下　晃一	(神戸大学)
[副委員長]	中国・四国ブロック	○滝沢　潤	(広島大学)
[委員]	北海道・東北ブロック	○後藤　武俊	(東北大学)
	関東ブロック	神林　寿幸	(明星大学)
		○清田　夏代	(実践女子大学)
		仲田　康一	(法政大学)
	中部ブロック	安藤　知子	(上越教育大学)
		○本多　正人	(愛知教育大学)
	近畿ブロック	開沼　太郎	(京都大学)
		桐村　豪文	(大阪教育大学)
		髙橋　哲	(大阪大学)
		藤村　祐子	(滋賀大学)
		○三浦　智子	(兵庫教育大学)
	九州ブロック	照屋　翔大	(沖縄国際大学)
		湯田　拓史	(宮崎大学)
[英文校閲]		Beverley Horne	(千葉大学)
[編集幹事]		西野　倫世	(大阪産業大学)

編集後記

　年報第50号を上梓いたします。会員の皆さまにおかれましては、多大なるご理解とご協力を賜り、あらためて深く御礼申し上げる次第です。

　今号の年報フォーラムでは「教育行政学における民主主義の再定位」をテーマとしました。常任編集委員会での議論を経て、5名の会員に執筆を依頼したところ、ご寄稿いただけたものです。例年通り、常任編集委員会によるピアレビューを経た上で、それぞれ掲載に至っております。

　研究報告（自由投稿論文）については、投稿申込が26件ありました。実際に投稿されたのは22件でした。編集委員会で厳正に審査を行った結果、5件が掲載可となりました。投稿論文の多くは教育行政学の重要課題を扱い、学術論文としての骨格もしっかりとしたものでした。今号では掲載を見送らせていただいた論文についても、是非、ご改訂と再度のご投稿をお待ちしております。

　大会報告では、例年通り公開シンポジウム、課題研究Ⅰ・Ⅱ、若手ネットワーク企画の各報告を収録しました。ご執筆およびお取りまとめの皆様に心より厚く御礼申し上げます。これら大会諸企画では自由闊達な議論と新たな発想が生まれ、持ち帰った各会員によって次の研究に活かされます。いわば学問の足腰を鍛える貴重な機会です。その記録の丁寧な蓄積は、年報の重要使命の一つと考えております。

　書評では単著7冊を取り上げました。いずれも学位論文を基にした書で、その成果を学内にとどまらず学会全体、ひいては社会全体で評価・共有する点で、非常に意義ある書評をお寄せいただいた各会員に厚く御礼申し上げます。

　英文校閲は、前期に引き続き千葉大学のBeverly Horne先生にお願いいたしました。いつも丁寧かつ的確にご対応いただき、誠にありがとうございます。

　なお、今号で第50号の刊行となりました。周年記念の事業は別途予定されておりますので、今号は基本的に毎号同様の構成としております。ただ、ささやかながら年報フォーラムのテーマが節目にふさわしいものになればと考えた次第です。そもそも毎号が周年記念号たるべしと心得て、次号編集にも臨む所存です。

　末筆とはなりましたが教育開発研究所の福山孝弘社長、編集部の尾方篤様には、出版情勢の厳しい昨今、本学会の諸事情を深くご理解いただき、温かいお力添えをいただきましたこと、心より深く感謝申し上げる次第です。

（2024年9月1日　第20期年報編集委員長　山下　晃一）

日本教育行政学会年報50
教育行政学における民主主義の再定位

2024（令和6）年10月25日　発行

編　　集　日本教育行政学会
発 行 人

発 売 元　㈱教育開発研究所

〒113-0033　東京都文京区本郷2-15-13

電　　話　03-3815-7041㈹

ISBN978-4-86560-601-0 C3037